JN104145

はじめて学ぶ教育法規

井上伸良

[著]

ミネルヴァ書房

は じ め に

　この本は，教員を目指している方や大学などで教育法規を学んでいる方がわかりやすく（教員採用試験においても）大切なことを理解してもらうために書きました。

　この本は，以下の 2 つを方針として書きました。

　1　読んで笑えるエピソードや話題があること。
　2　教育法規の急所がわかって，教員採用試験でよく出る問題が解けるようになること。

---

　1 については，私が大学で行っている説明をなるべくそのまま反映させることで，教室で授業を受けているようなライブ感覚を意識しました。また，2 については，あえて完璧なテキストを目指さず，試験での頻出度が高い内容や条文に絞ることで，基礎的な重要事項を確実に身につけてもらえるようにしました。

　この本の読者の多くは，教員採用試験で必須の科目だから本を手にとられた方ではないかと思います。そこで法律などの条文を紹介しつつも，できるだけわかりやすい表現を使うように心がけました。なお，単なる試験対策として学ぶだけでなく，教育法規に関心をもってもらえて，将来的にも役立つ学び方ができる内容・目次にしたつもりです。

　さて，本書の使い方についてですが，読みたい章から読めるようになっています。1 章，2 章に置かれる内容は抽象的で挫折しがちです。読者の方が挫折しないように書いたつもりですが，まずは第 3 章以降の気になるところから読んでいただくことをお勧めします。ところどころ注をつけていますが，本文と並行して注を読むと本文の流れを追う思考が途切れやすいと思います。関連条文以外の注については細かい内容なので読まなくてかまいませんし，後でまとめて読んでもよいでしょう。この本では，法律などの条文を含め，重要な箇所，

覚えてほしい語句などは太字で示してあります。もちろん，条文に付された太字やルビ（読み仮名），斜線は私が付けたものであり，実際の条文には付いていないことをあらかじめお断りしておきます。なお，主要な条文は注に掲載しましたが，法令の全体像を理解することも大切なので，基本的な法律等が体系的に参照できるように法令集をつけています（2022年通常国会での教育公務員特例法の改正〔2023年4月1日施行部分〕については，このテキストの発売日の方がやや先行してしまうのですが，利用する方の大半は2023年以降に受験する教員採用試験対策の参考書として，あるいは2023年度からの大学での教科書として使用するでしょうから，改正を反映させた形で掲載し，説明を加えました。）。しかしながら本書に掲載したものだけで充分であるとはいえないのが正直なところです。できれば教育六法を手に入れて参照してもらえると，よりよい勉強になるでしょう。テキストの理解を定着させるための問題集としては『教職教養の演習問題』（最新年度版，時事通信社）をお勧めしておきます。

　この本以外にも，教育法規，教育制度をテーマとした，わかりやすくて優れた教科書はたくさんあります。そのようななかで，どのように独自性を出しつつも役に立つ教科書を作成するかを考えました。いずれは他の教科書も活用して万全を期されることになるかもしれませんが，その準備作業，基礎的な作業としてこの本が役に立ったと言われたら嬉しく思います。

　2022年6月15日

井上伸良

目　次

（章のタイトルの後に【　】で示した法規名は，各章での主なターゲットとなる法規を表しています。）

は　じ　め　に

第1章　法とは何か。行政とは何か。（教育法規の基礎）………… 1

　1　法とは何か。法規とは何か。……………………………………… 1

　2　法体系と法の種類………………………………………………… 2

　3　行政が法を作ることとその合理性……………………………… 6

　4　行政の定義と活動………………………………………………… 8

　5　行政の必要性……………………………………………………… 10

第2章　公教育の原則と教育行政の原則……………………………… 13

　1　近代学校制度の原則……………………………………………… 13

　2　戦後の教育行政の原則…………………………………………… 15

　3　教育委員会制度の原則…………………………………………… 18

第3章　地方公共団体の教育行政の組織と役割……………………… 19
　　　　【地方教育行政の組織及び運営に関する法律】

　1　広義の教育委員会と狭義の教育委員会………………………… 19

　2　任命制への移行…………………………………………………… 20

　3　2000年4月の地方分権一括法施行による制度変更…………… 20

　4　2015年4月の改正「地方教育行政法」施行による制度変更…… 22

　5　地方公共団体の長が担当する教育事務………………………… 28

　6　都道府県教育委員会と市町村教育委員会の事務の違い……… 30

　7　教育委員会と教育機関の関係…………………………………… 33

　8　文部科学大臣と教育委員会，教育委員会相互の関係………… 34

第4章　国の教育行政の組織と役割 ……………………………………… 38
【内閣法，文部科学省設置法など】

 1 内閣の組織と役割 ……………………………………………………… 39

 2 政策の実行に貢献する諮問機関 ………………………………… 41

 3 文部科学省の組織と役割 ………………………………………… 43

第5章　日本国憲法【日本国憲法】 …………………………………… 46

 1 第23条（学問の自由） …………………………………………… 46

 2 第26条（教育を受ける権利，教育を受けさせる義務，義務教育の無償）… 48

 3 第14条（法の下の平等） ………………………………………… 50

 4 第19条（思想・良心の自由） …………………………………… 51

 5 第20条（信教の自由，政教分離） ……………………………… 51

第6章　教育基本法【教育基本法】 …………………………………… 53

 1 教育基本法は法律である（教育基本法の法的な位置づけ） …………… 53

 2 2006年の法改正による変化 …………………………………… 54

 3 第4条（教育の機会均等） ……………………………………… 55

 4 第5条（義務教育） ……………………………………………… 58

 5 第6条（学校教育） ……………………………………………… 59

 6 第9条（教員） …………………………………………………… 59

 7 第14条（政治教育） ……………………………………………… 60

 8 第15条（宗教教育） ……………………………………………… 62

 9 第17条（教育振興基本計画） …………………………………… 63

第7章　学校教育法①──第1章総則【学校教育法】 ……………… 66

 1 第1条（学校の定義） …………………………………………… 67

 2 第2条（学校の設置者） ………………………………………… 68

3 第 3 条（学校設置基準）……………………………………………… 69

4 第 4 条（設置廃止等の認可）………………………………………… 69

5 第 5 条（設置者による管理・負担）………………………………… 70

6 第 6 条（授業料の徴収）……………………………………………… 71

7 第 9 条（校長・教員の欠格事由）…………………………………… 71

8 第11条（児童・生徒・学生の懲戒）………………………………… 72

9 第12条（健康診断等）………………………………………………… 76

第 8 章　学校教育法②——義務教育，各学校の目的・目標【学校教育法】……78

1 第 2 章義務教育に関する規定………………………………………… 78

2 各学校の目的・目標の特徴…………………………………………… 80

第 9 章　学校教育法③——教育課程……………………………………… 86

【学校教育法，学校教育法施行規則，学習指導要領など】

1 教育課程の定義………………………………………………………… 86

2 教育課程の領域………………………………………………………… 87

3 標準授業時数…………………………………………………………… 89

4 学習指導要領の法的性格……………………………………………… 92

5 学習指導要領の沿革…………………………………………………… 92

6 現行学習指導要領のポイント………………………………………… 95

第10章　学校教育法④——教科書行政…………………………………… 98

**【学校教育法，教科書の発行に関する臨時措置法，義務教育諸学校の
教科用図書の無償措置に関する法律，教科用図書検定規則など】**

1 教科書の定義…………………………………………………………… 99

2 教科書行政の歴史………………………………………………………100

3 教科書検定の流れ………………………………………………………101

4 教科書検定の基準………………………………………………………103

5 検定教科書の採択（教科書採択） ······························· 104

6 補助教材 ··· 107

第11章　学校教育法⑤──特別支援教育 ····························· 108
　　　　　【学校教育法，学校教育法施行令，学校教育法施行規則など】

1 特殊教育から特別支援教育への転換 ····························· 108

2 障害の程度に関する基準 ··· 111

3 教育課程の領域と教育課程の特例 ······························· 112

第12章　学校教育法施行令・学校教育法施行規則 ················· 114
　　　　　【学校教育法施行令，学校教育法施行規則】

1 作成する表簿類①──学齢簿 ····································· 115

2 作成する表簿類②──指導要録 ··································· 115

3 作成する表簿類③──備付表簿 ··································· 116

4 教育委員会，校長による表簿以外の事務手続① ················· 117
　　　──入学期日の通知，学校の指定

5 教育委員会，校長による表簿以外の事務手続②──長期欠席者への対応 ·· 119

6 教育委員会，校長による表簿以外の事務手続③──学期，休業日の決定 ·· 120

7 教育委員会，校長による表簿以外の事務手続④──授業終始の時刻 ········ 121

8 教育委員会，校長による表簿以外の事務手続⑤──出席停止，臨時休業 ··· 121

9 環境・組織①──学校施設設備と教育環境 ····························· 123

10 環境・組織②──学級数の規模と学級定員 ····························· 123

11 環境・組織③──職員会議 ··· 125

12 環境・組織④──学校評議員と学校運営協議会 ························· 126

第13章　教職員に関する規定 ………………………………………… 130
　　【学校教育法，学校教育法施行規則，教育職員免許法，
　　　地方公務員法，教育公務員特例法など】

　1　教員の種類と法に定められた役割 ………………………… 130

　2　充当職（充て職）の存在 ……………………………………… 133

　3　教員の積極的条件——教員免許状の種類 ………………… 134

　4　教員の消極的条件——校長・教員の欠格条項 …………… 135

　5　免許状主義の例外に関するさまざまな制度 ……………… 136

　6　公立学校教員の服務 ………………………………………… 136

　7　公立学校教員の分限処分と懲戒処分 ……………………… 141

　8　公立学校教員の研修 ………………………………………… 142

第14章　いじめ防止，児童虐待など児童福祉に関する規定 ……… 151
　　【いじめ防止対策推進法，児童福祉法，児童虐待の防止等に
　　　関する法律など】

　1　いじめ防止対策推進法の概要 ……………………………… 152

　2　いじめ防止等のための基本的な方針 ……………………… 155

　3　児童虐待を防止，解決するための諸規定 ………………… 156

　4　児童福祉法 …………………………………………………… 159

第15章　社会教育に関する規定【教育基本法，社会教育法など】 ………… 162

　1　教育基本法における規定 …………………………………… 162

　2　社会教育法の目的 …………………………………………… 164

　3　社会教育法における社会教育の定義 ……………………… 164

　4　社会教育行政の任務 ………………………………………… 165

　5　社会教育主事の役割 ………………………………………… 166

　6　監督・命令主義の否定 ……………………………………… 167

　7　社会教育委員の役割 ………………………………………… 167

8 社会教育施設に関する諸規定……………………………………………… 168

お わ り に

教育法令集

索　引

第 1 章

法とは何か。行政とは何か。（教育法規の基礎）

　ここでは教育法規の基礎として，法と行政についての基本的なことを解説します。皆さんは「この校則がなければいいのに」とか「あの法律がなければ自由に行動できるのに」などという気持ちになったことはありますか。たとえば道路交通に関する法がなければ，どれだけ速度を上げて運転しても処罰されなくなります。しかしながら，そのことで他者や社会に迷惑をかけたり損害を与える可能性があることは想像できるでしょう。立場を変えて考えてみるならば，他者も速度無制限で運転するわけですから，恐くて外を歩けなくなるのではないでしょうか。法の必要性をイメージしていただいたところでさっそく法とは何かを理解するところから始めましょう。

1 法とは何か。法規とは何か。

　一般に法とは社会生活を維持するために必要なルール（規範）であると説明することができます。私たちは一人で生きていくことはできません。そもそも社会とは人の集まりを意味しますが，他者と一緒に生活するなかで自分の思うがままに行動すると，他者の権利を侵害したり，他者の利害と衝突することが起こりえます。そのようなことを防ぐため，社会生活を維持するために守るべきルールとして法が定められていると理解できるでしょう。法以外にも道徳や常識，慣習など，守るべきルールとされるものが身の周りに存在しますが，法の特徴としては，違反者に対して身柄を拘束（逮捕）したり，罰金を課すなどの強制力が伴いうる点があげられます。

1

それではこのテキストのタイトルにも含まれている法規という言葉について，法との違いを明確にしておきましょう。**法規とは国民の権利，義務に関わる法**のことです。ここでいう国民のなかには，財団や株式会社などの法人（法によって与えられている人格をもつ存在のこと）や各種団体が含まれます。そのなかでも教育に関する法を教育法規と呼ぶわけです。

　法規は国民の権利，義務に関わる法であると定義しましたが，それなら権利，義務に関わらない法が存在するのかと思われた方もいるかもしれません。たとえば行政（お役所）の組織・機構内での事務処理の解釈に関する命令（訓令といいます）のように，行政組織内だけで機能する法が実は存在します。そうしたものも含めて法と呼ぶことになります。ですから，大学での講義名が「教育法」と「教育法規」の2種類あった場合，「教育法」だと法規以外の法についても議論の対象にする意図が含まれていると考えることができます。

2 法体系と法の種類

　法にはいくつかの種類が存在するのですが，その上下関係を明確にすることによって法全体の体系性や一貫性が保たれています。ここでは上位の法（憲法・条約）から下位の法へと順番に説明し，その後に法体系を保つための3つのルールについて扱いたいと思います。

　まずは法の種類についてです。法は成文法と不文法に大別されますが，成文法が主体（不文法よりも上位の関係）であり，不文法は成文法を補うものとして理解されています。不文法の理解が問われることは少ないので，ここでは成文法を中心に上位法から順に説明していきます。なお，**成文法とは，国および地方公共団体における立法が可能な機関において一定の手続きの下で制定，文章化された法**のことです。

（1）憲　法
　国内法における最高法規です。現在効力のある憲法は「日本国憲法」ですが，日本国憲法第98条にこの憲法が最高法規であると自ら規定しています。なお，

国際法である条約と憲法の法的効力の上下関係についてはさまざまな考え方（学説）が存在していますが，ここでは憲法と同等なものとして位置づけておきます。条約としては「児童の権利に関する条約」が重要でしょう。

（2）法　　律

　憲法の下位に位置づけられるのが法律です。国会によって制定されます。教育法規において学習の対象とすべき法律は多く，「教育基本法」,「地方教育行政法」「学校教育法」「学校保健安全法」「地方公務員法」「教育公務員特例法」「教育職員免許法」「社会教育法」が主要なものです。このように示すと学習するのが大変なように感じるでしょうが，教員採用試験においてこれらの法律の全ての条文について理解が必要というわけではありませんので安心してください。

（3）政　　令

　法律の下位に位置づくもので，内閣（政府）が制定します。「学校教育法施行令」を押さえてください。ちなみに，行政が作る法を命令といいます。政令とは政府が作る命令ということです。法律と命令を合わせて法令といいますが，法令という言葉は日常でもよく出てくる表現ですので覚えましょう。

（4）府令・省令

　政令の下位に位置づくもので，府あるいは省が制定します。文部科学省令である「学校教育法施行規則」を押さえてください。なお，府令・省令のほかにも国の機関が定める成文法の種類は存在しますが，やや細かい知識となるので省略します。

（5）条　　例

　地方公共団体の自主法であり，国が定める法の下位に位置づきます。条例は議会が制定するもので，ニュースなどで「○○条例違反の罪で…」という内容を目にする・耳にすることがあるのではないかと思います（もちろん，私のこ

```
┌─────────────────────────────────────────────────────────────────┐
│  憲法・条約：日本国憲法                                              │
│    ↓                                                             │
│   法  律：学校教育法，地方教育行政の組織及び運営に関する法律（「地方教育行政法」），│
│    ↓   教育基本法，地方公務員法，教育公務員特例法，学校保健安全法，教育職員免許法，│
│    ↓   いじめ防止対策推進法，社会教育法，                             │
│    ↓   公立義務教育諸学校の学級編制及び教職員定数の標準に関する法律（「定数法」）等│
│    ↓                                                             │
│   政令：学校教育法施行令                                           │
│    ↓                                                             │
│  府令・省令：学校教育法施行規則                                      │
│                                                                 │
│  ＊政令，府令・省令および外局である庁が定める法である規則など，行政機関が作る法規のこ│
│   とを命令という。命令と法律を合わせて法令という。                    │
│  ＊その他の法規として，学習指導要領（文部科学省告示）がある。          │
│  ＊以上が国の機関が定める法規。                                     │
│                                                                 │
│    ↓                                                             │
│   条  例：                                                        │
│    ↓                                                             │
│   規  則：                                                        │
│  ＊条例，規則については，地方公共団体が定める法規である。採用試験を受験予定の方は，自│
│   治体の出題傾向で，押さえるべきターゲットの有無が決まる。            │
│    ⇧                                                             │
│  以上のものは成文法（立法が可能な国および地方公共団体の機関で一定の手続きの下で制定，│
│  文章化された法規のこと）。ただ，すべてのことを余すことなく事前に定めることは困難。そ│
│  こで補充法源としての不文法が必要であり，以下のものがある。           │
│  ・慣習法                                                        │
│  ・判例法                                                        │
│  ・行政実例法                                                     │
│  ・条理法                                                        │
└─────────────────────────────────────────────────────────────────┘
```

図1-1 法の種類（法源）

(注) 教育法規を学ぶうえでの主要なターゲットを**太字**で表記したが，これらのすべての条文を学ばなければならないわけではない。また，太字以外にも押さえるべき法はある。

のような説明が通用しない社会になるといいのですが。）。教員採用試験では自治体によって条例を出題するかどうかの傾向が分かれますので，受験される方は出題傾向を調べて必要であれば条例をチェックしましょう。

（6）規 則

　地方公共団体の執行機関（行政機関）が作る法であり，条例の下位に位置づきます。教育委員会が定めている学校管理規則については一度確認してほしいと思います。お住まいの市区町村の例規集（条例，規則などをまとめたもので，インターネットで簡単に検索できます。）でどのような条例，規則が存在するかを確認してみると意外な発見があるかもしれません。

　法の種類としては以上が中心的なものですが，成文法であらかじめすべての事を定めておくことは不可能です。予想もしない事態，成文法に定められていない事態を処理する場合に法的判断の拠り所とするのが不文法であり，以下の3つをあげるのが一般的です＊。

- ●慣習法…その地域で長年にわたり慣習となり，法というべき状態になっているルール。
- ●判例法…裁判官の法的判断（判決）。
- ●条理法…条文や法令の趣旨や解釈等から導きだされる理論。

＊行政による法令等の解釈や運用に関する見解である行政実例法を加える場合もあります。

　さて，法の種類について説明してきましたが，法の統一的な体系性，一貫性（秩序）を維持するためのルールとして以下の3つがあげられます。

1　上位の法が下位の法より優先。
2　後から新しくできた法が前からある法より優先。
3　特別法が一般法より優先。

　1について，たとえば法律でも政令でも同じ対象について条文を定めていて矛盾が生じている場合，上位の法である法律の規定が正しいと判断するということです。これは矛盾する内容そのものの検討ではなく，法の格付けを比べて形式的に正否を決定するので，形式的効力と呼ばれます。

　2については，同じ対象についての条文が2つの同格の法令等で定められていた場合，新しく成立した法規定を採用するということです。

　3については，特別に定めた法がある場合，一般的な法ではなく，特別に定

めた法の規定を採用するということです。たとえば，公立学校の先生は地方公
務員のなかでも教育公務員という存在なので，教育公務員特例法の規定が一般
法である地方公務員法の規定よりも優先することになります。これらのルール
で法の体系性，一貫性は保たれています。

3 行政が法を作ることとその合理性

さて，当然のように行政（執行機関）が法を作れると説明してきましたが，
さまざまな政策を実行する行政が，その実行にあたってのルール（法）を自分
で作ることが許されるのでしょうか。行政に都合のよいルールを作ってしまう
のではないでしょうか。「日本国憲法に国会が唯一の立法機関とあるではない
か」と思った方もいるのではないでしょうか◀1。

日本国憲法の規定は間違いではありません。立法機関である国会がルール作
りを行政に委任（任せること）すれば，行政が法を作ることが許されているの
です。そして，実際には行政による立法行為（行政立法といいます）が多数を
占めています。

行政立法を多く許しているのは，行政に任せたほうがよい，合理的であると
いう認識があるからなのですが，その理由は次の4点にまとめられます＊。

1　専門的判断が必要な事項

2　政治的に中立な判断が必要な事項

3　緊急の改廃が必要な事項

4　地域ごとの特殊性に応じて，個別の定めを要する事項

＊原田尚彦『行政法要論』（全訂第7版　補訂第2版）学陽書房，p. 113. 参照。

順に説明していきましょう。

1について，議決機関（国会，地方議会）の議員のなかにはすぐれた経歴や

▶1　日本国憲法第41条（国会の地位，立法権）
　国会は，国権の最高機関であつて，**国の唯一の立法機関**である。

資格を備えている方が多くおられます。しかしながらすべての議員が専門的判断力を備えているわけではなく，また議会運営や支持者への挨拶，演説・講演活動など，専門的判断力と直接関係しない活動も議員には求められます。その一方で，行政機関の職員は，それぞれが属する部署の職務に専念することが前提であり，特定の行政分野に詳しく，多くの情報をもっています。そのため，大まかな方針は議会が定め，専門的な政策判断が求められる細かい点については，行政職員にルール設定を任せることが合理的だと考えられています。

　2について，国会や地方議会の議員が政治的に中立でないことはわかっていると思います。議会には複数の政党や会派が存在しており，多くの議員がそうした政策集団に属していますよね。そのような党派性が混在する組織で決定するのではなく，中立公正な立場が求められる行政組織に決定を委ねるほうが，全体の利益になる決定を下せる可能性が高くなります。

　3について，議会による立法と行政による立法では法改正のスピードが全く違います。例えば内閣提出法案（法律案は国会議員だけでなく，内閣も提出できますし，内閣提出法案の方が多いです）によって法律を改正するとなれば，改正法案を担当する省庁の職員が，関係する他省庁の了解を取るために説明に出向いたり，国会の関連する委員会に所属している議員へ説明に出向いたり，与党に法案の事前承認をお願いしたり，内閣法制局による法案の厳しいチェックと指示に対応するなどといった作業が必要になります。これらの関門をクリアしてはじめて内閣として法案を提出する決定（閣議決定）となり，国会に提出された法案は，衆議院・参議院ともまず委員会での質疑，採決を経て，本会議での質疑，採決となります（NHKで時間枠を設けてよく放送されていますよね）。これだけの手順を踏まなくてはいけないので，数日で法改正を行うことは不可能に近いといえるでしょう。

　一方，省令を改正する場合，大臣に権限がありますから，改正法に関係する省庁への事前説明が必要な場合もあるでしょうが，基本的に大臣の判断ですみやかに改正できます。政令の場合も，国会審議の必要はなく，省庁間の調整，内閣法制局のチェックといった行政組織内部の手続きで行えることになります*。

＊ただし，行政立法の場合も，行政手続法第39条１項により，原則として30日以上の意見提出期間を設けて，広く一般の意見を求めなければなりません。

　最後に４です。地域ごとの事情を知るためには，地域に関する多くの情報をもつことが必要になりますが，行政は住民基本台帳をはじめとして，地域に関するさまざまな情報が集まっている機関です。その意味で，行政が政策の根拠となる法を作ることで，地域社会にとって適切であり全体の利益にかなう内容となる可能性が高いと考えられるわけです。

4 行政の定義と活動

　行政立法の話が先になってしまいましたが，そもそも行政とはどのように理解できるのか，その定義について説明したいと思います。

　お住まいの地域でも他地域でもかまいませんが，ある地方公共団体のウェブサイトを隅々まで見たことがありますか。そういう方は少ないと思いますが，時間があるときに何となくいろいろなページを見てみてください。行政がどれだけ多くの事務，事業を行っているかが理解できると思います。私がそのような話をした理由は，行政活動の範囲は広くて，その内容を余すところなく説明することが難しいことを理解してもらいたかったからです。そのため，行政の定義としては，国家の作用から立法と司法を除いたものであるという説明が支持されています（控除説といわれます）。もちろん，積極的に活動内容を説明しようとする立場（積極説）も存在するのですが，歴史的経緯を踏まえるならば控除説の説明が妥当であると考えられます＊。

＊詳細については，石川敏行『はじめて学ぶプロゼミ行政法』実務教育出版，1991年，pp. 18-22を参照してください。

　ところで一般に行政の活動は，その性質に注目して，規制作用，助成作用，実施作用の３つに分けることができます。

　規制作用とは，ある活動に対して基準を設けることで，活動の水準を確保す

るとともに，基準に満たない活動を認めなかったり，罰を与えたり，基準を満たすように指示したりすることを指します。規制作用を身近な例で説明すると，家を建てようとする場合には行政から建築許可を受ける必要がありますし，飲食業を行うのであれば営業許可が必要になります。行政は私たちの生活を規制するたくさんの権限をもっています。「文部科学行政は，規制作用が少ない」ということが，教育法制度のテキストで書かれることが多いのですが，相対的な評価であるように思います。中央省庁別の許認可権限の数（許認可権限は，規制作用の中心であり，その多くの部分を占めます）としては，全体（対象となった18府省庁等の合計）が 1 万5,475件で，数が多い官庁の順に，国土交通省2,805件，厚生労働省2,451件，金融庁2,353件，経済産業省2,261件，農林水産省1,770件，環境省1,075件と 4 桁の許認可権限をもつなか，文部科学省は473件ですが，規制作用が少ないとまで評価できるかは判断の分かれるところだと思います。ちなみに，11ある省で比較しても文部科学省の許認可数は第 8 位です。文部科学省がもつ許認可の内容としては，PTA・青少年教育団体による共済事業の実施の認可，教科書の定価の認可（上限価格を大臣が決めています），学校法人設立の認可，技術研究組合の設立認可などがその例として挙げられます＊。また，文部科学大臣による教科書検定，小学校設置基準や学習指導要領などの基準の設定なども規制作用の例であるといえるでしょう。

　　＊許認可の種類・件数について，総務省行政評価局「許認可等の統一的把握結果」2018年 6 月を参照した。許認可件数については2017年 4 月 1 日時点のデータである。（https: //www. soumu. go. jp/menu_news/s-news/107317_180619_2. html 2022年 3 月29日参照）

　助成作用は，補助金の支出や助言指導などに代表される，人々の活動を支援促進するための活動が当てはまります。教育行政では，さまざまな名目で支出される補助金や，国が支出する公立義務教育費国庫負担金，地方公共団体が実施する就学援助，高等学校就学支援などがあげられるでしょう。
　実施作用は，行政自らが教育事業を実施することを指し，文部科学省の付属機関である国立教育政策研究所がさまざまな調査研究を実施・公表したり，シ

ンポジウムを行っていることなどがあげられます。地方においては，教育委員会の主催，共催で各種行事が実施されていますし，教職員などの研修や各種教育相談の実施，教育に関する研究調査事業の実施などを例にあげることができるでしょう。

5 行政の必要性

　法がなぜ必要なのかを考えたのと同じように，行政がなぜ必要なのかを考えてみましょう。先ほど，行政の役割に規制，助成，実施の3つがあることを説明しました。社会生活の必要から統治機構という権力的な仕組みを社会が作り，統治機構のなかでも法の規定に基づいて実際生活上の具体的な事務・事業を行う執行機関である行政（歴史的には司法機能も担っていました）が果たす役割には大きなものがあります。行政の歴史に関する大まかな理解としては，時代が下るにつれて，役割は増大していき，とりわけ産業革命以降，インフラ（社会基盤）整備や社会保障，公教育，雇用対策，景気対策などのさまざまな役割が追加されるようになって今日に至っているといえます。

　行政学者の西尾勝氏は著書（『行政学』有斐閣，2001年）のなかで，行政の必要性をわかりやすく説明されているので，ここで紹介したいと思います。行政の必要性として，経済学の公共財理論に基づいた課題の公共性がよく説明される（国防や警察，一般道の使用などのサービスは，民間が提供したのでは採算に合わないので，行政が必要であり，その費用は税金として徴収する）が，それでは十分に説明できない場合があることを，海沿いにある架空の農業集落を例にして説明されています。海沿いですので風が強い地域であり，集落沿いを流れる川の水を貴重な農業用水・生活用水として利用しながら農業を営んでいるという設定です。

　課題の公共性のみで行政の必要性を説明できない例として，西尾氏は農地の塩害を防ぐために防砂林を造る方法について読者に問いかけます（思いつきますか？）。農業で暮らす集落の人々にとって防砂林は，公共性のあるサービス（財産）です＊。

＊公共財理論においてこのような財・サービスは，純粋公共財と呼ばれます。純粋公共財は以下の3つの性質をもちます。1．集団によって共同に消費されること。2．ある人がその財・サービスを消費しても，財・サービスの量は減少せずに他の人も同様に使えること。3．便益の対価を支払わない人を排除できないこと。純粋公共財の例として，一般道の使用や国防，警察があげられます。

　防砂林が造成されれば，集落全体に利益が及び，仮に集落の決まりを守らない者がいたとしても，その違反者にも利益が及ぶ性質のサービスです。そのような性質があるならば，行政が必要で，公共事業による設置しかないということになりそうですが，実際にはそのようなことはありません。集落の皆で造成したり，お金持ちによって寄付されたり，クラウドファンディングで必要資金を集めるなど，行政に頼らなくても防砂林を造ることはできるのです。つまり，課題の公共性だけでは行政の必要性を説明するのに不十分だということです。現在，全国各地でボランティアが登下校の見守りや町内地域のパトロールを行っていますが，これらの活動は防犯機能を果たしており，警察行政（そのほとんどは都道府県の職員です）の役割を代替しているのです。全国の防犯ボランティアの皆さんは，ご自身の果たしている役割に胸を張っていただきたいと思います。

　続いて，西尾氏はこの架空の農業集落で，農業用水として貴重な河川に集落の誰かが流した汚水による水質汚濁の解決方法についても読者に投げかけています（思いつきますか？）。

　集落での話し合い，立ち退き要請，裁判，上下水道の設置，違反者の逮捕などがあげられるでしょう。西尾氏は課題解決の権力性ということを行政の必要性として示されています。つまり，市民同士では早期に解決しない問題を行政が（取り締まりや禁止，身柄の拘束，罰則の適用などによって）権力的に早期解決を図ることで，社会全体の利益になると，行政の必要性を説明しているのです。

　教育行政に限って言えば，教育が社会の維持，発展を担う役割を果たしているので，その必要性は前者（課題の公共性）に依存するところが大きいと思い

ます。

この章のポイント

●法は社会生活に必要なもので，強制力がある。

●法はさまざまな種類があり，上下関係が明確にされることで，その体系を維持している。

●行政の必要性は，処理すべき課題の公共性，権力的な手段による課題の早期解決という2点から説明できる。

第2章

公教育の原則と教育行政の原則

　この章では，近代に学校制度が確立してからの公教育の原則と，学校をはじめとする教育が行われる現場を支える教育行政（ひとまず役場とそこで働く人たちと理解してください）の原則について説明します。教育史などで学んだかもしれませんが，公教育の原則は義務性，無償性，中立性の3つが一般にあげられ，教育が実際に行われる学校の特徴を表したものです。その学校を管理する教育行政にも第二次世界大戦敗戦以降において5つの原則が存在すると考えられています。公教育の原則とそれを支える（戦後の）教育行政の原則との共通点，関連を考えながら，両者のポイントを整理すると理解が深まるでしょう。

1 近代学校制度の原則

　実際に教育活動が行われる主な場である学校には3つの原則があります。義務性，無償性，中立性の3つです。これらが近代以降の学校制度を成り立たせている要因であるといえます。

　義務性とは，社会的地位や性別，信条，人種などに関係なく，一定年齢のうちは学校教育を義務的に受けることを意味しています。法的には，普通教育を受けさせる義務（就学義務）として保護者に義務が課されているのですが，守らない場合の保護者への罰則が学校教育法第144条に定められてもいます。校長には，正当な理由なく7授業日連続で休むなど出席状況が良好でない学齢児童・学齢生徒＊がいた場合，その子が住んでいる市町村教育委員会への通知義務がありますし（学校教育法施行令第20条），校長の通知を受けて市町村教育委

13

員会は，保護者に出席の督促をすることにもなっています（同第21条）。

> ＊学齢児童・学齢生徒とは，義務教育の対象である児童・生徒のことを指します。
> 生徒という場合，後期中等教育の対象者（ほとんどが高校生）を含みますが，学齢生徒といった場合は含まれず，前期中等教育の対象者（ほとんどが中学生）のみを指します。

　なお，不登校で学校に通うことが困難な学齢児童・学齢生徒に対して，フリースクールなどの学習機会を学校長の判断で出席扱いにできるという文部省の通知（平成４年９月24日文部省初等中等教育局長通知）や，ICT（情報通信技術）による双方向授業の自宅受講を出席扱いにできるなどの通知（平成17年７月６日初等中等教育局長通知）が存在します。

　第２の無償性とは，学校教育が無償で提供されるという意味です。日本国憲法第26条第２項においても「義務教育は，これを無償とする」と定められていますが，日本国憲法でいう無償とは授業料の無償であるというのが裁判所（司法）の判断です。実際，文房具や制服，部活動費，修学旅行費，PTA会費，給食費などの多くでご家庭の出費（いわゆる自弁，自腹）が求められている場合が多いでしょう。

　なお，高等学校等就学支援金の支給に関する法律や子ども・子育て支援法，大学等における修学の支援に関する法律などによって国公立の義務教育諸学校だけでなく，幼児教育，後期中等教育（高等学校及びそれに相当する学校・教育課程の教育のこと。なお，中学校と高等学校の段階の教育を中等教育といいます。），さらには高等教育と，無償性の範囲が拡張している状況にあります。

　３つ目の中立性とは，近代の実学主義（科学主義と言ってもよい）の結果である学校での教育内容の科学化を意味しますが，そうした科学的な教育を内容とする学校での教育が不当な干渉，影響を受けないようにすることも意味しています。近代公教育における中立性においては，とりわけ政治的中立性，宗教的中立性に関する規定が重要です。未成熟な発達段階の子どもに特定の政治思想や宗教思想を教育することが価値観の形成をゆがめることになりかねないからです。ただし，私立学校での宗教教育は，私立学校の自主性を尊重する観点

などから認められています。その点を含め，詳しくは第 6 章教育基本法で説明します。

2 戦後の教育行政の原則

　学校を支える教育行政にも活動を行うにあたっての原則が存在します。この原則は戦前と戦後ではまったく異なるので，戦前と比べながら戦後の原則を説明していきたいと思います。

　1 点目は，法律主義です。国民の投票で選出した代表者の集まりである国会が作る法律によって社会の基本ルールが決まるとともに，行政に関するルールも決定されることを意味します。民意が反映されて選出された国民の代表者（国会議員）が定めたルールに行政活動は従うわけです。行政は，行政活動を担当する者の好き勝手に行われるのではなく，国民を代表する国会が定めた法律に基づいて行われなければならないことになっており，これを**法律による行政の原理**といいます。行政学における大原則です。

　一方，戦前は勅令主義（勅令とは，行政のトップであった天皇が作ることのできた命令）でした。国の主権者であった天皇 1 人で教育に関する多くのルールが作られ＊，そこに民意の反映は（少なくとも制度的には）ありませんでした。

　　＊大日本帝国憲法第 9 条では，社会の平和のため，国民の幸せのためという目的であれば天皇は帝国議会と関わりなく独自に命令（勅令という法）を作ることができると定めていました。帝国議会が定める法律に反する勅令は定められないという一定の制約規定はあったものの，大日本帝国憲法第 9 条にある勅令を定めるための目的はかなり抽象的であり，天皇が幅広くルールを定めることが可能でした。

　2 点目は，指導助言主義です。ここでいう**指導助言**とは，**強制力を伴わない働きかけ**を意味します。たとえば，文部科学大臣と教育委員会は別々の団体（行政主体）の機関ですが，そのような別団体への関与にあたって，強制力のない関与を原則にしているということです。

一方，戦前の教育行政は監督命令主義という言葉で説明されます。教育が専ら国の事務と位置づけられていたために，国（内務省，文部省）からの監督，命令による教育へのコントロールが行われていました。

　3点目は，地方分権主義です。日本国憲法第92条の主旨に基づいて，地方の事務については他の団体の干渉を許さずにその地方の住民が決めることを意味します。▶1 日本国憲法第92条の「地方自治の本旨」とは，団体自治と住民自治のことであると言われています。団体自治とは，地方のことは地方公共団体が決めるという原則です。住民自治とは，地方公共団体の住民が決めるという原則です。「当たり前すぎる」と思われるでしょう。ただ，戦前はそれが「当たり前」ではなかったんですね。敗戦後に教育は地方公共団体の事務でもあるという転換が図られることで，地方分権主義が（ひとまず）確立したわけです。

　4点目は，中立主義です。教育基本法第16条が根本規定とされています。▶2 教育が不当な力によってあるべき姿がゆがめられてはならないのは当然ですが，第16条でいう「不当な支配」を教育に及ぼしうる主体は何でしょうか。理論上はあらゆる個人，団体が不当な支配を及ぼす可能性があります。文部科学省だからおかしなことはしないだろう，民間団体に過ぎないから教育に不当な圧力を及ぼすことなどできないだろう，聖人君子だからありえないだろう——そのように思うかもしれません。しかし，2017年に財務省が森友学園案件に関する決裁文書（公文書）を改ざんしたように＊行政当局だからこそなしうる不当な支配というものは考えられますし，民間団体が脅迫によって教育行政の決定をゆがめようとした実例もあります。聖人君子でも魔がさすかもしれないわけです。あらゆる主体が不当な支配を及ぼす可能性をもつのですが，そのような行

▶1　日本国憲法第92条（地方自治の原則）
　地方公共団体の組織及び運営に関する事項は，**地方自治の本旨**に基いて，法律でこれを定める。
▶2　教育基本法第16条（教育行政）
　教育は，**不当な支配**に服することなく，この法律及び他の法律の定めるところにより行われるべきものであり，教育行政は，国と地方公共団体との適切な役割分担及び相互の協力の下，公正かつ適正に行われなければならない。（②③④は省略）

為に教育が影響を受け，ゆがめられてはならないことが第16条で宣言されているわけです。

　　＊財務省「森友学園案件に係る決裁文書の改ざん等に関する調査報告書」2018年6月4日，pp. 2-4。

　さて，教育行政の中立主義に関する基本原則を踏まえ，どのような制度上の工夫をすることで中立主義を実現させているかを説明します。まず，地方公共団体の長と教育委員会の組織上の関係についてです。お住まいの市区町村の行政組織図を調べ（インターネットが便利です。），長と教育委員会の関係について確認してみましょう。長と教育委員会は線でつながっていないはずです。つながっていないことがポイントになります。逆に，もしも線がつながっていたら，教育委員会の決定を長1人の考えで覆せることを意味してしまいます。長1人によって意思決定をさせないために，行政組織上において長と教育委員会は切り離されています＊。

　　＊このような組織は行政委員会と呼ばれます。教育委員会以外にも，選挙管理委員会，農業委員会，公平委員会など，中立・公正な判断がより求められる分野に設けられています。

　もう1つは，教育委員会が複数人で話し合って1つの意思決定をする合議制であるということです。複数人で話し合うことによって，1人で決定する＊よりも中立・公正な意思決定になる可能性が高くなるといえるでしょう。なお，戦前においては1点目で説明した通り天皇による勅令主義でしたから，中立主義とは正反対とも言いうる原則だったわけです。

　　＊そのような機関を独任制といいます。多くの行政機関は独任制です。

　5点目は素人統制（レイマン・コントロール）主義です。ここでいう素人とは，公務員（各行政分野における政策のプロ）に対する言葉であり，住民を意味します。素人統制主義は，地方分権主義（とくに住民自治）とも関係する理念です。教育行政の運営にあたって素人つまり地域住民の意向を反映させるこ

とで，教育行政の専門的指導性との調和を図るべきであるという考え方です。

3 教育委員会制度の原則

　教育行政の原則として5つをあげましたが，**地方分権主義，中立主義，素人統制主義**の3つは**教育委員会制度の原則**と呼ばれます。その原則を形にしたのが，1948（昭和23）年に成立した教育委員会法でした。教育委員会法では，教育委員会の委員のうち1人は議員が兼ねるが，それ以外の委員については住民により選挙することと定められていました（教育委員会法第7条）。素人統制主義，地方分権主義を反映する方法としてはとても分かりやすい規定です。それが1956（昭和31）年には首長（行政機関のトップ。市であれば市長のこと。）による任命制へと変更され，教育委員会のメンバーを選挙で選ぶ方法が廃止されました。任命制よりも住民の直接選挙で選んだ方が素人統制主義の理念がより強く反映されると考えるのが普通だと思います。なぜ住民による選挙（公選制）を廃止したのでしょうか。詳しくは次の第3章第2節で説明しますので，考えてみてください。

　この章のポイント

● 近代学校制度の原則は，義務性，無償性，中立性である。
● 戦後の教育行政の原則は5つ（法律主義，指導助言主義，地方分権主義，中立主義，素人統制主義）あり，いずれも戦前とは大きく異なるものである。
● 地方分権主義，中立主義，素人統制主義を教育委員会制度の原則という。

地方公共団体の教育行政の組織と役割
【地方教育行政の組織及び運営に関する法律】

　　地方公共団体の役割について，地方自治法第 1 条の 2 に「住民の福祉の増進を図ることを基本として，地域における行政を自主的かつ総合的に実施する役割を広く担う」と規定されています。つまり，地方公共団体とはそこで生活する人々のためにさまざまな政策を実施する団体のことであるといえます。地方自治体あるいは自治体と呼ばれることもありますが，法令上の正式名称である（**採用試験でも地方公共団体と解答することが求められる**）ため，このテキストでは，地方公共団体と表記します（皆さんも正式名称で言う癖をつけてください）。

　　この章ではその地方公共団体における教育に関する意思決定を行う組織について扱います。教育委員会という言葉を聞いたことがある方は多いと思いますが，どのような存在であり，何をしているのでしょうか。ここで 1 つクイズです。「あなたが教育委員会に直接文句を言いたいことがあり役所に行ったとします。案内所で言われた通りの場所へ行き，到着してすぐに文句を大声でいったとします（そんなことしないでしょうが，あくまで仮の話です）。おそらくカウンター越しに机を並べて働いている誰かがあわてて応対に現れるでしょう。さて，この応対に現れた誰かは教育委員会の人でしょうか，そうではないでしょうか。」答えはこのあとを読んでください（答えはすぐにでてきます）。

1　広義の教育委員会と狭義の教育委員会

　　先ほどの答えですが，「どちらともいえる」というのが正解です。ですので，どちらを選んでも正解となります。つまり，**教育委員会には広い定義と狭い定**

義の2種類の定義が存在するということです。ほとんどの場合，狭い定義の意味で使われますし，この本でも狭い意味の教育委員会に注目して説明していきます。ただし，先ほどのクイズで応対に現れた誰かは，公務員試験を合格して働いている職員である可能性が高いと思われますが，そうした職員が働く事務局を含めて広い意味で教育委員会と呼ぶこともあります。この広い定義はほとんど出てきませんが，広い定義も存在するということは知っておきましょう。

2 任命制への移行

　戦後の教育行政の原則のうち，地方分権主義，中立主義，素人統制主義の3つを教育委員会制度の原則ということは第2章でも説明しましたが，1948（昭和23）年に公布・施行された「教育委員会法」は，教育委員会のメンバーの多く＊を住民の選挙で決定すること（公選制）が定められていました。地方分権主義や素人統制主義の理念を反映させた規定であったといえるでしょう。

> ＊教育委員会の委員数のうち1名のみ，地方議会の議員が委員を兼務することとなっていました。

　しかしながら，選出される教育委員に偏りが見られたり，同じく選挙で決められる地方公共団体の長と教育委員会が対立するなどの政治的混乱が一部で見られ，また懸念もされました。そのため，1956（昭和31）年に現在の法律である「地方教育行政の組織及び運営に関する法律」が公布・施行され（「教育委員会法」は廃止となり），議会の同意を条件として長が教育委員会のメンバーを選定して任命する方式に変更となって今日に至っています。

3 2000年4月の地方分権一括法施行による制度変更

　1956年の地方教育行政の組織及び運営に関する法律の公布・施行以降において，教育委員会制度に大きな変更をもたらしたものの1つとして，20世紀末の地方分権改革をあげることができます。

　日本における地方分権の議論は1980年代に淵源は見られますが，1993（平成5）年に衆参両院で「地方分権の推進に関する決議」がなされ，地方分権改革を具体的に進展させる大きな契機となりました＊。その後，1995（平成7）年に「地方分権推進法」が成立し，1998年には「地方分権推進計画」が閣議決定，1999年7月にいわゆる「地方分権一括法」が成立し，2000年4月に施行されました＊＊。地方分権一括法によって教育関係の法律も21本が改正され，規制緩和が図られたわけですが，教育委員会制度に関わるものを中心に具体的内容をいくつか列挙します。

- ●教育長の任命承認制度の廃止（それまでは，市区町村の教育長の任命に都道府県教育委員会の承認が，都道府県の教育長の任命に文部大臣の承認が必要でした。）
- ●都道府県と政令市は，教育委員の数を6人に増やせる。（なお，2007年の地方教育行政法改正〈2008年度より施行〉以降は，すべての地方公共団体が委員定数の変更を行えるようになりました。）
- ●県費負担教職員の服務監督に関する都道府県教育委員会による市町村教育委員会への一般的指示権の廃止
- ●公民館運営審議会の必置規定の廃止
- ●文化庁長官の教育委員会への指揮監督規定の削除

＊小川正人編著『地方分権改革と学校・教育委員会』東洋館出版社，1998年，pp. 11-13参照。

＊＊地方分権一括法とは，地方分権という目標に照らして，地方自治法をはじめとする475本の法律（現在の法律の総数がおよそ2,000本ですので，どれだけの大改正だったかが理解できるでしょう）について必要な改正を行ったもので，地方分権改革の1つの到達点といえる画期的なものでした。この法律によって，国と地方公共団体が分担すべき事務を明確にするとともに，地方公共団体へ可能な限り事務を移すこととなりました。また，地方公共団体の判断の余地を拡大させるために，国の機関委任事務およびそれに伴う包括的な指揮監督権という地方への関わりを廃止したり，法令による義務規定の撤廃・緩和などが行われました。

　なお，地方分権改革は2006年6月の地方六団体による「地方分権の推進に関

する意見書」を契機とした第2次改革期間として今も継続しており，国から都道府県，都道府県から市町村への事務権限の移譲や規制緩和が2011年以降にほぼ毎年提出され成立している「地方分権一括法」*によって進展しています。

　　＊2022年8月末時点で第12次までにわたる地方分権一括法が成立しています。

　2000年に施行された地方分権一括法によって国から地方への権限移譲や規制緩和が図られましたが，地方分権を実質的なものにするためには，財源の裏づけ，財政面での余裕も必要になります。権限は与えられたがその権限を使うためのお金が無い，では何もできませんものね。そこで，財政面からも地方分権を推進するために小泉純一郎政権（2001〜2006年）で行われた国と地方公共団体の財政改革が「三位一体（の）改革」とよばれるものです。お金の地方分権改革ともいえる三位一体の改革は，国からの補助金，地方交付税，地方の財源の3つを改革するもので，結果として補助金と地方交付税は削減されました*。

　　＊文部科学省関係の補助金も例外ではありませんでした。金額が大きく，政府の補助金の削減目標（4兆円程度）の達成に寄与しうることから，義務教育費国庫負担金は，国の2分の1負担であったものが，2006年度から3分の1負担へと切り下げられる結果となりました。

❹　2015年4月の改正「地方教育行政法」施行による制度変更

　教育委員会制度の歴史において大きな制度変更を伴ったのが，2014年の地方教育行政法改正です（2015年4月1日施行）。文部科学省のウェブサイトから新制度を図示したものを引用しましたので，図3-1を参照しながら制度変更の趣旨や内容について説明したいと思います。

　2014年度までの旧制度は，制度上のトップである教育委員会（しかし委員の職務は非常勤で，月1〜2回程度の会議への参加と式典への出席，教育機関の視察程度である場合がほとんど）と制度上のナンバー2である教育長（常勤職で職業公務員である事務局職員を指揮監督する実力者）の二元的な体制でしたが，問題が発生した場合の責任の所在が二元的であるために不明確であること

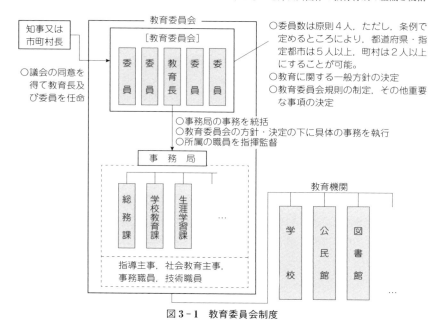

図3-1　教育委員会制度

（出所）　文部科学省ウェブサイト（https://www.mext.go.jp/a_menu/chihou/05071301.htm
　　　　2022年9月5日閲覧）なお，旧制度の概要については，https://www.mext.go.jp/compo
　　　　nent/b_menu/other/__icsFiles/afieldfile/2015/02/04/1349283_04.pdf を参照されたい。

や，任命する長が委員長職や教育長職を決めることができない（任命された委員間の互選とされていた）などの理由から，**教育委員会と教育長を一元化した**ものが2015年度からの新しい教育委員会制度であるといえます。

　新制度では，教育長は教育委員会の一員となり，委員会を代表する役割も与えられました。教育長の権限が強化されたため，**4年任期の委員よりも短い3年が教育長の任期**となりました。教育長，委員ともに，長が選任して議会が同意すれば再任されることは可能です。教育長を含めた委員会の定数は5名ですが，**条例によって都道府県と市では委員を増やせますし，町村では委員を2名以上と減らす**ことも可能になっています。なお，委員に保護者であるものを含めることが義務づけられています＊。

　　＊保護者委員の選任が義務化されたのは，2007年の地方教育行政法改正によるものです。

新制度の特徴として，地方公共団体の長の教育行政への関与が増えたことも指摘できます。長と教育委員会の協議の場として長が主宰*する「総合教育会議」が設けられ，その協議を経て，長が教育に関する基本方針である「大綱」を定めることとされました。また，教育長と委員の任命にあたって，役職を含めた人事案を議会に提出できるようにもなりました。

　　＊主宰者である長が会議を招集し，議題を決定し，議長を務めることになります。

　さて，条文を参照しながら，これまでに説明した内容を確認し，また補足していきたいと思います。地方教育行政法第2条では，教育委員会が必置であることが定められています*。

　　＊地方公共団体の組合とは，複数の地方公共団体による事務の共同処理方式として地方自治法第284条に定められたものです。ごみ処理や消防でよく見られる事務処理方式であり，組合といわれて一般に思い浮かべる労働組合やマンションの管理組合とは関係のないものです。

　次に第3条では教育委員会の組織および委員定数の変更について定められています。法律の規定に基づけば，教育委員は何人増やしてもよいのですが，文部科学省の『教育行政調査』（政府指定の統計です）によると，全体の9割近くが教育長を含めて5人制で運用されており，5人制以外では委員を1人増やした6人制のケースがほとんどです。

　ここで，お住まいおよび周辺の市区町村の教育長・教育委員の一覧を調べてみてください。おそらく任期も記されていると思いますが，委員の過半数（委

▶1　地方教育行政の組織及び運営に関する法律第2条（設置）
　都道府県，市（特別区を含む。以下同じ。）町村及び第二十一条に規定する事務の全部又は一部を処理する地方公共団体の組合に教育委員会を置く。
▶2　地方教育行政の組織及び運営に関する法律第3条（組織）
　教育委員会は，**教育長及び四人の委員**をもつて組織する。ただし，**条例で定めるところ**により，**都道府県若しくは市又は地方公共団体の組合のうち都道府県若しくは市が加入するものの教育委員会にあつては教育長及び五人以上の委員**，**町村又は地方公共団体のうち町村のみが加入するものの教育委員会にあつては教育長及び二人以上の委員**をもつて組織することができる。

員が4人であれば3人以上）が同じ任期となっているケースは少ないはずです（皆無ではありませんが…）。委員の任期はバラバラで，多くとも2人の委員が同じ任期であるという場合がほとんどです。このようにすることで，**教育委員会の意思決定が一度での委員の大幅な入れ替えが起こることで急変しないようにして中立主義を支えています**。行政の実務上の知恵といえるでしょう。

　第4条は長の任命にあたっての制約条件が定められ，第1項では教育長の条件，第2項では委員の条件が定められています。**教育長は**，地方公共団体の長，その副役職者に次ぐ役職と認識されるのが一般的であり，議会答弁も行うなど，**教育行政に関する識見が求められるため**，第2項の委員とは条件とされる内容が異なっています。なお，「長の被選挙権を有する者」とは，長の選挙に立候補できる者という意味であり，公職選挙法において都道府県だと30歳以上，市町村だと25歳以上と規定されています。

　第3項では，教育長または委員としての適格性を欠く者の条件が2つあげられています。第1号については，債務（借金）がとても返済できない場合に裁判所へ破産手続を申請した場合の話です。破産の手続が終了して免責が認められると，一部の例外を除いて債務（借金）がなくなります。この破産手続が行

▶3　地方教育行政の組織及び運営に関する法律第4条（任命）

　教育長は，**当該地方公共団体の長の被選挙権**を有する者で，人格が高潔で，**教育行政に関し識見を有するもの**のうちから，**地方公共団体の長が**，**議会の同意**を得て，任命する。

②　委員は，**当該地方公共団体の長の被選挙権**を有する者で，人格が高潔で，教育，学術及び文化（以下単に「教育」という。）に関し識見を有するもののうちから，**地方公共団体の長が**，**議会の同意**を得て，任命する。

③　次の各号のいずれかに該当する者は，教育長又は委員となることができない。

　一　破産手続開始の決定を受けて**復権を得ない者**

　二　**禁錮以上の刑**に処せられた者

④　教育長及び委員の任命については，そのうち**委員の定数に一を加えた数の二分の一以上の者**が同一の政党に所属することとなつてはならない。

⑤　地方公共団体の長は，第二項の規定による委員の任命に当たつては，委員の年齢，性別，職業等に著しい偏りが生じないように配慮するとともに，委員のうちに**保護者**（親権を行う者及び未成年後見人をいう。第四十七条の五第二項第二号及び第五項において同じ。）である者が含まれるようにしなければならない。

われている間は，通信の自由が制限されて郵便物が破産管財人へ転送されたり，公職に就くことができないなどの制限が課されますが，第1号はそのことを定めたものです。第2号については，刑が確定したら一生涯教育長，委員になることはできません。2022（令和4）年に刑法が改正され，3年以内に禁固刑，懲役刑が拘禁刑へと統合されることになりますので，第2号の規定も「拘禁刑以上の刑に処された者」と変更になります。新聞等をチェックしておいてください。

第4項は，委員会の構成メンバーの2分の1以上が同一の政党員であることを禁じることで中立主義を保障するものです。政党ごとに党員になる方法はさまざまです。残念ながらというべきか，同一政党の党員が2分の1以上であることを禁じるのが限界であり，例えば5人の教育委員会でA党の党員が2名おり，党員ではないがA党を支援し，一定の関わりをもっている者（いわゆる「シンパ」と呼ばれる存在）が1名いたとしても違法状態ではありません。党員であるかどうかが基準となっているのです。なお，第5項は保護者委員の選任が義務となっていることが重要です。

第5条では委員の任期や再任について定められ，第15条では教育委員会が規則という法を定める立法機能ももっていることが定められています。^{▲4}

次に長が定める教育行政に関する基本方針である大綱について説明します。^{▲6}

▶4　地方教育行政の組織及び運営に関する法律第5条（任期）
　教育長の任期は三年とし，委員の任期は四年とする。ただし，補欠の教育長又は委員の任期は，前任者の残任期間とする。
②　教育長及び委員は，**再任されることができる。**
▶5　地方教育行政の組織及び運営に関する法律第15条（教育委員会規則の制定等）
　教育委員会は，**法令又は条例に違反しない限りにおいて**，その権限に属する事務に関し，**教育委員会規則を制定することができる。**（②は省略）
▶6　地方教育行政の組織及び運営に関する法律第1条の3（大綱の策定等）
　地方公共団体の長は，教育基本法第十七条第一項に規定する基本的な方針を参酌し，その地域の実情に応じ，当該地方公共団体の教育，学術及び文化の振興に関する総合的な施策の大綱（以下単に「大綱」という。）を定めるものとする。
②　地方公共団体の長は，大綱を定め，又はこれを変更しようとするときは，**あらかじめ，**次条第一項の総合教育会議において**協議**するものとする。（③④は省略）

大綱，漢字のミスが目立ちますが間違えないようにしてください（網ではなく，綱です。）。私はこれまで100以上の地方公共団体の大綱を確認しましたが，大きく以下の 3 つのパターンの大綱に分けられると思います。

1　市民憲章と同じくらい抽象度が高い内容で， 1 ページで収まる分量のもの。

2　数ページ程度の分量で複数の方針とその一般的な説明がまとめられたもの。

3　数十ページにわたり，かなり具体的で細かい目標が定められたもの。

1 のパターンは，教育行政の一般行政からの相対的独立，教育行政の自主的な政策判断を尊重するためにごく簡潔に大綱をまとめているような場合も考えられます。簡潔だから悪いという話では全くありません。 2 のパターンは大綱という趣旨を踏まえるならば，標準的な体裁を備えたものと思われます。 3 のパターンは意外と多いのですが，大綱を定める以前からさまざまな教育計画が存在するなかで，すでにある教育計画を大綱と位置づけることで矛盾が生じないようにした地方公共団体が少なくなかったということでしょう＊。

＊文部科学省が，地方公共団体が定めた教育振興基本計画を大綱と位置づけてもよいという趣旨の通知を出したことが影響していると考えられます（2014年 7 月17日初等中等教育局長通知）。

最後に総合教育会議に関する条文です。総合教育会議は大綱を策定あるいは改定する際には必ず開かなければならないため，どの地方公共団体でも2015年度以降に 1 度は開催されているはずです。総合教育会議の開催頻度が少ないから長の教育への関心が弱いと考えるのは早計ですが（大綱のパターン 1 と同じ理屈です）， 5 年以上経過していて過去に 1 度しか開催されていなければ，長と教育委員会の協議，合意形成の場として設けられた会議の趣旨が生かされていないといえるかもしれません。

5 地方公共団体の長が担当する教育事務

　これまでの説明から長も教育に関する事務を担当している場合があることに気づかれたと思います。もちろん教育委員会のほうが担当する教育事務の数は多い（第21条）のですが，（例外である？）長が担当する事務のほうが採用試験では問われます。まずは長の担当事務をしっかり覚えて，それ以外の教育に関する事務は教育委員会が担当するという順番で理解するといいでしょう。

　第22条には，長の教育に関する担当事務として，大綱の策定に加えて6項目定められています。◀8 第1号から第3号まで「に関すること。」という表現は同

▶7　地方教育行政の組織及び運営に関する法律第1条の4（総合教育会議）

　地方公共団体の長は，大綱の策定に関する協議及び次に掲げる事項についての協議並びにこれらに関する次項各号に掲げる構成員の事務の調整を行うため，**総合教育会議**を設けるものとする。

　　一　教育を行うための諸条件の整備その他の地域の実情に応じた教育，学術及び文化の振興を図るため重点的に講ずべき施策

　　二　児童，生徒等の生命又は身体に現に被害が生じ，又はまさに被害が生ずるおそれがあると見込まれる場合等の緊急の場合に講ずべき措置

②　総合教育会議は，次に掲げる者をもつて構成する。

　　一　**地方公共団体の長**

　　二　**教育委員会**

③　総合教育会議は，**地方公共団体の長が召集**する。（④〜⑨は省略）

▶8　地方教育行政の組織及び運営に関する法律第22条（長の職務権限）

　地方公共団体の長は，**大綱の策定**に関する事務のほか，次に掲げる教育に関する事務を管理し，及び執行する。

　　一　大学に関すること。

　　二　幼保連携型認定こども園に関すること。

　　三　私立学校に関すること。

　　四　教育財産を取得し，及び処分すること。

　　五　教育委員会の所掌に係る事項に関する契約を結ぶこと。

　　六　前号に掲げるもののほか，教育委員会の所掌に係る事項に関する予算を執行すること。

表3-1　学校の監督庁と管理機関

	監督庁	管理機関
国立学校	文部科学大臣	国立大学法人・独立行政法人国立高等専門学校機構
公立の大学・高等専門学校	文部科学大臣	大学について：長もしくは公立大学法人 高等専門学校について：教育委員会もしくは公立大学法人
その他の公立学校	都道府県教育委員会	市町村教育委員会
私立の大学・高等専門学校	文部科学大臣	学校法人
その他の私立学校	都道府県知事	学校法人

じですが，第1号・第2号と第3号ではその具体的な意味が異なります。第1号と第2号は施設を管理することを意味しており，第3号は（都道府県）知事が大学・高等専門学校を除く私立学校を監督することを意味しています。

　管理とは，その対象が適正に使用できるように保守，準備することです。第1号の大学であれば，都道府県立の大学は各地に存在しますが，その大学本来の役割を提供するために大学構内の清掃や警備を行い，研究や教育に必要な備品や消耗品を揃え，教職員体制を整備することが管理ということになります。なお，第2号の幼保連携型認定こども園については，厚生労働省の保育所（児童福祉施設）と文部科学省の幼稚園（学校）の両方の機能を持つので，管理を長が行うのか教育委員会なのかが問題になりうるのですが，長が管理すると定めたものです。第3号の監督は，学校の設置や廃止，授業料の改定などの可否を判断するところであり，私立学校（大学・高等専門学校を除く）の監督は知事であるということです。この監督と管理については，設置主体別・学校種別に監督庁と管理機関をまとめた表3-1が非常に大切です。採用試験ではいろいろな形で表の内容が問われていますので，しっかり覚えてください。

　この表の覚え方について，簡単に説明しておきます。丸囲み数字は理解する順序を表しています。① まず，私立学校の管理機関が学校法人なのは当然です。だって独自の教育をやりたくて自分（学校法人）の意志で学校を作ったのですから。「学校を作りたいけど，管理するのは嫌だ」という言い分は，「そんな奴は学校を作るな」といわれるだけでしょう。

② 次に国立学校の監督，管理をするのが国（あるいは国に相当する機関）であることも当然といえるでしょう。わざわざユネスコや国連事務総長に関わってもらうほどの話ではないでしょう（基本的には国内の一般的な建築物を伴う学校を設置するかどうか，どう管理するかという話に過ぎませんので）。③ 続いて，大学・高等専門学校（高等教育機関といいます）の監督は文部科学大臣が行います。高等教育機関は最高度の教育を授ける機関だから，文部科学大臣（国）が関与するのだと理解すれば覚えやすいでしょう。④ 今度は高等教育機関を除いた公立学校の監督と管理についてですが，設置義務のない学校種を市町村が設置する場合（たとえば，高等学校，特別支援学校）の監督庁は都道府県教育委員会になるという意味です。⑤ 最後に高等教育機関を除いた私立学校の監督庁は（都道府県）知事である，とこれはひたすら暗記してください＊。

> ＊公立の高等教育機関の説明がないぞ，と思った方，敏感ですね！ 公立大学の管理は長または公立大学法人（公立大学全体の9割は法人化されていますが，すべてではありません），公立高等専門学校の管理は教育委員会または公立大学法人になります。どちらも管理機関に2つのパターンが存在し，試験では問われにくいので，説明を省きました。

残るは第22条の第4号から第6号ですが，同じ理屈でまとめて覚えられます。**財政権は長にある**ので，お金の計画である予算を含め，お金のやりとりに関係する行為は長が担当するということです。夏休みなどに学校が改修工事を行ったりしますが，工事現場の掲示物でその工事の施主（依頼主）を確認してみましょう。校長や教育委員会ではなく，地方公共団体の長の名前が記載されているはずです。財政権が長にあるからです。

長にはその他にも第23条で定められた通常は教育委員会が処理する事務を担当する場合がありますが，まずは第22条の事務をしっかり覚えてください。

6 都道府県教育委員会と市町村教育委員会の事務の違い

ここでは，基礎自治体といわれる市町村と，広域自治体といわれる都道府県

で教育事務にどのような違い，役割分担が定められているのかについて確認したいと思います。教育事務における都道府県と市町村の違いとして代表的なものは，公立学校教員の採用や採用後の人事，研修に関することです。そのことを説明するために，まず県費負担教職員制度の説明から始めましょう。

　小学校，中学校，義務教育学校などの義務教育を提供する学校の整備義務は市町村にありますが，市町村によって設置された義務教育の学校の教職員の給与を負担する義務はまず都道府県にあります。1948（昭和23）年に公布・施行された「市町村立学校職員給与負担法」によるものです。しかしながら，国による一定の負担を求める地方の声は強く，1952（昭和27）年に「義務教育費国庫負担法」が成立し，翌年度から教職員の給与として実際に支出した金額の2分の1を国が負担することとなりました＊。国によるこの負担は，教職員給与の費目（退職手当，退職年金など）を補助の対象から外すことで，国の負担軽減が図られてきましたが，2006年度から国の負担率は3分の1に切り下がって**（都道府県が3分の2を負担）**今日に至っています。

　　＊国による教職員給与負担の歴史は明治時代後期にまでさかのぼり，現在のように
　　　国が一定割合を負担するようになったのも戦前（1940年）からだとされています。
　　　戦後のインフレ抑制のために国の財政支出を抑制する目的で，国による教職員給
　　　与への補助制度は1950（昭和25）年度から3年度間廃止されましたが，義務教育
　　　費国庫負担法により1953（昭和28）年度から再開されたわけです。

▶9　地方教育行政の組織及び運営に関する法律第23条（職務権限の特例）
　前二条の規定にかかわらず，地方公共団体は，前条各号に掲げるもののほか，条例の定めるところにより，**当該地方公共団体の長が，次の各号に掲げる教育に関する事務のいずれか又は全てを管理し，及び執行することとすることができる。**
　一　図書館，博物館，公民館その他の社会教育に関する教育機関のうち当該条例で定め
　　　るもの（以下「特定社会教育機関」という。）の設置，管理及び廃止に関すること
　　　（第二十一条第七号から第九号まで及び第十二号に掲げる事務のうち，特定社会教育
　　　機関のみに係るものを含む。）
　二　スポーツに関すること（学校における体育に関することを除く。）。
　三　文化に関すること（次号に掲げるものを除く。）。
　四　文化財の保護に関すること。（②は省略）

要するに，市町村が設置する義務教育諸学校の教職員の給与費は，国と都道府県で負担する構造になっており，そのような教職員を県費負担教職員と呼ぶわけですが＊，教職員を都道府県という広域単位で確保した方が安定的に人材を確保して各地へ配置できることもあり，人事権は都道府県教育委員会に与えられています◀10。都道府県と市町村の教育委員会それぞれに固有の教職員に関する事務について，表3-2のようにまとめましたので，表を基に説明を加えていきたいと思います。

　　＊市町村独自で教員を採用しているところも少ないながら存在します。その場合，
　　採用教員の人件費負担は採用した市町村が全額負担することになります。ただし，
　　政令指定都市については，都道府県とほぼ同等の事務権限が与えられているので
　　例外であり，政令市が独自に採用した教職員には国の補助があります。

表3-2　都道府県教育委員会と市町村教育委員会の教職員に関する事務

都道府県教育委員会	法令の根拠	市町村教育委員会	法令の根拠
県費負担教職員の任命権	地方教育行政法第37条	市町村立学校教職員の服務監督	地方教育行政法第42条
県費負担教職員の定数	地方教育行政法第41条	市町村立学校教職員の人事評価	地方教育行政法第43条
県費負担教職員の給与等	地方教育行政法第42条	義務教育教科用図書の採択	義務教育諸学校の教科用図書の無償措置に関する法律第10条
県費負担教職員の研修＊	地方教育行政法第45条	学齢児童・学齢生徒の保護者への出席停止命令	学校教育法第35条

　＊県費負担教職員の研修については，都道府県と同等の権限が与えられる政令指定都市は当然として，中核市にも権限が付与されています。（地方教育行政法第59条）

　表3-2に示されたように，県費負担教職員の任命権，定数や給与等の待遇，研修については都道府県教育委員会が担当します。公立学校の教員採用試験の多くは都道府県もしくは政令指定都市単位で，あるいは都道府県と政令指定都

▶10　地方教育行政の組織及び運営に関する法律第37条（任命権者）
　市町村立学校職員給与負担法（昭和二十三年法律第百三十五号）第一条及び第二条に規定する職員（以下「県費負担教職員」という。）の任命権は，都道府県委員会に属する。
（②は省略）

市の合同採用で実施されますが＊，小学校，中学校，義務教育学校のほぼすべては市町村立であり，市町村立学校に赴任（ふにん）した際の身分は，赴任した市町村の職員（公務員）になります。服務の監督や人事評価については，赴任した教職員にとっての所属団体であり身近な存在である市町村教育委員会が責任をもつことが合理的で効果的であると考えられているわけです。なお，人事権は都道府県教育委員会にありますが，市町村教育委員会や所属学校長による人事への一定の関与が定められています。◀11

＊政令指定都市は都道府県と同等の事務処理を行う権限が与えられていますので，政令指定都市単独で教員採用試験を実施している都市が存在します。

7　教育委員会と教育機関の関係

ここでは同じ地方公共団体内での役場と教育現場との関係について確認します。ここでいう教育機関とは，地方教育行政法第30条に規定される言葉（法概念といいます）であり，主に教育や研究，研修目的で設置される施設であると理解できます。◀12　なお，教育機関に限らず，地方公共団体が施設を設置する場合

▶11　地方教育行政の組織及び運営に関する法律第38条（市町村教育委員会の内申）
　都道府県委員会は，**市町村委員会の内申をまつて**，県費負担教職員の任免その他の進退を行うものとする。
③　**市町村委員会は，**次条の規定による校長の意見の申出があつた県費負担教職員について第一項又は前項の内申を行うときは，**当該校長の意見を付するものとする。**
（②は省略）
地方教育行政の組織及び運営に関する法律第39条（校長の所属教職員の進退に関する意見の申出）
　市町村立学校職員給与負担法第一条及び第二条に規定する学校の校長は，所属の県費負担教職員の任免その他の進退に関する**意見を市町村委員会に申し出ることができる。**
▶12　地方教育行政の組織及び運営に関する法律第30条（教育機関の設置）
　地方公共団体は，法律で定めるところにより，学校，図書館，博物館，公民館その他の**教育機関**を設置するほか，**条例で，**教育に関する専門的，技術的事項の研究又は教育関係職員の研修，保健若しくは福利厚生に関する施設その他の必要な教育機関を設置することができる。

は条例による根拠が必要です。

　第33条では教育機関の管理について教育委員会が規則（条例の下位法）を定めることとなっており，学校管理規則には学期や長期休業の期間を含めた学校管理に関する網羅的な規定が存在します。また第33条第２項では，**教科書以外の教材を使用する場合には教育委員会への届出または教育委員会の承認が必要**とされています。第34条で教育機関の職員の任命権が教育委員会にあることからもわかるように，教育委員会と教育機関は組織上の上下関係にあります。ただし，許認可などの処分（法律行為）を行う広義の教育委員会と，学校に代表されるように教育活動（法律行為ではない知識・技能の教授という事実上の行為）を中心に行う教育機関では役割に違いがあります。**教育機関の（長の）自由な教育的判断を保障**するために，教育委員会と教育機関の関係について，どのような場合に届出，承認，報告が必要なのかをあらかじめ法令等で定めているのです。

8　文部科学大臣と教育委員会，教育委員会相互の関係

　ここでは別々の団体の相互の関係について確認します。まず，文部科学大臣

▶13　地方教育行政の組織及び運営に関する法律第33条（学校等の管理）
　教育委員会は，法令又は条例に違反しない限りにおいて，その所管に属する学校その他の教育機関の施設，設備，組織編制，教育課程，教材の取扱その他の**管理運営の基本的事項について，必要な教育委員会規則を定めるものとする。**この場合において，当該教育委員会規則で定めようとする事項のうち，その実施のためには**新たに予算を伴うこととなるものについては，教育委員会は，あらかじめ当該地方公共団体の長に協議しなければならない。**
②　前項の場合において，教育委員会は，学校における**教科書以外の教材の使用について，**あらかじめ，**教育委員会に届け出させ，又は教育委員会の承認を受けさせることとする定めを設けるものとする。**
▶14　地方教育行政の組織及び運営に関する法律第34条（教育機関の職員の任命）
　教育委員会の所管に属する学校その他の教育機関の校長，園長，教員，事務職員，技術職員その他の職員は，この法律に特別の定めがある場合を除き，**教育委員会が任命**する。

と教育委員会の関係についてですが，教育基本法第16条（教育行政）の第1項が根本規定になっているといえます。実際に条文を参照して頂きたいのですが，「…教育行政は，国と地方公共団体との適切な役割分担及び相互の協力の下…」に行われなければならないとされ，それぞれの役割を前提としながらも互いの連携協力を求めています。たとえば福島市のある小学生は，（おそらく）福島市民であるとともに福島県民であり日本国民でもあるわけで，市と県と国は別々の存在でそれぞれに与えられた役割があったとしても，相互に連携協力してもらわないと，教育を受ける1人の人間であるその小学生にとって不利益が生じうるため困るわけです。

　地方教育行政法第5章（文部科学大臣及び教育委員会相互間の関係等）では，相互の関係についてより詳細な規定がなされ，教育基本法第16条第1項と同趣旨の規定である第51条や，指導助言主義を具体的に定めた第48条などが根本規定となっています[15]。ただし，例外も規定されており，是正を要求する場合の条件（第49条）や文部科学大臣の指示（第50条），調査（第53条）などが例外に該当します[16]。とりわけ第50条の指示は他の団体への強い関与となりますので，指示できる場合を極めて限定しています[17]。他団体への介入は最終手段なので，安易に用いられないように厳しい条件設定をしているわけです。また，是正の要求

▶ 15　地方教育行政の組織及び運営に関する法律第51条（文部科学大臣及び教育委員会相互間の関係）

　文部科学大臣は都道府県委員会又は市町村委員会相互の間の，都道府県委員会は市町村委員会相互の間の連絡調整を図り，並びに教育委員会は，相互の間の連絡を密にし，及び文部科学大臣又は他の教育委員会と協力し，教職員の適正な配置と円滑な交流及び教職員の勤務能率の増進を図り，もつてそれぞれその所掌する教育に関する事務の適正な執行と管理に努めなければならない。

地方教育行政の組織及び運営に関する法律第48条（文部科学大臣又は都道府県委員会の指導，助言及び援助）

　地方自治法第二百四十五条の四第一項の規定によるほか，文部科学大臣は都道府県又は市町村に対し，都道府県委員会は市町村に対し，都道府県又は市町村の教育に関する事務の適正な処理を図るため，必要な**指導，助言又は援助**を行うことができる。（②③④は省略）

ないし指示を行った場合は，その地方公共団体の長及び議会に対して，そのような対応を行った旨を通知することも定められています（第50条の2）。このように規定することで，他団体からの安易な介入を防ぎ，教育行政の中立主義を保障しているのだといえるでしょう。

▶16　地方教育行政の組織及び運営に関する法律第49条（是正の要求の方式）
　文部科学大臣は，都道府県委員会又は市町村委員会の**教育に関する事務の管理及び執行が法令の規定に違反するものがある場合又は**当該事務の管理及び執行を怠るものがある場合において，児童，生徒等の教育を受ける機会が妨げられていることその他の**教育を受ける権利が侵害されていることが明らかであるとして地方自治法第二百四十五条の五第一項若しくは第四項の規定による求め又は同条第二項の指示を行うときは，当該教育委員会が講ずべき措置の内容を示して行うものとする。**
地方教育行政の組織及び運営に関する法律第53条（調査）
　文部科学大臣又は都道府県委員会は，**第四十八条第一項及び第五十一条の規定による権限を行うため必要があるときは，**地方公共団体の長又は教育委員会が管理し，及び執行する教育に関する事務について，必要な調査を行うことができる。（②は省略）
地方教育行政の組織及び運営に関する法律第54条（資料及び報告）
②　文部科学大臣は地方公共団体の長又は教育委員会に対し，都道府県委員会は市町村長又は市町村委員会に対し，それぞれ都道府県又は市町村の**区域内の教育に関する事務に関し，必要な調査，統計その他の資料又は報告の提出を求めることができる。**（①は省略）
▶17　地方教育行政の組織及び運営に関する法律第50条（文部科学大臣の指示）
　文部科学大臣は，都道府県委員会又は市町村委員会の教育に関する事務の管理及び執行が法令の規定に違反するものがある場合又は当該事務の管理及び執行を怠るものがある場合において，**児童，生徒等の生命又は身体に現に被害が生じ，又はまさに被害が生ずるおそれがあると見込まれ，その被害の拡大又は発生を防止するため，緊急の必要があるときは，当該教育委員会に対し，当該違反を是正し，又は当該怠る事務の管理及び執行を改めるべきことを指示することができる。ただし，他の措置によつては，その是正を図ることが困難である場合に限る。**
▶18　地方教育行政の組織及び運営に関する法律第50条の2（文部科学大臣の通知）
　文部科学大臣は，第四十九条に規定する求め若しくは指示又は前条の規定による指示を行つたときは，遅滞なく，**当該地方公共団体**（第四十九条に規定する指示を行つたときにあつては，当該指示に係る市町村）**の長及び議会に対して，その旨を通知するものとする。**

この章のポイント

- 教育委員会には狭義と広義の定義があり，狭義で用いられることが多い。
- 2014年の地方教育行政法改正によって，教育委員会の責任体制がより明確になったとともに，地方公共団体の長による教育行政への関与が増えた。
- 地方公共団体の長についても教育に関する固有の事務が定められている。
- 同じ地方公共団体内でも教育委員会と教育機関の関係は，教育機関の自主的な判断が尊重されるような法規定となっている。
- 文部科学大臣，教育委員会間などの相互関係については，指導助言主義が原則となっているが，例外規定も存在している。

第 4 章

国の教育行政の組織と役割
【内閣法，文部科学省設置法など】

　第 3 章では比較的身近に感じられる地方公共団体を扱いました。この章は国の教育行政に関する組織についてです。ご家族やご親族に国会や中央省庁の関係者がいなければ，国の中心的な組織を身近な存在と感じることはなかなかないかもしれません（社会科見学で訪問したという方はいるでしょうが，何度もあるいは日常的に国会議事堂周辺を訪れている人は少ないだろうと思います）。しかしながら，国の行政事業は私たちの生活にさまざまな形で関わっています。いわゆるコロナ禍における2020年の国民 1 人あたり10万円給付された特別定額給付金をはじめとする各種給付金・助成金等の支給や緊急事態宣言の発 出 の判断の報道に関心を寄せるなかで，国が果たす役割について部分的であれ具体的に認識することができたのではないかと思います。

　教育行政に関連する出来事としては，2020年 2 月27日に安倍晋三首相が全国の学校に対して一斉休校を要請しました。なぜ，文部科学大臣でなく，内閣総理大臣が要請したのでしょうか。「総理大臣が要請した方が伝わりやすいから」，「国の仕事全体に関わっているのが内閣なのだから要請できるのは当たり前ではないか」─そのように思われたでしょう（少し誘導的，強引ですかね…）。

　内閣が教育行政に関わることができること，内閣（総理大臣）は文部科学大臣よりも偉いこと，この 2 点が国の教育行政組織を理解するポイントです。日本国憲法第65条で「行政権は，内閣に属する。」と規定されている通り，内閣は国の執行機関としては最上位の機関であり，それゆえ内閣も教育に関する意思決定機関であることになります。また，教育基本法第17条では，政府に国の教育計画である教育振興基本計画の策定と国会への報告を義務づけています。つまり，教育振興基本計画は内

閣の会議である閣議（決定）によって策定されるのです。これらの点を
ふまえるならば，文部科学大臣よりも上級機関である内閣が教育行政に
関する権限をもち，教育政策に影響を持っていることが理解できるで
しょう＊。

　地方においては，首長と教育委員会は組織上では独立していましたが，
内閣は文部科学大臣よりも上級の機関です。**教育行政の意思決定機関で
ある2者の関係について，地方ではヨコ（対等）の関係ですが，国はタ
テ（上下）の関係である**という違いがあることを意識してください。

　　＊ただし，内閣が一般行政事務全体に責任をもつからといって，す
　　　べての行政事務の処理を日常的，全面的に行っているわけではあ
　　　りません。能率的に行政事務を行うために，内閣の下にさまざま
　　　な国家行政組織が整えられて「役割分業」がなされています。国
　　　家行政組織法第2条第1項には「国家行政組織は，内閣の統轄の
　　　下に，内閣府の組織とともに，…明確な範囲の所掌事務を有する
　　　行政機関の全体によつて，系統的に構成されなければならない。」
　　　とあり，同法第3条第2項で行政組織のために置かれる国の行政
　　　機関の種類（省，委員会，庁）が定められています。これらの法
　　　規定の趣旨に基づけば，内閣が一般行政事務の処理を日常的，全
　　　面的に行うものではないことは明らかです。しかしながら，一般
　　　行政事務に対する内閣の意思決定は，最上級の行政機関であるが
　　　ゆえに可能なのです。

1 内閣の組織と役割

　首相官邸ホームページというインターネットサイトがあります。国の機関や
地方公共団体のウェブサイトには，子どもに理解してもらう・親しんでもらう
ためにキッズページが設けられていることがよくあります。首相官邸ウェブサ
イトでは，キッズページのなかに「内閣総理大臣になるには」というメニュー
があります。その答えとして，「国会議員になる→国会議員のなかで内閣総理
大臣に選ばれる」というたった2ステップをクリアすれば内閣総理大臣になれ
ることが示されています（授業でこの話をすると「そもそも最初のステップの
ハードルが高すぎる」と文句を言われます）。ここでは，内閣のリーダーであ

る内閣総理大臣は，国会議員のなかから国会が選んでいるということを確認してください[1]。国会の指名の結果をもとに内閣総理大臣に任命（職務を行う権限を与える行為）するのは天皇です（日本国憲法第7条第5号）。

　指名を受けた内閣総理大臣は，自分とともに内閣のメンバーとして国の舵取りを行うメンバーを決めます。組閣といわれる作業です。その際にマスコミが注目するのは，大臣ポストのゆくえです。「財務大臣には〇〇氏」，「外務大臣には△△氏」などというようにです。しかし，ここで注目する大臣というのは，内閣のメンバーとしての顔（国務大臣といいます）というよりも，省という行政機関の長としての顔（行政大臣といいます）のことが中心です。つまり，大臣となる者は，内閣のメンバー（国務大臣）としての役割と，明確な範囲の事務を担当する府，省という組織の長（行政大臣）としての役割という2つの側面を持つ者が存在するということです＊。

　　＊ただし，国務大臣のみを担当する者が存在してもよいことになっています（内閣法第3条第2項）。

　組閣を終えて内閣が発足すると，各府省からの法令案，国会議員からの質問に対する答弁書，人事などさまざまなことがらを審議し，また報告を受けるために閣議という会議が基本的に週2回のペースで開催されます。内閣は合議制の機関ですが，日本国憲法の定めを受け，閣議は多数決ではなくて全会一致が慣例となっています[2]。しかしながら，20名ほどのメンバーが集まって数多くの

▶1　日本国憲法第67条（内閣総理大臣の指名，衆議院の優越）
　内閣総理大臣は，国会議員の中から国会の議決で，これを指名する。この指名は，他のすべての案件に先だつて，これを行ふ。（②は省略）
▶2　閣議が全会一致であることについては，内閣の連帯を定めた以下の条文を参照してください。
日本国憲法第66条（内閣の組織，文民，国会に対する責任）
③　内閣は，行政権の行使について，**国会に対し連帯して責任を負ふ。**（①②は省略）
日本国憲法第74条（法律・政令の署名）
　法律及び政令には，すべて主任の国務大臣が署名し，内閣総理大臣が連署することを必要とする。

案件を扱う閣議において，すべての案件が全会一致で承認されるということがありうるのでしょうか。もし，承認を拒否する大臣がいた場合はどうするのでしょうか。

実は閣議に出される案件は，数多くのチェック，省庁間の調整を経て，異議なく了承されたものだけが示されるので，閣議で大臣から異論が出ないのです。つまり，閣議にあがる前にすべて調整済みであるということです。ただし，それでも同意しない大臣がいた場合は，任免権をもつ内閣総理大臣によって罷免（つまり，大臣をクビ）にする可能性がありますが▸3，実例も存在します。内閣法第4条第2項において「内閣総理大臣は，内閣の重要政策に関する基本的な方針その他の案件を発議する」権限が与えられているため＊，内閣総理大臣主導の発議に同意しない国務大臣が現れる可能性はあるでしょうが，過去の実例の回数を考えるとあまり起こらない事態と考えてよいでしょう。

　　＊内閣総理大臣による発議権は，内閣主導の政策決定を推進するために1999年の同法改正によって新設された規定ですが，内閣の一般行政への影響力を強めうることになりました。

行政権をもち，外交を含めてさまざまな案件を処理する内閣において，政策形成，政策判断のプロセスとして大きな役割を果たしているのが諮問機関です。首相官邸ウェブサイトや内閣官房ウェブサイトを見ると，数多くのさまざまな分野に関する諮問機関の存在を確認することができます。続いて，その諮問機関について学んでいきましょう。

2　政策の実行に貢献する諮問機関

行政が政策を立案・実施したり許認可の判断を行うにあたって，有識者（高

> ▶ 3　日本国憲法第68条（国務大臣の任免）
> 　内閣総理大臣は，国務大臣を任命する。但し，その過半数は，国会議員の中から選ばれなければならない。
> ②　内閣総理大臣は，任意に国務大臣を罷免することができる。

い知識・判断力をもつとされる人）によって構成される諮問機関に意見を聞く場合があります。諮問機関には，法令で設置される公的諮問機関（文部科学省であれば，中央教育審議会が例にあげられます＊）と，法令の根拠を持たない（閣議決定などで設置される政策の策定・執行過程で置かれる会議体を含めた）私的諮問機関とに分けられますが，どちらの場合においても意思決定機関（内閣や文部科学大臣）による政策実施や判断にあたっての重要な役割を果たしている場合が多くなっています＊＊。

> ＊文部科学省の諮問機関は次の6つです。中央教育審議会，教科用図書検定調査審議会，大学設置・学校法人審議会，科学技術・学術審議会，国立大学法人評価委員会，国立研究開発法人審議会。
> ＊＊意思決定機関は，諮問機関の答申，建議等の内容に拘束されないことになっていますが，実際には諮問機関の提言内容はほぼ施策化されています。

　教育に関する内閣の私的諮問機関としては，「教育再生実行会議」の後継組織として2021（令和3）年12月に設置された「教育未来創造会議」が存在していますが，2022（令和4）年5月に第一次提言を行っており（詳しい内容は「首相官邸ウェブサイト」で確認できます），提言を受けて文部科学省が詳細な検討や施策の具体化を検討するという従来通りの流れになることが予想されます＊。このように内閣が教育行政に関与することが可能ななかで，教育，科学，文化などに関する国の専門処理機関である文部科学省の自律的な判断をどのように担保するかが課題であるといえるかもしれません。

> ＊たとえば，第2次安倍内閣以降に発足した教育再生実行会議（2013年1月～2021年12月）は，12回の提言を内閣総理大臣に行いました。そのうち，教育委員会制度改革について，第2次提言「教育委員会制度等の在り方について」が2013（平成25）年4月15日に出され，直後の同年4月25日に文部科学大臣が諮問機関である中央教育審議会に対して「今後の地方教育行政の在り方について」を諮問。同年12月に答申を受けて，2014（平成26）年1月に地教行法改正案が内閣から国会に提出され，同年6月に法案が可決成立しています。この一連の流れは，内閣主導の教育政策過程の存在を示す例であるといえるでしょう。

3　文部科学省の組織と役割

　文部科学省は，国家行政組織法や文部科学省設置法に基づいて設置された国の機関であり，教育，科学，文化，宗教，スポーツなどに関する事務・事業を担当しています。文部科学省の詳しい担当事務については，文部科学省設置法第 4 条に95項目にわたって示されています（授業中に冗談で「大変ですけどテストに出すので全部覚えてください」というと学生の眠気を覚ます効果があります。私も覚えていませんし，この条文を作成した官僚しか覚えていないのではないかとさえ思ってしまいます）。95項目の第 9 号（「初等中等教育の基準の設定に関すること」）と第10号（「教科用図書の検定に関すること」）が象徴的ですが，**全国的な教育水準を確保するために基準を定める，検定を行うことが国の教育行政機関として果たすべき役割の 1 つである**ことを理解できます。

　文部科学省の組織について機構図をもとに説明します（図 4 - 1 参照）。省のトップは文部科学大臣（ 1 人）ですが，その下に副大臣（ 2 人），大臣政務官（ 2 人）が置かれています＊。これら 5 人が政治任用職（任命権をもつ者によって起用・抜擢される職）です。国会議員から採用されることがほとんどであり，2001年の中央省庁再編前よりも政治任用職の人数を増やしたことで政治主導，トップダウンの政策形成を意図したものとなっています。

　　＊副大臣および大臣政務官の人数は，国家行政組織法で省ごとに定められています。

　事務職（採用試験を通して採用される職業公務員が担当する職）の最高職は事務次官ですが，事務次官に次ぐ職として文部科学審議官が置かれています。以下，大臣官房（官房は長の直属組織で，人事，会計，総務，など組織全体の運営を担当する），および各局が並び，官房および各局にいくつかの課が存在していることがわかります（なお，局の下に部が置かれているものも確認できます）。また，外局＊として文化庁とスポーツ庁（2015〔平成27〕年10月 1 日から）が設置され，国立教育政策研究所のような施設もあります。

　　＊外局とは，府省等の本体組織（内部部局）から一定の独立性を持たせた組織であ

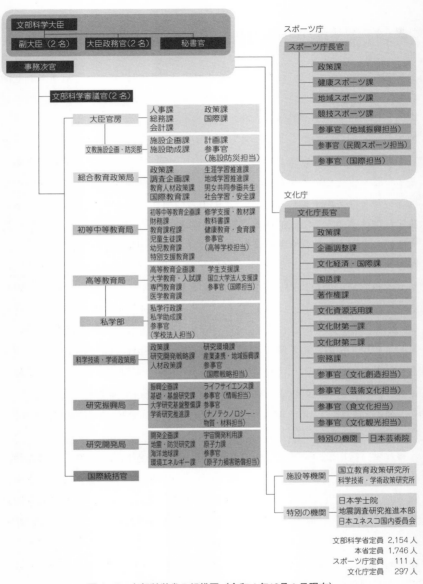

図 4 - 1　文部科学省の組織図（令和 4 年10月 1 日現在）

（出所）　文部科学省ウェブサイトより。（2022年10月31日参照）

り，外局の長は規則，訓令などの法を制定するなどの権限を有している。

　文部科学大臣は，文部科学省のトップ（意思決定機関）として，所属職員の監督，文部科学省令の制定，さまざまな許認可事項の判断（許認可事項の具体例は第 1 章第 4 節参照），文部科学省内の諮問機関への諮問，法律案や政令案を内閣に提出するなどの職務があります。

　　この章のポイント

- ●国の教育行政に関する意思決定機関は，内閣と文部科学大臣である。
- ●諮問機関は，政策を実施するためのプロセスとして機能している面が強く，内閣も文部科学大臣も教育政策に関する諮問機関を設置している。
- ●文部科学省は，教育・科学・文化・スポーツ等の事務に関する専門機関であり，文化庁とスポーツ庁という外局がある。
- ●文部科学大臣は，文部科学省の意思決定機関（トップ）として省の監督や省令の制定，許認可の判断などを行うとともに，上級機関である内閣等と連携しながら教育に関する法令案の内閣提出，教育計画の策定などを行っている。

第 5 章

日本国憲法
【日本国憲法】

　日本国憲法は誰もが学校で教わったことのある最高法規です。会話だと憲法と略称で言う場合が多いのですが，憲法とは法の種類のなかで最高位の種類の名称であり，固有名詞ではありません。ですので，たとえば信教の自由が定められている法規名を問われた際に「憲法」と答えても不正解となります。**正式名称（固有名詞）である「日本国憲法」と答える癖をつけておきましょう。**

　日本国憲法では第26条第 2 項で「義務教育は，これを無償とする。」と規定されていますが，ランドセルや学生服，修学旅行費，筆記用具など，現実にはご家庭の負担もあり，「無償なんかじゃない」と疑問に思っている方もいるでしょう。無償の範囲については第26条で解説しますが，ここで 1 つクイズを出します。公立学校の児童・生徒 1 人あたりに 1 年間でいくらの税金が使われているでしょうか。給食の有無や地域により差がありますが，おおよその金額を予想してください（解答は第26条の解説のなかで）。

　この章では日本国憲法で教育条項といわれる第23条（学問の自由），第26条（教育を受ける権利，教育を受けさせる義務，義務教育の無償）を中心に，他にも教員採用試験でよく問われる条文について解説します。なお，日本国憲法と教育基本法については，条文のキーワードを問うことが採用試験では多いので，条文をしっかり覚えましょう。

1　第23条（学問の自由）

　第23条はとても短い条文ですが，この条文があることの意味は大きいです。

たとえば大学は研究機関ですので，新たな価値を創造するために研究活動を行います。すでに知られている内容では研究になりませんので，研究活動にはすでにある価値や常識を疑う・否定するという作業が伴う場合が少なからずあります。研究内容によっては，そのような行為が今の社会体制を揺るがす可能性がありますので，公権力の介入を受けやすいのです。そのため，学問の自由が保障されていることは，学問（の発展）にとって非常に重要であるといえます。

　学問の自由は，研究の自由，研究成果を発表する自由，教育（教授）の自由の３つによって成り立つと考えられています＊。まず，研究の自由とは真理の探究のための活動を自由に行えることであり，誰にでも保障されています（他の２つの自由も含め，学問の自由は誰にでも**保障されている権利**です）。学問というと高度な知的作業をイメージしてしまいますが，たとえば小学生の自由研究も学問の自由でいうところの学問に当てはまります。

　　＊『解説教育六法2021』三省堂，p. 25参照。

　次に研究成果を発表する自由についてですが，どれだけ優れた発見をしても他者に伝えることが許されなければ発見した意味がありません。そのため，研究成果の発表も保障される必要があるわけです。

　最後に教育（教授）の自由とは，研究成果を他者に教育する自由のことですが，これには制限がつく場合があります。**普通教育（小学校，中学校，高等学校までの初等・中等教育を指します。）の教師に完全な教授の自由を認めることはとうてい許されない**とする**最高裁判決**（昭和51年５月21日）があります。そのように結論した理由として，児童生徒に批判能力がないこと，学校や教師の選択余地がないこと，教育の全国的水準確保の要請があることが判決ではあげられています。

▶ 1　日本国憲法第23条（学問の自由）
　学問の自由は，これを保障する。

2 第26条（教育を受ける権利，教育を受けさせる義務，義務教育の無償）

第26条は，第23条の学問の自由とともに，日本国憲法における教育条項に位置づく重要な条文です。第26条第１項から理解してほしいポイントについて解説していきます。

まず，第１項の「能力に応じて，ひとしく教育を受ける」とはどのように理解すべきであるかについてです。２通りの考え方があります。１つは，能力の有無によって受けられる教育の程度が変化するという考え方です。少し難しい表現を使うならば，一元的な能力観に基づいた考え方でしょう。もう１つは，一人ひとりの個性的な能力にふさわしい教育を受けることができるという考え方です。これは多元的な能力観に基づいたものであり，教育法学の理解はこちらであると考えてください。

第１項についてもう１つ理解すべき点があります。第１項でいう**教育を受ける権利**は，具体的な請求権ではないという点です。たとえば読書好きの人が住む家の近くに空き地があったとしても，「この空き地に図書館を建設すること」を役所に請求することはできません（もちろん図書館建設に関する要望や請願，陳情を行うことはできますが，図書館の建設をただちに行わせるような権利をその人物はもっていないということです）。法的には教育を受ける権利は間違いなくあるのですが，現実には時間的，予算的，物理的な制約などから，すべての教育要求に応えることは不可能ですし，役所の政策判断で教育環境が整えられていくことになります。

第２項の条文中における普通教育という言葉はあまり聞かない言葉だと思います。普通教育とは，社会で必要となる一般的知識・技能を授ける教育であり，

> ▶2 日本国憲法第26条（教育を受ける権利，教育を受けさせる義務，義務教育の無償）
> 　すべて国民は，法律の定めるところにより，その能力に応じて，ひとしく教育を受ける権利を有する。
> ②　すべて**国民は**，法律の定めるところにより，その保護する子女に**普通教育**を受けさせる義務を負ふ。**義務教育**は，これを無償とする。

わが国の教育制度では初等教育（小学校）と中等教育（中学校，高等学校）の段階での教育を指します。普通教育と対比されるのが専門教育・職業教育であり，高等学校には商業科や農業科などの専門学科（職業学科）が置かれる学校もあり，そこでは普通教育に加えて専門教育・職業教育も行われています。

　さて，第 2 項において「義務教育は，これを無償とする。」とありますが，何が無償なのでしょうか。裁判所の判決では，義務教育の無償とは授業料不徴収の意味だとされています（最高裁判決　昭和39年 2 月26日）。

　授業料が無償であるというとき，授業料とは何に対して支払うべき料金であるのかが重要となります。結論からいうと，授業を行う教員，学校全体の管理運営を行う管理職（校長，副校長，教頭など）や事務職員の給与や報酬等を指します。なお，授業を行うために必要な学校施設（校地，校舎等）の維持管理に必要な費用も別の法規により無償となっています＊。ここで本章冒頭のクイズの答えですが，全国平均だと年間一人あたり約100万円の税金が使用されている計算になります。

　　＊地方財政法施行令第52条には，市町村が住民に負担を転嫁できない費用に，市町村の職員の給与に要する経費，市町村立の小学校および中学校の建物の維持および修繕に要する経費があげられています。つまり，公立学校の教職員の給与や報酬等の費用，建物の維持・修繕費を児童・生徒の保護者に直接負担・支払いをさせることはできないのです。

　日本国憲法第26条第 2 項の規定から，国公立の義務教育諸学校で無償となる授業料の中身は以上のように理解できます＊。なお，国語，算数などの教科で欠かせない教科書については，日本国憲法第26条第 2 項による無償の範囲とはなっていません。実際，1947年に新制（第二次世界大戦後の新しい学校制度を新制とよびます。できてからおよそ80年経過していますが新制です。）が始まってから15年以上にわたって教科書は各家庭の負担で購入していたのです＊＊。

　　＊私立学校は授業料を徴収できます（学校教育法第 6 条）。もちろん徴収しなくてもよいのですが，そのような私立学校を私は知りません。
　　＊＊1953年度のみ教科書無償配布の対応をとったことがあります。なお，生活保護世帯や就学援助対象世帯には教科書代が補助されていました。

私立学校も含めたすべての義務教育諸学校における教科書無償は，日本国憲法とは別に法律が作られたことで，無償になりました。1962（昭和37）年の「義務教育諸学校における教科書の無償に関する法律」と1963（昭和38）年の「義務教育諸学校における教科書の無償措置に関する法律」という2つの法律です。義務教育諸学校への教科書無償給与は，1963年度に始まり，無償給与の対象学年を順次拡大させていって，1969（昭和44）年度からはすべての学年で教科書無償給与が実現して現在に至っています。

3 第14条（法の下の平等）

　第14条[3]は，教育基本法第4条第1項[4]と似ているので，いっしょに出題されることもあります。どちらも平等に関する規定ですから，似ていても不思議はないのですが，まずは両方の条文について注を参照してください。

　両方の条文に出てくる門地とは，家柄のことです。「私の先祖は武士だ」と子どものころ自慢していた親友がいるのですが，その親友は自分の門地を誇りにしていたわけです。また，教育基本法第4条のみにあげられている経済的地位についてですが，経済的理由によって教育の機会が失われることは教育を受ける権利の侵害となるだけでなく，社会的な損失でもあります。よって，教育基本法第4条では教育の機会均等を損なう要因となってはならないものの1つとして経済的地位もあげられています（第6章でさらに詳しく説明します）。

▶3　日本国憲法第14条（法の下の平等，貴族制度の否認，栄典）
　すべて国民は，**法の下に平等**であつて，**人種，信条，性別，社会的身分又は門地**（もんち）により，政治的，経済的又は社会的関係において，差別されない。（②③は省略）
▶4　教育基本法第4条（教育の機会均等）
　すべて国民は，ひとしく，その**能力**に応じた教育を受ける機会を与えられなければならず，人種，信条，性別，社会的身分，**経済的地位**又は門地（もんち）によって，教育上差別されない。（②③は省略）

4　第19条（思想・良心の自由）

第19条では思想・良心の自由を保障しています[5]。簡単にいえば，どのような思想をもっていても，どのようなことを考えていても，心のなかで思っている限りは自由であり，思っていることを言うように強制されることもないということです。もちろん，思っていることを発言・発信したり行動に移せば，他者の権利を侵害する可能性がでてきますが，心のなかに秘めている限りではどのような思想・感情であっても問題とはなりません。表情や態度に出ていない限り，他人の内心を見抜く力をもつ人間はまずいないでしょうから。

教育法規上で第19条が問題となるのは，国歌斉唱や国旗掲揚（に伴う起立）の場面です。入学式での国歌のピアノ伴奏という職務命令を拒否したことが争われた裁判では，国歌のピアノ伴奏は思想・良心の自由を侵すものではないとの司法判断が下されました（最高裁判決　平成19年2月27日）。国歌斉唱時の起立斉唱行為を求める職務命令についても同様の司法判断が下されています（最高裁判決　平成23年5月30日）。

5　第20条（信教の自由，政教分離）

第20条は信教の自由に関する規定です[6]。教育基本法第15条（宗教教育）との関わりが深く，第6章の記述も一緒に読んで理解するといいでしょう。

まず，第1項は信教の自由を保障するとともに，政教分離原則を定めていま

▶5　日本国憲法第19条（思想・良心の自由）
　思想及び良心の自由は，これを侵してはならない。
▶6　日本国憲法第20条（信教の自由，政教分離）
　信教の自由は，何人に対してもこれを保障する。いかなる宗教団体も，国から特権を受け，又は政治上の権力を行使してはならない。
②　何人も，宗教上の行為，祝典，儀式又は行事に参加することを強制されない。
③　国及びその機関は，**宗教教育**その他いかなる**宗教的活動**もしてはならない。

す。ここでいう「政」とは，国および地方公共団体の組織（統治機構）全体を指しています。つまり，国・地方公共団体の側が特定の宗教を擁護したり，逆に弾圧するような関わりを禁じるのが政教分離原則です（どの憲法学のテキストにも書いてあります）。戦前の反省を踏まえた規定といえるでしょう。

この政教分離原則から第3項の規定が導かれます。国立や公立の学校では，**特定の宗教のための教育，活動はできません**（教育基本法第15条第2項も参照）。国立・公立ではできませんが，私立学校では宗教教育を行うことができ，宗教の授業を特別の教科である道徳の授業に代えて行うことができます（学校教育法施行規則第50条第2項。私立小学校に関する規定ですが，私立中学校なども同様です）。

この章のポイント

- 学問の自由は万人に保障されているが，普通教育での教師の教育の自由には制限がある。
- 国民は教育を受ける権利を有するが，それは具体的な請求権ではない。
- 義務教育の無償とは，授業料の無償を意味する（教科書の無償は別の法律による結果である）。
- 政教分離原則により，国および地方公共団体とその機関は，特定の宗教を支持したり反対したりするような宗教教育，宗教的活動を行うことはできない。

▶7　学校教育法施行規則第50条（教育課程の編成）
2　私立の小学校の教育課程を編成する場合は，前項の規定にかかわらず，**宗教を加えることができる**。この場合においては，**宗教をもって前項の特別の教科である道徳に代えることができる**。（第1項は省略）

第6章

教育基本法

【教育基本法】

　教育基本法は，戦後の教育改革のなかでさまざまな法令が整備される
なか，その中心的な役割を果たす法律であったことから「教育の憲法」
とも言われてきた法律です。その教育基本法は1度だけ改正されたこと
があります。2006年のことです。教育基本法改正が国民的な議論を呼ん
だといえばオーバーになるでしょうが，少なくとも教育学者や教育学を
専攻する学生，教育関係者の関心を集める出来事であったとは言えます。
国会へのデモ行進や改正を考えるシンポジウムの開催なども見られまし
た。改正の是非はともかく，その時，教育法規を教えていた私としては
「教育の憲法が改正されたら多くの法令が改正されることになるから，
授業で配るプリントを大幅に作り直さないといけなくて大変だなぁ」と
思っていました（改正された結果，私の心配は現実になりました）。
　教育基本法の改正によって，法の性格が大きく変わったという学者も
います。変わったとするならばどのように変わったのか，改正前後の比
較も交えながら学んでいきましょう。

1　教育基本法は法律である（教育基本法の法的な位置づけ）

　教育基本法は「教育の憲法」といわれることは先ほど説明しました。しかし
ながらあくまで法律ですから，もし他の法律に教育基本法と矛盾する規定が
あっても，その規定を無効にすることはできません（第1章を参照）。しかしな
がら，教育基本法の法的な性質について最高裁は「一般に教育関係法令の解釈
及び運用については，…できるだけ教育基本法の規定および同法の趣旨，目的
に沿うように考慮が払われなければならない。」と判断しています（旭川学力テ

スト事件　最高裁判決　昭和51年5月21日）。

2　2006年の法改正による変化

　それでは教育基本法の趣旨について，また改正後の変化について確認することとしましょう。まず，改正前の教育基本法の第1条と第2条を本文のなかで示します。条文のタイトルにも注目してください。

教育基本法（旧法）第1条（教育の目的）
　教育は，人格の完成をめざし，平和的な国家及び社会の形成者として，真理と正義を愛し，個人の価値をたつとび，勤労と責任を重んじ，自主的精神に充ちた心身ともに健康な国民の育成を期して行われなければならない。
教育基本法（旧法）第2条（教育の方針）
　教育の目的は，あらゆる機会に，あらゆる場所において実現されなければならない。この目的を達成するためには，学問の自由を尊重し，実際生活に即し，自発的精神を養い，自他の敬愛と協力によつて，文化の創造と発展に貢献するように努めなければならない。

　改正後の教育基本法第1条，第2条と比べてみると，共通点，相違点が見えてきます。教育の目的が人格の完成である点は共通しています。

　相違点としては，新旧の第2条を比べるとわかりやすいでしょう。旧法では教育の方針（方向性）という幅のある表現がタイトルですが，改正法では教育の目標という，第1条の目的との結びつきがより強く明確なタイトルになっています。一般に目標は目的の下に位置する言葉として理解されますので，改正されて目的との結びつきが強くなったといえるでしょう。次に，旧法第2条では教育者の存在よりも自由な学習や他者との対等な学び合いが尊重される表現になっていますが，改正法第2条は「次に掲げる目標を達成するよう行われるものとする。」と第2条に定められる資質を備える国民の育成が目標とされており，旧法とは趣旨が異なっている側面があるといえるでしょう。さらには，改正法第2条で示される目標には態度という言葉が使われています。他人の心

は見えませんが，態度とは他者からみてそれとわかる様子を意味しますので，態度に対して他者が関与，指導等によって影響を与えやすいと考えられます。このように，改正前後の規定を比較すると，教育基本法の趣旨に違いが見られるといえるでしょう。

　以下では，教育基本法の主要条文について見ていきましょう。

3　第4条（教育の機会均等）

　第4条では教育の機会均等が規定されています▶2。日本国憲法第14条（法の下の平等）とも関連する重要な条文です。第4条第1項については，第5章の日

▶1　第1条（教育の目的）

　教育は，**人格の完成**を目指し，平和で民主的な国家及び社会の形成者として**必要な資質を備えた**心身ともに健康な国民の育成を期して行われなければならない。

第2条（教育の**目標**）

　教育は，その目的を実現するため，**学問の自由**を尊重しつつ，次に掲げる**目標を達成す**るよう行われるものとする。

　　一　幅広い知識と教養を身に付け，真理を求める態度を養い，豊かな情操と道徳心を培
　　　　うとともに，健やかな身体を養うこと。

　　二　個人の価値を尊重して，その能力を伸ばし，創造性を培い，自主及び自律の精神
　　　　を養うとともに，職業及び生活との関連を重視し，勤労を重んずる**態度**を養うこと。

　　三　正義と責任，男女の平等，自他の敬愛と協力を重んずるとともに，公共の精神に基
　　　　づき，主体的に社会の形成に参画し，その発展に寄与する**態度**を養うこと。

　　四　生命を尊び，自然を大切にし，環境の保全に寄与する**態度**を養うこと。

　　五　伝統と文化を尊重し，それらをはぐくんできた我が国と郷土を愛するとともに，他
　　　　国を尊重し，国際社会の平和と発展に寄与する**態度**を養うこと。

▶2　第4条（教育の機会均等）

　すべて国民は，ひとしく，その**能力**に応じた教育を受ける機会を与えられなければならず，人種，信条，性別，社会的身分，**経済的地位又は**門地によって，教育上差別されない。

②　国及び地方公共団体は，**障害**のある者が，その障害の状態に応じ，十分な教育を受けられるよう，教育上必要な支援を講じなければならない。

③　国及び地方公共団体は，能力があるにもかかわらず，**経済的理由**によって修学が困難な者に対して，**奨学**の措置を講じなければならない。

本国憲法第14条で説明しましたが，経済的地位により教育の機会均等が損なわれることを禁じています。

第1項の規定を受けて，第3項において国，地方公共団体における奨学の措置が義務づけられているわけです。国，地方公共団体による奨学制度は，さまざまなものが存在します。たとえば，高等学校の授業料無償化制度，高等教育の修学支援制度，地方公共団体による奨学金の給付や貸与，独立行政法人日本学生支援機構による奨学金の貸与，国公立の各学校独自の奨学制度（授業料免除を含む）などがあげられます。ここでは，義務教育を受ける子どもがおり，基準以下の所得である世帯を対象として教育費を補助する就学援助について注目します。就学援助は義務教育における機会均等を支える重要な事業だからです。

就学援助は学校教育法第19条▶3を根拠として市町村の事業として実施されています。文部科学省が毎年「就学援助実施状況等調査」を行っていますが，2021（令和3）年度に就学援助の対象となった学齢児童・学齢生徒はおよそ132万人（生活保護世帯の学齢児童・学齢生徒約10万人を含む）で，全体の14.42％を占めています。就学援助の主な支給項目として，学用品費，新入学児童生徒用品費，学校給食費，体育実技用具費，クラブ活動費，PTA会費，修学旅行費などがあげられますが，眼鏡やコンタクトレンズの費用が項目になっている市町村もあり，どの項目にいくら支給するかは市区町村の判断に任されています。都道府県によって就学援助率の違いが大きい傾向は以前から指摘されているのですが，都道府県ごとの経済力・財政力と就学援助率は必ずしも逆相関（経済力・財政力が弱いほど就学援助率が上がるような関係）になっているわけではありません。他にも就学援助を認定する基準の主要なものは，家庭の収入です（多くの場合，前年度の収入から必要経費を引いた所得で判定されます）が，その収入基準も市区町村によって大きな開きがあります＊。教育の機会均等を

▶3　学校教育法第19条（就学の援助）
　経済的理由によつて，就学困難と認められる学齢児童又は学齢生徒の保護者に対しては，市町村は，必要な援助を与えなければならない。

保障する大切な制度ですので，住んでいる地方公共団体によって就学援助の収入条件に大きな開きがある状況は改善されるべき問題であるといえるでしょう。

　　＊文部科学省「就学援助実施状況等調査」では，生活保護が認められる収入基準の
　　　何倍であるかで回答を求めているが，1.1倍以下～1.5倍以上と大きな開きがあっ
　　　た。なお，1.2倍超～1.3倍以下との回答が最も多かったが，収入を認定の条件に
　　　していない市区町村が全体の4分の1ほど存在しており，全国的な実態の全容は
　　　明らかになっていないといえます。

　ところで，生活保護世帯に準ずる準要保護世帯への就学援助に関する国の補助金は2004年度限りで廃止されました（生活保護世帯への就学援助に関する国の補助金は残っています）。特定の目的に使用しなければならない補助金でなく，地方公共団体が自由に使い道を決められる一般財源（地方交付税）として措置されることになりました（これを一般財源化といいます）。就学援助の一般財源化によって，各市町村が国の算定基準を下回る予算編成を行いやすくなり，その結果として，就学援助の内容に関する市町村格差が拡大しました。地方分権は地方公共団体の判断余地を広げますので，このような結果は当然に起こりえます＊。しかしながら，教育基本法第4条をふまえるならば，就学援助はどこに住んでいてもその水準が保たれるべきサービスと考えられます。水準を保っていくための法整備が期待されるところです。

　　＊一般財源化すると，国の算定通りに予算を編成する必要がないためサービス格差
　　　が生じやすくなります。たとえば，やはり一般財源の裏づけのある学校のICT
　　　環境整備を都道府県で比較すると，端末1台当たりの生徒数について1.8人から
　　　7.5人までの開きがあります（『内外教育』2020年2月21日号，p. 20.）。自分が住
　　　んでいる都道府県によって教育環境に大きな違いが生まれる可能性があることに，
　　　わたしたちはもっと敏感になったほうがよいのかもしれません。

　第2項は，障害の有無に関係なく誰もが十分な教育が受けられるための支援を定めており，特別支援教育が目指すインクルーシブ教育（inclusive education）の理念が反映された条文であるといえます（詳しくは第11章参照）。2016（平成28）年度から「障害を理由とする差別の解消の推進に関する法律」が施行されましたが，行政機関等は障害を理由とした不当な差別的取り扱いをすることが

禁じられ，社会的障壁の除去について必要かつ合理的な配慮をすることが義務
づけられました[4]。民間事業者による社会的障壁の除去については努力義務とさ
れましたが，共生する社会を推進する法整備が進んだと評価できるでしょう。

4 第5条（義務教育）

　日本国憲法第26条で学習した内容が，教育基本法第5条でより具体的に規定
されているといえます[5]。ポイントは第5条第2項で義務教育の目的が定められ
ていることです。なお，義務教育の目標や各学校種の目的，目標のほとんどは
学校教育法に定められています。「教育の憲法」といわれる教育基本法に定め
ることで，義務教育の重要性を示したものと考えられます。

▶4　障害を理由とする差別の解消の推進に関する法律第7条（行政機関等における障害
を理由とする差別の禁止）
　行政機関等は，その事務又は事業を行うに当たり，障害を理由として障害者でない者と
不当な差別的取扱いをすることにより，障害者の権利利益を侵害してはならない。
②　行政機関等は，その事務又は事業を行うに当たり，障害者から現に社会的障壁の除去
を必要としている旨の意思の表明があった場合において，その実施に伴う負担が過重でな
いときは，障害者の権利利益を侵害することとならないよう，当該障害者の性別，年齢及
び障害の状態に応じて，社会的障壁の除去の実施について必要かつ合理的な配慮をしなけ
ればならない。
▶5　第5条（義務教育）
　国民は，その保護する子に，別に法律で定めるところにより，**普通教育**を受けさせる義
務を負う。
②　義務教育として行われる普通教育は，各個人の有する能力を伸ばしつつ社会において
自立的に生きる基礎を 培 い，また，**国家及び社会の形成者**として必要とされる基本的な
資質を養うことを目的として行われるものとする。
④　国又は地方公共団体の設置する学校における義務教育については，**授業料を徴収しな
い。**（③は省略）

5 第 6 条（学校教育）

　教育がなければ文化の継承や発展はないという意味において，教育は社会を維持，発展させる基盤としての役割があると考えられています。第 6 条第 1 項でいう公の性質とは，そのような理解に基づいた表現であるといえるでしょう。[6]第 6 条第 2 項では学校での教育のあり方が示されていますが，教育を受ける者が規律を身につけること，学習意欲を高めることを重視している点は覚えておきましょう。

6 第 9 条（教員）

　教員に関する根本規定ですので第 9 条は採用試験で問われやすいです。[7]なお，第 1 項にある「研究と修養」を合わせて研修といいます。第 2 項では，研修だけではなく，養成（大学での教職課程をイメージすればよいでしょう）を充実させる重要性も示されています。さらには身分の尊重，待遇の適正についても触れられています。普通教育（小・中・高）の多くを占める公立学校の教員の身分は教育公務員（地方公務員）です。現在の法制度では，公立学校の教員に

▶ 6　第 6 条（学校教育）

　法律に定める学校は，**公の性質**を有するものであって，国，地方公共団体及び法律に定める法人のみが，これを設置することができる。

②　前項の学校においては，教育の目標が達成されるよう，教育を受ける者の**心身の発達**に応じて，**体系的**な教育が**組織的**に行われなければならない。この場合において，教育を受ける者が，学校生活を営む上で必要な**規律**を重んずるとともに，自ら進んで**学習に取り組む意欲**を高めることを重視して行われなければならない。

▶ 7　第 9 条（教員）

　法律に定める学校の教員は，自己の**崇高(すうこう)な使命**を深く自覚し，絶えず**研究と修養**に励み，その職責の遂行に努めなければならない。

②　前項の教員については，その使命と職責の重要性にかんがみ，その**身分**は尊重され，**待遇**の適正が期せられるとともに，**養成と研修**の充実が図られなければならない。

時間外勤務手当や休日勤務手当が支給されないのは法制度上の事実であり，問題でもあります。しかしながら，公務員としての所得が労働者全体のなかで相対的に高いこと，身分保障が厚いこと，身分保障の厚さから住宅ローンの借り入れが比較的容易であることなどのメリットが存在することも認識されてよいのではないかと思います。

7 第14条（政治教育）

第14条から第16条は中立主義に関する条文です。第14条では政治的中立について定められています。なお，第16条（教育行政）については，第2章を参照してください。

第14条第1項では，教育において政治的教養を尊重することが定められています。もしも選挙制度をはじめとする政治のしくみについて教育しなかったとしたら，判断力のない状態で有権者になってしまい，その結果として民主主義がうまく機能しなくなってしまうでしょう。判断力のある有権者を育てるために政治的教養を学校で教えることは大切なことなのです。

ただし，党派的な教育や活動は禁止されています。政治的な価値観の発達をゆがめる可能性があるからです。第2項の禁止規定はすべての学校種，国公私立にあてはまります。第2項は学校側の党派的な教育，政治的活動を禁止する趣旨ですが，生徒側の選挙運動や政治活動のあり方も検討すべき課題となりました。2015年に公職選挙法が改正され，選挙権の対象が18歳以上へと引き下げられ，高校3年次在学中に有権者となる状況になりました。有権者になれば選挙運動をすることが可能となるわけですが，学校内が選挙活動の場となることが学校の目的や目標に照らして適切であるのかが新たな心配となりました。文

▶8　第14条（政治教育）
　良識ある**公民**として必要な**政治的教養**は，教育上尊重されなければならない。
②　法律に定める学校は，特定の**政党**を支持し，又はこれに反対するための**政治教育**その他**政治的活動**をしてはならない。

部科学省は2015年10月29日に「高等学校等における政治的教養の教育と高等学校等の生徒による政治的活動等について」という初等中等教育局長通知を出し，高等学校等の生徒の政治的活動等について以下のような判断基準を示しました。

- ●生徒による政治的活動等は，無制限に認められるものではなく，必要かつ合理的な範囲内で制約を受ける。
- ●授業に加えて部活動や生徒会活動などの教育活動中は，学校が選挙運動や政治的活動を禁止することが必要。
- ●放課後や休日等であっても学校の構内での選挙運動や政治的活動は，学校が制限又は禁止することが必要。
- ●放課後や休日等に学校の構外で行う選挙運動や政治的活動については，必要かつ合理的な範囲内で制限又は禁止することを含め，適切に指導を行うことが求められる。

　ところで，学校の教員（とくに公立学校の教員）は政治的行為に対する制約が厳しくなっています。国公私立を問わず適用されるのは公職選挙法第137条（教育上の地位を利用した選挙運動の禁止）があります。第137条では，教育者の立場を利用して学校に在籍する者や保護者等へ選挙運動を行うことを禁じています。

　さらに公立学校の教員には教育公務員特例法第18条により，国家公務員と同様の制限が課されています。地方公務員なのにです。国家公務員の政治的活動の制限については「人事院規則14-7 政治的行為」で規定されていますが，選挙権の行使や一党員として政党に加入することを除くと，ほとんどすべての政治的行為が禁止されているとさえいえるほどに制限されています。そして，国家公務員ですから，その制約は日本国内すべてに及びます。公立学校の教育公務員も同様に日本国内で政治的行為が大きく制限されているのです。なお，国立学校や私立学校については，在籍する学校の就業規則に定めがあればその制

▶9　教育公務員特例法第18条（公立学校の教育公務員の政治的行為の制限）
　公立学校の教育公務員の政治的行為の制限については，当分の間，地方公務員法第三十六条の規定にかかわらず，国家公務員の例による。（②は省略）

限を受けることになります。

8 第15条 (宗教教育)

　第15条は宗教的中立に関する規定です[10]。条文の構成や文面は第14条と似ています。まず第1項についてですが，宗教について扱うことが教育上尊重されるべきこととされています。たとえば歴史において宗教が果たした役割を抜きにして歴史を理解することは困難ですし，宗教を除外して歴史を記述することはおかしなことだといえるでしょう。また，さまざまな価値観，思想の存在を許容する意味でも，宗教に懐疑的・批判的な人が信仰をもつ人の存在を認める態度を持つことは大切でしょう（同様に，信仰をもつ人による他の信仰や無宗教，反宗教への寛容の態度も大切です）。

　ただし，政治的中立と同様に，特定の宗教を支持または反対するための宗教教育や宗教的活動は禁止されています。ただし，禁止されているのは国公立であり，私立学校の宗教教育は許されています（宗教教育をしなくてもかまいません）。

　これは，独自の教育理念や教育事業を行うことが私立学校を設立する動機となっている場合があり，そうした私立学校の自主性を尊重することが望ましいこと（私立学校法第1条）や，日本国憲法第20条第3項および教育基本法第15条第2項の規定から私立学校では宗教教育，宗教的活動が可能と解釈されること，私立学校は自ら選んで入学を希望するものであり，退学も可能であることなどが宗教教育の許されている理由であると考えられます。

　ところで，国公立の学校において宗教教育が行えないことは説明した通りですが，学校にはさまざまな宗教を信じる子どもが入学してきます。もしも宗教

▶10　第15条 (宗教教育)
　宗教に関する寛容の態度，宗教に関する一般的な教養及び宗教の社会生活における地位は，**教育上尊重されなければならない**。
②　国及び地方公共団体が設置する学校は，特定の宗教のための**宗教教育**その他**宗教的活動**をしてはならない。

上の理由で特定の教育活動に参加できない場合に代わりの課題を与えた場合，特定の宗教を擁護すること（つまり，政教分離原則違反）にならないのかが問題となります。判例では，信仰上の理由によって剣道実技への参加を拒否した生徒に代替措置を検討せずに原級留置（つまり，留年），退学処分とした（公立学校の）校長の判断は裁量権の逸脱であり違法であると結論づけました（エホバの証人剣道拒否事件　最高裁判決　平成8年3月8日）。宗教上の理由で特定の活動に参加できない場合は，代わりの課題を用意するなどの教育的配慮が求められ，そうした行為は政教分離原則に違反しないことが示されたわけです。

9　第17条（教育振興基本計画）

　教育振興基本計画とは，政府が策定する将来の社会を見据えつつ定める向こう5年間における**教育計画のこと**です[11]。法改正の際に新たに設けられた規定で，2008年に第1期計画（2008年度〜2012年度の計画），2013年に第2期（2013年度〜2017年度），2018年に第3期（2018年度〜2022年度）の計画が閣議決定により策定されました。ポイントは文部科学大臣でなく，**政府（つまり内閣）が教育振興基本計画を策定する**ということです。実際の作成作業は，文部科学省の中央教育審議会が行って文部科学大臣に答申しますが，内閣の承認が必要になりますので，答申の内容について他の府省庁との意見調整などを経るなかで内容が修正されることがありえるわけです。そうした調整を経て閣議決定されることになります。

　2022年時点までで3度の計画が策定されてきたわけですが，基本的方向性は

▶11　第17条（教育振興基本計画）
　政府は，教育の振興に関する施策の総合的かつ計画的な推進を図るため，教育の振興に関する施策についての基本的な方針及び講ずべき施策その他必要な事項について，基本的な計画を定め，これを**国会**に報告するとともに，公表しなければならない。
②　地方公共団体は，前項の計画を参酌し，その地域の実情に応じ，当該地方公共団体における教育の振興のための施策に関する基本的な計画を定めるよう努めなければならない。

表6-1　各期の教育振興基本計画の基本的方向性

第1期
方向性①　社会全体で教育の向上に取り組む
方向性②　個性を尊重しつつ能力を伸ばし，個人として，社会の一員として生きる基盤を育てる
方向性③　教養と専門性を備えた知性豊かな人間を養成し，社会の発展を支える
方向性④　子どもたちの安全・安心を確保するとともに，質の高い教育環境を整備する

第2期
方向性①　社会を生き抜く力の養成
方向性②　未来への飛躍を実現する人材の養成
方向性③　学びのセーフティネットの構築
方向性④　絆づくりと活力あるコミュニティの形成

第3期
方向性①　夢と志を持ち，可能性に挑戦するために必要となる力を育成する
方向性②　社会の持続的な発展を牽引するための多様な力を育成する
方向性③　生涯学び，活躍できる環境を整える
方向性④　誰もが社会の担い手となるための学びのセーフティネットを構築する
方向性⑤　教育政策推進のための基盤を整備する

共通しており，2点にまとめられます（表6-1参照）。1つが義務教育の重視，もう1つが国際的な競争力に貢献する教育の重視です＊。前者はすべての国民に必須な知識・技能・態度の育成をねらったもので，後者は優れた能力の育成をねらったものです（後者についてもすべての国民に能力が備われば理想的なのでしょうが，現実味があまりないので考えないでおきます）。各期の計画ごとに基本的方向性に関する文面やそれらを決める視点に違いが見られるのですが，上記の2点はそれぞれの方向性に共通する核心部分として存在していると思います。なお，行政の計画で環境整備を計画的に進めることは当然のことですので，基本的方向性の共通点には加えていません。なお，第3期計画では，EBPM（Evidence Based Policy Making：客観的根拠に基づいた政策形成）に関する内容を基本的方向性⑤に加えた点が，第2期計画までと異なる特徴になっています。EBPM は文部科学行政に限らず，すべての行政分野を対象とした政府の政策形成に関する方針によって，第3期計画に盛り込まれたといえますが，ビッグ・データを活用した人間の行動解析が可能となっている進歩の成果として登場した方針であるといえるでしょう。

　＊これは第1期計画に示された2つのコンセプト（「義務教育修了までに，すべて

64

の子どもに，自立して社会で生きていく基礎を育てる」，「国際社会をリードする人材を育てる」）を参照しています。これらのコンセプトが第3期計画まで一貫していると考えられます。

この章のポイント

● 教育法規における教育の目的は人格の完成であり，改正後の教育基本法では備えるべき資質が第2条で定められた。
● 教育の機会均等を推進するための法整備が進んでいる状況にある。
● 政治教育や政治的活動はすべての学校で禁止されている。参政権の対象年齢が18歳以上へと引き下げられた結果，高等学校における政治的活動をどのように対応し規律するかの判断について文部科学省通知が出されている。
● 政教分離原則によって国公立学校においては宗教的中立が求められるが，信仰上の理由により一部の教育活動に参加できない児童等への教育的配慮は必要である。

学校教育法①——第 1 章総則
【学校教育法】

　学校教育法は敗戦後の1947（昭和22）年 3 月31日に公布（国民に周知）され，翌日の 4 月 1 日に施行（法令が実施されること）されました。戦後の教育制度の中心的な法律であるといえます。学校教育法の構成としては，13の章で構成されていて，第 1 章の総則では学校の種類にかかわらず共通するルールを定めています。第 2 章では義務教育に関する規定がまとめられており，以下，第 3 章幼稚園，第 4 章小学校，第 5 章中学校，第 5 章の 2 義務教育学校，第 6 章高等学校，第 7 章中等教育学校，第 8 章特別支援教育，第 9 章大学，とおおよそ発達段階に沿う形で章が並べられています。

　このテキストでは，特に第 1 章総則と第 2 章義務教育，第 4 章小学校の条文を中心に学習していきます。総則は学校の種類を超えた共通のルールだからです。第 4 章の小学校を中心に学習する理由は，小学校の規定をしっかり学ぶことが，第 3 章および第 5 章以下の規定の理解を楽にするからです。そのことを理解して頂くために学校教育法第49条の条文を確認してみましょう。第 5 章中学校の条文です。◀1

　教育六法などで第 4 章と第 5 章の条文数を比較すると，第 4 章小学校は16個の条文数であるのに対し，第 5 章中学校は 5 つとなっています。中学校の条文数が少ないのは，この第49条（準用規定）があるためです。

▶ 1　学校教育法第49条（準用規定）
　第三十条第二項，第三十一条，第三十四条，第三十五条及び第三十七条から第四十四条までの規定は，**中学校に 準 用する。** この場合において，第三十条第二項中「前項」とあるのは「第四十六条」と，第三十一条中「前条第一項」とあるのは「第四十六条」と読み替えるものとする。

つまり，内容の重複を省くことで条文数を減らし，法律全体の分量を少なくすることが読み手の理解を容易にするので，このような規定が設けられています。高等教育機関（大学，高等専門学校）については，小学校の規定を準用している部分は少ないですが，中等教育機関（中学校，高等学校など）については多くを準用しています。よって，第１章総則と第４章小学校の規定を丁寧に理解することが大切です。それでは，第１章総則（全体に共通する規則・ルールのこと。共通のルールだから最初に置くのが合理的なのです）の条文を確認していきましょう。

1 第１条（学校の定義）

学校教育法における学校としては９種類があげられています。▪2これらの９種類は漢字ですらすら書けるようになっておきましょう。覚える際の注意点としては，高等学校（高校と略さずに正式名称で覚える），高等専門学校（門の字を間違えやすい）です。大学については，2019（平成31）年に実業界での専門的・実践的な内容について多くの実習を交えながら学ぶことを目的とした専門職大学という制度ができましたが，大学の一種として大学に含まれています（この点は，卒業に必要な修業年限の短い短期大学が大学に含まれるのと同じような扱いです）。

　これら９つの学校は１条学校（１条校）と呼ばれますが，「１条学校のなかに専門学校は含まれないの？」と疑問に思った方もいるでしょう。実は**専門学校も学校教育法に規定されているのですが，１条校とは違った位置づけ**になっています。何が違っているのかについて説明しましょう。

　専門学校の法令上の正式名称は専修学校で，学校教育法第11章で定められています。実社会で求められる技能習得を目的としますが，技能の領域は幅広く存在し，全国におよそ3,000校あります。入学要件については，誰でも入学で

▶2　第１条（学校の定義）
　この法律で，学校とは，**幼稚園，小学校，中学校，義務教育学校，高等学校，中等教育学校，特別支援学校，大学及び高等専門学校**とする。

きるものもあれば，一定の学歴を条件にするものもあります。高等学校卒業を入学条件とするのが，よく知られている専門学校であり，専門学校は専修学校のなかで大多数を占めています。なお，専修学校ができた1976年以前から存在する同様の教育施設として各種学校（1957年～）があり，学校教育法第12章で定められています。どちらも都道府県知事により設置が認可され，1条学校よりも1年間の授業時数や修業年限が短くてよいこととなっています。設置主体についても緩和されており，社会・経済の変化にすばやく対応して設置できるようになっています。そのことが1条学校とは別の位置づけになっていることのメリットですし，別の位置づけになっているため，1条学校とのダブルスクール（二重学籍）が容易であることもメリットでしょう。大手の予備校が専修学校や各種学校になっている場合がありますが，1条学校に通う人が専修学校や各種学校にも在籍することは問題ありません。

1条学校については，たとえば朝鮮学校のような民族学校が各種学校として位置づけられているために，大学進学（志願）において1条学校とは異なる扱いや「負担（たとえば出願適格の事前審査）」となっていることは長年にわたって問題視されていることです。なお，学校教育法に基づく行政の設置認可を受けていない学校を無認可校といいます。

2 第2条 (学校の設置者)

第2条で示されるように，[3] 学校（1条学校）の設置者は原則として，国，地方公共団体，学校法人の3つだけです。それぞれが設置した学校を国立学校，

▶ 3　第2条（学校の設置者）
　学校は，**国**（国立大学法人法（平成十五年法律第百十二号）第二条第一項に規定する国立大学法人及び独立行政法人国立高等専門学校機構を含む。以下同じ。），**地方公共団体**（地方独立行政法人法（平成十五年法律第百十八号）第六十八条第一項に規定する公立大学法人（以下，「公立大学法人」という。）を含む。次項及び第百二十七条において同じ。）及び私立学校法（昭和二十四年法律第二百七十号）第三条に規定する**学校法人**（以下「学校法人」という。）**のみが，これを設置することができる。**（②は省略）

公立学校，私立学校と呼びます。学校の設置者の例外として，特定の地域に限定して規制緩和を行う構造改革特別区域の指定を受けることによって，NPO法人や株式会社が設置する学校が認められるケースがありますが，関心のある人は調べてみてください。

　なお，私立幼稚園だけは学校教育法附則第6条により，「学校法人によって設置されることを要しない」と，その他の設置主体による運営が例外的に認められています（宗教法人立や社会福祉法人立，個人立など）。

3 第3条（学校設置基準）

　第3条では，学校設置者は文部科学大臣の定める設置基準に従って学校を設置することが義務づけられています[4]。幼稚園，小学校，中学校，高等学校，特別支援学校，大学などにおいてそれぞれ設置基準が設けられていますが，児童・生徒・学生数に応じた校舎や運動場の面積，備えるべき施設に関する最低基準を定めたものとなっています。

4 第4条（設置廃止等の認可）

　学校の設置廃止等の認可を行う者を監督庁と呼びます[5]。すでに第3章を読まれた方は，学校種・設置主体別の監督庁と管理機関に関する説明に出てきた監督庁と同じ内容が学校教育法総則でも規定されているということです。

　つまり，① 高等教育機関（大学，高等専門学校）については，文部科学大臣，② 市町村が設置義務のない特別支援学校や高等学校を設置する場合については，都道府県教育委員会，③ 中等教育までの私立学校（大学，高等専門学校を除いた私立学校）については，都道府県知事となります。

▶4　第3条（学校設置基準）
　学校を設置しようとする者は，学校の種類に応じ，**文部科学大臣**の定める設備，編制その他に関する**設置基準**に従い，これを設置しなければならない。

5 第5条（設置者による管理・負担）

　学校を設置した者が責任をもって学校を管理し経費を負担しなさいという，もっともなことが書かれています。設置者管理主義，設置者負担主義と呼ばれる原則です。設置を決めて実際に設置したのだから，責任をもちなさいということです。ただし，設置者負担主義については，「法令に特別の 定(さだめ) のある場合を除いて」という例外規定によってさまざまな財政支援が国や都道府県の補助金によって行われているのが実態です（代表的なものは，公立義務教育諸学校の教職員の給与の3分の1を国が負担する「義務教育費国庫負担金」でしょう）。例外規定が一般化している理由としては，多くの市町村において財政規模が小さいからです。たとえば，全国に1,741ある市区町村のうち，人口が1,000人に満たない村が36あります（2021年10月現在）。そうした小規模な村のほとんどは，税源となる主要産業に乏しく財政力が小さいので，教職員の人件

▶5　第4条（設置廃止等の認可）

　次の各号に掲げる学校の設置廃止，設置者の変更その他政令で定める事項（次条において「設置廃止等」という。）は，それぞれ当該各号に定める者の認可を受けなければならない。これらの学校のうち，高等学校（中等教育学校の後期課程を含む。）の通常の課程（以下「全日制の課程」という。），夜間その他特別の時間又は時期において授業を行う課程（以下「定時制の課程」という。）及び通信による教育を行う課程（以下「通信制の課程」という。），大学の学部，大学院及び大学院の研究科並びに第百八条第二項の大学の学科についても，同様とする。

　一　公立又は私立の大学及び高等専門学校　**文部科学大臣**
　二　市町村（市町村が単独で又は他の市町村と共同して設立する公立大学法人を含む。次条，第十三条第二項，第十四条，第百三十条第一項及び第百三十一条において同じ。）の設置する高等学校，中等教育学校及び特別支援学校　**都道府県の教育委員会**
　三　私立の幼稚園，小学校，中学校，義務教育学校，高等学校，中等教育学校及び特別支援学校　**都道府県知事**（②③④⑤は省略）

▶6　第5条（設置者による管理・負担）

　学校の設置者は，その設置する学校を**管理**し，法令に特別の 定(さだめ) のある場合を除いては，その学校の**経費**を負担する。

費や学校施設の建設・改修などに必要な経費を自力で調達することは困難です。設置者負担主義の原則を貫いた場合，市区町村の財政力によって教育環境に大きな格差が生じ，教育の機会均等（教育基本法第 4 条）の実現が遠ざかるような事態になるでしょう。だからさまざまな法令によって財政支援を行い，教育環境が均等になるように努力しているのです。

6　第 6 条（授業料の徴収）

条文に示される通り[7]，国公立の義務教育諸学校を除けば，学校は授業料を徴収することができます。高等学校では，2010年度より高等学校等就学支援金制度が設けられたため，国公立で（家庭の所得制限はあるものの）授業料が無償化されていますが，これは「高等学校等就学支援金の支給に関する法律」による結果です。

7　第 9 条（校長・教員の欠格事由）

校長・教員になることができない理由（欠格事由）というものがあります。教員採用試験の募集要項や願書などには，受験者が欠格事由に該当しないことを確認する記述が必ずあります。試験に合格したとしても採用できない人なのでは教育委員会も困りますものね。欠格事由として，条文では 4 つあげられています。[8]まず第 1 号として「禁固以上の刑に処せられた者」です。2022（令和 4 ）年の通常国会で刑法が改正され，懲役と禁固を拘禁刑に一本化することが決まりましたので，この規定は近年のうちに「拘禁刑以上の刑に処せられた者」となります。結論をいうと，裁判で禁固（あるいは拘禁刑）以上という身

▶ 7　第 6 条（授業料の徴収）
　学校においては，**授業料を徴収することができる**。ただし，国立又は公立の小学校及び中学校，義務教育学校，中等教育学校の前期課程又は特別支援学校の小学部及び中学部における義務教育については，これを徴収することができない。

体的自由が制約される刑が判決確定した時点で，一生涯にわたって校長・教員になることはできなくなります。

　第2号および第3号については，教育職員免許法第10条，第11条も参照してほしいのですが，懲戒免職，分限免職（本人が悪いことをしているかどうかにかかわらず職を失うこと），あるいは重大な非行によって教員免許状が失効ないし取り上げになってから3年間は校長・教員になれないということです。3年という期間を覚えてください。地方公務員の規定では，懲戒免職になっても2年間で再び公務員になることができます（地方公務員法第16条第2号）。つまり，一般の地方公務員よりも教育職の方がより社会的責任が重いので，罰を受ける期間が長くなっていると考えられます。

　第4号については，1970年前後の大学紛争（学園紛争）の映像や写真を見れば該当者がいることを想像しやすいでしょう。大学紛争は50年以上前の出来事ですが，暴力を肯定して自分の主張を実現しようとする団体は今も存在しており，決して過去のことではありません。

8 第11条（児童・生徒・学生の懲戒）

　条文のタイトルは懲戒についてですが，体罰の禁止も併せて規定されており，採用試験における最頻出テーマの1つです。まずは懲戒についてですが，懲戒は文字通り（悪い行いを）懲らしめ戒めることであり，「事実行為としての懲

▶8　第9条（校長・教員の欠格事由）
　　次の各号のいずれかに該当する者は，校長又は教員となることができない。
　　一　禁錮以上の刑に処せられた者
　　二　教育職員免許法第十条第一項第二号又は第三号に該当することにより免許状がその効力を失い，当該失効の日から三年を経過しない者
　　三　教育職員免許法第十一条第一項から第三項までの規定により免許状取上げの処分を受け，三年を経過しない者
　　四　日本国憲法施行の日以後において，日本国憲法又はその下に成立した政府を暴力で破壊することを主張する政党その他の団体を結成し，又はこれに加入した者

戒」と「処分としての懲戒」に分けることができます。事実行為としての懲戒は，教員や校長が「○○さん静かにしなさい」，「廊下を走ってはいけません」などと叱ったり，罰として掃除当番を割り当てるなどの行為を指します。これは教員や校長の教育的な個人の判断によって即座に行うことができます（もちろん，教員・校長の注意が暴言であれば責任問題が生じる場合はあり，どのような事実行為でも自由に行えるわけではありません。条文に「教育上」とあるように，教育的判断から適切に懲戒することが求められます。）。処分としての懲戒は，学校教育法施行規則第26条に定める校長が行う法律行為（訓告，停学，退学）を指します。▸10 法律行為ですので，身分の変動や何らかの義務が課されるなどの効果が発生しますし，その効果の取消を争うことも可能です＊。処分としての懲戒については，学校種，設置主体によって行えるものと行えないものがあります。表7‒1にまとめました。以下で覚え方を解説していきます。

　＊文部科学省『生徒指導提要』では，停学，退学を「法的効果を伴う懲戒」とし，

▸9　第11条（児童・生徒・学生の懲戒）
　校長及び教員は，**教育上必要がある**と認めるときは，**文部科学大臣**の定めるところにより，児童，生徒及び学生に**懲戒**を加えることができる。ただし，**体罰**を加えることはできない。

▸10　学校教育法施行規則　第26条（懲戒）
　校長及び教員が児童等に懲戒を加えるに当つては，児童等の心身の発達に応ずる等教育上必要な配慮をしなければならない。

②　懲戒のうち，**退学，停学及び訓告**の処分は，**校長**（大学にあつては，学長の委任を受けた学部長を含む。）が行う。

③　前項の退学は，**市町村立**の小学校，中学校（学校教育法第七十一条の規定により高等学校における教育と一貫した教育を施すもの（以下「併設型中学校」という。）を除く。）若しくは，義務教育学校又は公立の特別支援学校に在学する**学齢児童又は学齢生徒**を除き，次の各号のいずれかに該当する児童等に対して行うことができる。

　一　性行不良で改善の見込がないと認められる者
　二　学力劣等で成業の見込がないと認められる者
　三　正当の理由がなくて出席常でない者
　四　学校の秩序を乱し，その他学生又は生徒としての本分に反した者

④　第二項の**停学**は，**学齢児童または学齢生徒に対しては，行うことができない。**

（⑤は省略）

直ちに身分や立場の変更を伴わない訓告を除いていきます。しかし，訓告は法令で定められた処分であり，その記録は指導要録に残される意味で，法的効果を伴うものとも考えられます。

表7-1　懲戒の種類と学校種・設置主体ごとの実施の可否

| | 幼稚園 | 義務教育の学校 | | 高校・高専・大学 |
		公立	国立・私立	
退学	×	×*	○	○
停学	×	×	×	○
訓告	×	○	○	○

＊ただし，併設型中学校，中等教育学校の前期課程では退学処分が可能です。

　まず，高校以上はすべての処分が行えます。逆に幼稚園は懲戒できるかどうかの規定がなく，保育すべき対象者である幼児には当然に行い得ないものと考えられています（もし，園長室に呼ばれて「あなたは退園だ」なんて言われたら，その幼児は大ショックでしょう。当然にできません。）。

　次に義務教育の学校についてですが，訓告は可能です。しかし，義務教育なので授業が受けられなくなる停学はできません。設置主体によって実施できるかどうかが分かれるのが退学についてですが，国立・私立は退学になったとしても地元の公立に通えるため退学処分は可能となっています（なお，中等教育学校の前期課程ならびに併設型中学校〈都道府県もしくは市が設置した高等学校と中学校が接続的な関係になっている形態。附属の中学校から高等学校へ進学する際の入学試験はない〉についても，地元の公立中学へ通う選択肢が残るので退学処分が可能です）。

　さて，処分としての懲戒である停学と実質的に似たような効果を生むものとして，出席停止が学校教育法第35条で定められています。[11]　似ているので，ここで説明したいと思います。出席停止について注意すべき点は，児童・生徒・学生への懲戒ではないということです。法的には保護する子を一定の期間学校へ就学させないという保護者への処分になります。そうはいうものの，実質的に停学と同じような効果を生むので，出席停止処分にあたっては，厳格な手続きが定められています。

　まず保護者の意見を聴くことが手続き的に必要であり，その後，出席停止処分を下す場合は，口頭ではダメで，理由と期間を記した文書を交付する必要があります（第35条第 2 項）。しかも，出席停止の期間の学習その他の必要な支援を行うことも求められています（第35条第 4 項）。現実には，出席停止の適用件数は少なく，小学校だと全国で年間に多くて数件で，中学校でも2000年以降，年間25件〜58件で推移していましたが，2015年以降は20件を下回る状況が続いています。なお，学校教育法第35条の出席停止は性向不良によるものですが，感染症の予防を目的とした学校保健安全法第19条・第20条による出席停止も存在します。いま紹介した適用件数に，学校保健安全法に基づく出席停止は含まれていませんので，誤解しないようにしましょう。

　さて，学校教育法第11条の但し書きで禁止されている**体罰**についてです。殴る，蹴る，長時間立たせるなどの**身体的苦痛を与える行為**や，トイレに行かせない，食事を与えないなどの**生理的苦痛を与える行為は体罰**になります。現時点で体罰の禁止に関連する指導のあり方の基準とされているのは，2013年に初等中等教育局長とスポーツ・青少年局長の名前で出した文部科学省通知「体罰の禁止及び児童生徒理解に基づく指導の徹底について」です。そこでは以下のような認識・内容が示されています。

　　● 「いかなる場合も体罰を行ってはならない。」

▶ 11　学校教育法第35条（児童の出席停止）
　市町村の教育委員会は，次に掲げる行為の一又は二以上を繰り返し行う等性行不良^{せいこう ふ りょう}であつて他の児童の教育に妨げがあると認める児童があるときは，その**保護者に対して**，児童の**出席停止**を命ずることができる。
　　一　他の児童に傷害，心身の苦痛又は財産上の損失を与える行為
　　二　職員に傷害又は心身の苦痛を与える行為
　　三　施設又は設備を損壊する行為
　　四　授業その他の教育活動の実施を妨げる行為
②　市町村の教育委員会は，前項の規定により出席停止を命ずる場合には，**あらかじめ保護者の意見を聴取する**とともに，**理由及び期間を記載した文書を交付**しなければならない。
④　市町村の教育委員会は，出席停止の命令に係る児童の**出席停止の期間における学習に対する支援その他の教育上必要な措置を講ずる**ものとする。（③は省略）

- 「体罰により正常な倫理観を養うことはできず，むしろ児童生徒に力による解決への志向を助長させ，いじめや暴力行為などの連鎖を生む恐れがある。」
- 「教員等が児童生徒に対して行った懲戒行為が体罰に当たるかどうかは，当該児童生徒の年齢，健康，心身の発達状況，当該行為が行われた場所的及び時間的環境，懲戒の態様等の諸条件を総合的に考え，個々の事案ごとに判断する必要がある。」
- 「教員等が防衛のためにやむを得ずした有形力の行使は，…体罰には該当しない。」
- 「（部活動指導について）指導と称し，部活動顧問の独善的な目的を持って，特定の生徒たちに対して，執拗かつ過度に肉体的・精神的負担を与える指導は教育的指導とは言えない。」

この通知には，別紙資料として，体罰に該当する行為，懲戒として認められる行為，正当防衛や正当行為と認められる行為について，それぞれ複数の具体的な例を紹介しています。別紙資料の内容を基に採用試験が作成されている場合も多いので，インターネット等で内容を確認するようにしましょう。

9 第12条（健康診断等）

最後に第12条（健康診断等）を扱います。[12] 学校の構成員に対して健康診断を行うことが規定されています（ここでいう別の法律とは，主に学校保健安全法を指します）。学校は多くの人が毎日のように集まり，生活の拠点として活動していますので，健康診断によって結核などの感染症を発見し，感染を防ぐことが求められているわけです。

▶12　第12条（健康診断等）
　学校においては，別に法律で定めるところにより，幼児，児童，生徒及び学生並びに職員の健康の保持増進を図るため，**健康診断**を行い，その他その保健に必要な措置を講じなければならない。

この章のポイント

● 1条学校は9種類存在し，専修学校や各種学校は1条学校とは異なる位置づけとなっている。

● 1条学校を設置できるのは原則として国，地方公共団体，学校法人である。

● 校長・教員の欠格事由は4つ存在する。

● 学齢児童，学齢生徒に停学処分はできない。懲戒処分ではないが，出席停止処分を保護者に行うことは可能である。

● 体罰に該当するかは総合的な判断で個々の事案ごとに決定されるものであり，いわゆる正当防衛にあたる行為は体罰にならない。

● 体罰を用いた指導では正常な倫理観を養うことはできず，暴力による解決を正当化することになるため，決して許されない。

第8章

学校教育法②──義務教育，各学校の目的・目標
【学校教育法】

　第6章（教育基本法）で触れましたが，2006（平成18）年に教育基本法が改正されてから，義務教育の重視は同法の条文や教育振興基本計画に示された方針，2016年に義務教育学校が作られたことなどからも明らかな傾向となっています。義務教育は保護者に課せられた義務ですが，保護者はいつまでその義務を果たす必要があるのでしょうか。この章では義務教育に関する学校教育法の規定を学ぶとともに，義務教育を含めた各学校の目的・目標を確認しましょう。

1 第2章義務教育に関する規定

　学校教育法第2章は「義務教育」というタイトルになっており，6つの条文が存在します。第16条では，保護者が子に9年の普通教育を受けさせる義務を負うことがさだめられており，第17条でより細かい内容を定めています。保護者が義務を負う期限については，子が15歳になる年の年度末までとしています。子が15歳までに義務教育を終えなかったとしても，保護者の就学させる義務を延長させることはありません。この規定と最も関連してくるのが，病弱等の理由による就学義務の猶予・免除について定めた第18条でしょう。医療技術の進

> ▶1　学校教育法第16条（義務教育）
> 　保護者（子に対して親権を行う者（親権を行う者のないときは，未成年後見人）をいう。以下同じ。）は，次条に定めるところにより，子に**九年の普通教育**を受けさせる義務を負う。

歩によって難病や障害を抱えながらも学校に通える子どもが増えていますが，それでも学校に通いたくても通えない状況の子どもは存在するわけです。就学義務の猶予・免除は（公立義務教育諸学校の設置義務がある）市町村教育委員会によって決定されますが，登校拒否等の生徒が同年齢の生徒に遅れることなく高等学校に進学できるように中学校卒業程度認定試験の受験資格を与えるとの通知（平成9年3月31日文部省初等中等教育局長通知）が存在しますので，参考までに情報提供しておきます。

　さて，第19条は就学援助の根拠条文ですが，教育基本法第4条（第6章）で詳しく説明していますので，そちらを参照してください。第20条は義務教育を受ける児童生徒を労働させる場合の使用者側の配慮・制限について規定されており，具体的には労働基準法第60条で年少者の労働時間や休日について定められています。

▶2　学校教育法第17条（就学義務）
　保護者は，子の満六歳に達した日の翌日以後における最初の学年の初めから，満十二歳に達した日の属する学年の終わりまで，これを小学校，義務教育学校の前期課程又は特別支援学校の小学部に**就学させる義務を負う**。ただし，子が，満十二歳に達した日の属する学年の終わりまでに小学校の課程，義務教育学校の前期課程又は特別支援学校の小学部の課程を修了しないときは，**満十五歳に達した日の属する学年の終わり（それまでの間においてこれらの課程を修了したときは，その修了した日の属する学年の終わり）までとする。**
② **保護者は**，子が小学校の課程，義務教育学校の前期課程又は特別支援学校の小学部の課程を修了した日の翌日以後における最初の学年の初めから，**満十五歳に達した日の属する学年の終わりまで，これを中学校，義務教育学校の後期課程，中等教育学校の前期課程又は特別支援学校の中学部に就学させる義務を負う。**（③は省略）

▶3　学校教育法第18条（病弱等による就学義務の猶予・免除）
　前条第一項又は第二項の規定によつて，保護者が就学させなければならない子（以下それぞれ「学齢児童」又は「学齢生徒」という。）で，病弱，発育不完全その他やむを得ない事由のため，**就学困難と認められる者の保護者に対しては**，**市町村の教育委員会は**，文部科学大臣の定めるところにより，同条第一項又は第二項の**義務を猶予又は免除することができる。**

▶4　学校教育法第19条（就学の援助）
　経済的理由によつて，就学困難と認められる学齢児童又は学齢生徒の保護者に対しては，**市町村は**，必要な援助を与えなければならない。

2 各学校の目的・目標の特徴

　次に各学校がどのような目的で作られた機関であり，その目的を達成するためにどのような目標が定められているかについて確認していきます。各学校の目的・目標に加えて，義務教育においても目的・目標が設定されており，**義務教育の目的は教育基本法第5条第2項で定められています**。この目的を達成するために，学校教育法第21条において目標が定められています。この結果として，**小学校と中学校の目的・目標は，義務教育の目的・目標という形で一元的に規定される結果となりました**。そのことは，このあと確認する小学校と中学校の目的・目標の規定を見れば納得できると思います。

　さて，第21条の条文を見て，何かの条文と似ていると思いませんか？　そう，教育基本法第2条（教育の目標）ときれいに対応しているのです。第21条第1号が教育基本法第2条第3号に対応しています。以下同様に，第2号が4号に，第3号が第5号に，第4号から第9号が第1号に，第10号が第2号に対応しているものと理解できるでしょう。これは，教育基本法第2条が教育全体の目標を定めたものですから，義務教育の目標もそれに対応したものになるのは当然のことであり，対応関係，整合性のある規定になっているといえるのでしょう。

　ここからは，発達段階に沿って幼稚園から順に目的・目標を確認していきます。幼稚園の目的，目標は，学校教育法第22条，第23条に規定されています。就学前教育（義務教育より前の教育）の幼稚園における教育対象を幼児といいます。その幼児を保育することが目的であるとされています。一般に，保育とは乳幼児を守り育てることですから，幼稚園では周囲の大人が保護する存在として幼児を捉えていると理解できます。

▶5　教育基本法第5条（義務教育）
②義務教育として行われる普通教育は，各個人の有する能力を伸ばしつつ社会において**自立的に生きる基礎**を 培 い，また，**国家及び社会の形成者**として必要とされる基本的な資質を養うことを目的として行われるものとする。（第1項，第3項，第4項は省略）

　幼稚園の5つの目標は，幼稚園の教育課程の領域である5つの分野（健康，人間関係，環境，言葉，表現）にそれぞれ対応しています。目標の多くに共通するキーワードとして「芽生え」という表現があることにも注目です。学校種ごとの教育目標が抜粋されていて，対応する学校種を答える過去問を見たことがありますが，「芽生え」という表現を目にしているのに「高等学校の目標だ」と解答するようなことがないようにしましょう。

　次は，小学校の目的，目標です。▶8 義務教育の目的，目標のなかに小学校の目的，目標も含まれることになるため，第29条・第30条のような記述になっています。そのことは，中学校の目的，目標である第45条・第46条もあわせて見れ

> **▶6** 学校教育法第21条（教育の目標）義務教育として行われる普通教育は，**教育基本法**（平成十八年法律第百二十号）**第五条第二項に規定する目的**を実現するため，次に掲げる目標を達成するよう行われるものとする。
> 　一　学校内外における社会的活動を促進し，自主，自律及び協同の精神，規範意識，公正な判断力並びに公共の精神に基づき主体的に社会の形成に参画し，その発展に寄与する態度を養うこと。
> 　二　学校内外における自然体験活動を促進し，生命及び自然を尊重する精神並びに環境の保全に寄与する態度を養うこと。
> 　三　我が国と郷土の現状と歴史について，正しい理解に導き，伝統と文化を尊重し，それらをはぐくんできた我が国と郷土を愛する態度を養うとともに，進んで外国の文化の理解を通じて，他国を尊重し，国際社会の平和と発展に寄与する態度を養うこと。
> 　四　家族と家庭の役割，生活に必要な衣，食，住，情報，産業その他の事項について基礎的な理解と技能を養うこと。
> 　五　読書に親しませ，生活に必要な国語を正しく理解し，使用する基礎的な能力を養うこと。
> 　六　生活に必要な数量的な関係を正しく理解し，処理する基礎的な能力を養うこと。
> 　七　生活にかかわる自然現象について，観察及び実験を通じて，科学的に理解し，処理する基礎的な能力を養うこと。
> 　八　健康，安全で幸福な生活のために必要な習慣を養うとともに，運動を通じて体力を養い，心身の調和的発達を図ること。
> 　九　生活を明るく豊かにする音楽，美術，文芸その他の芸術について基礎的な理解と技能を養うこと。
> 　十　職業についての基礎的な知識と技能，勤労を重んずる態度及び個性に応じて将来の進路を選択する能力を養うこと。

ばよりハッキリするでしょう。なお，小学校の目標については第30条第2項において，主体的に学習に取り組む態度を養うことが強調されていることには注

> ▶7　学校教育法第22条（目的）
>
> 　幼稚園は，義務教育及びその後の教育の基礎を培うものとして，幼児を**保育**し，幼児の健やかな成長のために適当な**環境**を与えて，その**心身の発達**を助長することを目的とする。
>
> 学校教育法第23条（幼稚園教育の目標）
>
> 　幼稚園における教育は，前条に規定する目的を実現するため，次に掲げる目標を達成するよう行われるものとする。
>
> 　　一　健康，安全で幸福な生活のために必要な基本的な習慣を養い，身体諸機能の調和的発達を図ること。
>
> 　　二　集団生活を通じて，喜んでこれに参加する態度を養うとともに家族や身近な人への信頼感を深め，自主，自律及び協同の精神並びに規範意識の芽生えを養うこと。
>
> 　　三　身近な社会生活，生命及び自然に対する興味を養い，それらに対する正しい理解と態度及び思考力の**芽生え**を養うこと。
>
> 　　四　日常の会話や，絵本，童話等に親しむことを通じて，言葉の使い方を正しく導くとともに，相手の話を理解しようとする態度を養うこと。
>
> 　　五　音楽，身体による表現，造形等に親しむことを通じて，豊かな感性と表現力の**芽生え**を養うこと。
>
> ▶8　学校教育法第29条（教育の目的）
>
> 　小学校は，**心身の発達**に応じて，義務教育として行われる普通教育のうち**基礎的なもの**を施すことを目的とする。
>
> 学校教育法第30条（教育の目標）
>
> 　小学校における教育は，前条に規定する目的を実現するために**必要な程度**において第二十一条各号に掲げる目標を達成するよう行われるものとする。
>
> ②　前項の場合においては，生涯にわたり学習する基盤が培われるよう，基礎的な知識及び技能を習得させるとともに，これらを活用して課題を解決するために必要な**思考力，判断力，表現力**その他の能力をはぐくみ，**主体的に学習に取り組む態度**を養うことに，特に意を用いなければならない。
>
> ▶9　学校教育法第45条（教育の目的）
>
> 　中学校は，小学校における教育の基礎の上に，**心身の発達**に応じて，義務教育として行われる普通教育を施すことを目的とする。
>
> 学校教育法第46条（教育の目標）
>
> 　中学校における教育は，前条に規定する目的を実現するため，第二十一条各号に掲げる目標を達成するよう行われるものとする。

目しておいてください。また，第31条で体験活動の重要性やその際の社会教育との連携に配慮すべきことが定められていることも押さえておきましょう。なお，小中一貫教育を施す義務教育学校の目的，目標については，条文を参照してください。

　続いて高等学校の目的，目標についてです。目的の特徴として，それまでの学校でも記されている心身の発達だけでなく，**進路に応じて教育を施す**旨が記されていることをあげられるでしょう。これは高校卒業を機に，大学，専門学校，就職の３つに進路がおおむね大別される実態にも合致する規定であると思います。また，高度な普通教育だけでなく，**専門教育**を施すことが記されてい

▶ 10　学校教育法第31条（体験活動）
　小学校においては，前条第一項の規定による目標の達成に資するよう，教育指導を行うに当たり，児童の体験的な学習活動，特にボランティア活動など社会奉仕体験活動，自然体験活動その他の**体験活動**の充実に努めるものとする。この場合において，**社会教育関係団体**その他の関係団体及び関係機関との**連携**に十分配慮しなければならない。

▶ 11　学校教育法第49条の２（教育の目的）
　義務教育学校は，**心身の発達**に応じて，義務教育として行われる普通教育を基礎的なものから一貫して施すことを目的とする。
学校教育法第49条の３（教育の目標）
　義務教育学校における教育は，前条に規定する目的を実現するため，第二十一条各号に掲げる目標を達成するよう行われるものとする。

▶ 12　学校教育法第50条（教育の目的）
　高等学校は，中学校における教育の基礎の上に，**心身の発達及び進路**に応じて，**高度な普通教育及び専門教育**を施すことを目的とする。
学校教育法第51条（教育の目標）
　高等学校における教育は，前条に規定する目的を実現するため，次に掲げる目標を達成するよう行われるものとする。
　　一　義務教育として行われる普通教育の成果を更に発展拡充させて，豊かな人間性，創
　　　　造性及び健やかな身体を養い，**国家及び社会の形成者**として必要な資質を養うこと。
　　二　社会において果たさなければならない使命の自覚に基づき，個性に応じて将来の**進**
　　　　路を決定させ，一般的な教養を高め，専門的な知識，技術及び技能を習得させること。
　　三　個性の確立に努めるとともに，社会について，広く深い理解と**健全な批判力**を養い，
　　　　社会の発展に寄与する態度を養うこと。

ることも**特徴**です。これは商業科や農業科などの高等学校における職業学科（専門学科）の存在を考えれば理解しやすいでしょう。

　目標に関しては，第51条第2号にある「進路を決定させ」という記述が特徴的です。義務教育段階では「進路を選択する能力を養う」（第21条第10号）だったものが，高等学校では決定段階となっているからです。また，第51条第3号にある「健全な批判力」という言葉も高等学校教育の目標の特徴を表しています。教員や他者の意見を批判できるだけの発達段階にあるという認識とともに，批判のための批判ではなくて生産的な議論をするための批判能力の育成が目指されているといえるでしょう。

　次は中等教育学校です。いわゆる中高一貫教育を施す学校ですね。1999（平成11）年度から始まりました。その目的，目標は以下の通りとなっています◀13。目的については，中学校と高等学校を足し合わせた内容ですね。目標については，最終目標が6年後（高等学校卒業に相当）だから，高等学校の目標とほぼ同じになっています。

　最後に特別支援学校です。特別支援学校は，従来の盲(もう)学校，聾(ろう)学校，養護学校を一本化して2007年度に始まった学校です。その目的は以下のように定められています◀14。なお，特別支援学校の目標は，学習指導要領に記載されています

▶13　学校教育法第63条（教育の目的）
　中等教育学校は，小学校における教育の基礎の上に，**心身の発達**及び**進路**に応じて，義務教育として行われる普通教育並びに**高度な普通教育**及び**専門教育**を一貫して施すことを目的とする。

学校教育法第64条（教育の目標）
　中等教育学校における教育は，前条に規定する目的を実現するため，次に掲げる目標を達成するよう行われるものとする。
一　豊かな人間性，創造性及び健やかな身体を養い，**国家及び社会の形成者**として必要な資質を養うこと。
二　社会において果たさなければならない使命の自覚に基づき，個性に応じて将来の**進路を決定させ**，一般的な教養を高め，専門的な知識，技術及び技能を習得させること。
三　個性の確立に努めるとともに，社会について，広く深い理解と**健全な批判力**を養い，社会の発展に寄与する態度を養うこと。

が，小学部は小学校，中学部は中学校，高等部は高等学校の教育目標にそれぞれ対応しており，加えて，自立に関する教育目標が示されています。

この章のポイント

● 保護者の就学させる義務は，子が15歳になる学年末までである。
● 小学校と中学校の目的，目標は，義務教育の目的，目標としても一元的に定められている。

▶ 14　学校教育法第72条（特別支援学校の目的）
　特別支援学校は，**視覚障害者，聴覚障害者，知的障害者，肢体不自由者又は病弱者**（身体虚弱者を含む。以下同じ。）に対して，幼稚園，小学校，中学校又は高等学校に準ずる教育を施すとともに，障害による学習上又は生活上の困難を克服し自立を図るために必要な知識技能を授けることを目的とする。

第9章

学校教育法③──教育課程
【学校教育法，学校教育法施行規則，学習指導要領など】

　ここでは**教育課程（カリキュラムとも言います）**に関する法制度を学んでいきます。教育課程は，学校の目的，目標を達成するための手段であるといえます。

　学習指導要領という言葉を聞いたことのある方は多いと思います。教育課程に関する国の基準となっているものです。学習指導要領は第二次世界大戦敗戦後に生まれて，これまでおよそ10年ごとに改定（見直し）されてきました。エアコンのようなものです（10年に1度くらい「買いてぇ（改定）」って思うでしょう。）。国の基準である学習指導要領ですが，もし学習指導要領に違反する学校があったらどうなるのかを考えてみてください（答えはこの章の本文中に出てきます）。

1 教育課程の定義

　まずは教育課程とは何であるかについてです。これについては，文部科学省『小学校学習指導要領解説（総則編）』における次の定義がもっぱら紹介されます。

> 　教育課程とは，学校の目的や目標を達成するために，教育の内容を児童の心身の発達に応じ，授業時数との関連において，総合的に組織した**各学校の教育計画**である。

　中学校，高等学校でも『学習指導要領解説』において同様の説明がなされており，上の文章中の「児童（初等教育の対象者のこと）」を「生徒（中等教育の対象者のこと）」に置き換えれば，まったく同じ文面になります。

　ここでのポイントは2つあります。まず，教育課程は各学校の計画であるということです。ですから，**教育課程を作るのは校長**（教育法規上は，学校の意思決定を行う役割をもつ校長が作るという説明になります）であって，教育委員会や文部科学大臣ではありません。各学校の児童生徒や地域の実状に合わせてその学校にふさわしいきめ細かな教育課程にするためにも校長が作ることになっているのです。

　次に**教育課程を作るときに考えるべき要素として，心身の発達と授業時数が**あげられていることです。たとえば小学校1年生に懸垂をさせたり，数学の方程式を指導することの難しさを想像してもらえれば，心身の発達を考慮することの必要性が理解できると思います。授業時数については，1年365日，およそ8,800時間のなかで，学校での授業等に充てることができる時間数には限界があります。時間的な限界・制約のなかで，授業で扱う各内容にどれだけの時間数を使うことが適切であるかを考えて教育課程を作るべきだということです。心身の発達や授業時数のほかにも，地域の産業や課題，保護者の要望，他校を含めた学校や地方公共団体の教育目標など，考慮すべき要素は他にもありますが，まずは心身の発達と授業時数を頭に入れるとよいでしょう。

2　教育課程の領域

　教育課程（カリキュラム）は，学校の目的や目標を達成するための手段として位置づくものですが，具体的にはどのような内容が含まれているのでしょうか。その大まかな領域については学校教育法施行規則に定められています。◀1

> ▶1　学校教育法施行規則第50条（教育課程の編成）
> 　小学校の教育課程は，国語，社会，算数，理科，生活，音楽，図画工作，家庭，体育及び**外国語**の各教科（以下この節において「各教科」という。），**特別の教科である道徳**，外国語活動，総合的な学習の時間並びに特別活動によつて編成するものとする。
> ②　**私立の小学校の教育課程を編成する場合は，前項の規定にかかわらず，宗教を加えることができる。**この場合においては，宗教をもつて前項の特別の教科である道徳に代えることができる。

小学校の教育課程は５つの領域で成り立っています。近年の大きな変更点として，**外国語と道徳を教科として教える**ことになった点があげられます。教科として教えるということは，教科書を使用するということですし，担当教員が評価を行うことを意味しています（ただし，特別の教科である道徳については，数値による評価は行わないことになっています）。

　第２項は，私立学校における宗教教育の自由に基づいた規定です。もちろん，宗教教育を行わずに特別の教科である道徳を実施することも可能です。

　中学校は，小学校から教育課程の領域が１つ（外国語活動）減って，４つの領域で成り立っています。▲2

　高等学校では，中学校から教育課程の領域がまた１つ（特別の教科である道徳）減って，３つの領域で成り立っています。高等学校では，教科がさらに細かく分けられるため，「各教科に属する科目」という表現になります。例えば数学という教科は，数学Ⅰ，数学Ⅱ，数学Ⅲ，数学Ａ，数学Ｂ，数学Ｃの６科目に分けられています。▲3

　小学校，中学校，高等学校の教育課程の領域について確認してきましたが，**特別支援学校小学部・中学部・高等部**においては，「自立を目指し，障害による学習上又は生活上の困難を主体的に改善・克服するために必要な知識，技能，態度及び習慣を養い，もって心身の調和的発達の基盤を培う（特別支援学校小学部・中学部学習指導要領）」ことを目標とする**自立活動**という領域も加える形で**教育課程が成り立っています**＊。以上のことを表にまとめると，表９－１のようになります（縦の列には，同じか同じような内容を並べています）。

　　＊自立活動は，健康の保持，心理的な安定，人間関係の形成，環境の把握，身体の

▶2　学校教育法施行規則第72条（教育課程の編成）
中学校の教育課程は，国語，社会，数学，理科，音楽，美術，保健体育，技術・家庭及び外国語の各教科（以下本章及び第七章中「各教科」という。），特別の教科である道徳，総合的な学習の時間並びに特別活動によつて編成するものとする。
▶3　学校教育法施行規則第83条（教育課程の編成）高等学校の教育課程は，別表第三に定める各教科に属する科目，総合的な探究の時間及び特別活動によつて編成するものとする。

動き，コミュニケーションの6つの内容を含んでいる。指導にあたっては，個々の児童生徒の個別の指導計画を作成するにあたって，必要とする項目を選定して，具体的な指導内容を設定することとなる。(『特別支援学校小学部・中学部学習指導要領』第7章第3の1より)

表9-1　教育課程の領域

学校種					
小学校	各教科	特別活動	総合的な学習の時間	特別の教科である道徳	外国語活動
中学校	各教科	特別活動	総合的な学習の時間	特別の教科である道徳	
高等学校	各教科に属する科目	特別活動	総合的な探究の時間		

表9-2　特別活動の領域

学校種				
小学校	学級活動	児童会活動	学校行事＊	クラブ活動
中学校	学級活動	生徒会活動	学校行事＊	
高等学校	ホームルーム活動	生徒会活動	学校行事＊	

＊学校行事はさらに，①儀式的行事，②文化的行事，③健康安全・体育的行事，④遠足・集団宿泊的行事（中学校・高等学校は，旅行・集団宿泊的行事），⑤勤労生産・奉仕的行事，の5つに分かれます。まずは，自分の学校で行われた年中行事を思い出してから，①～⑤の名称を覚えると頭に入りやすいでしょう。

　なお，特別活動の領域についてはさらに細かく分けられています。表9-2を参照して，ご自身が志願する学校種については覚えていただきたいと思います。縦の列には同じか同じような内容のものを並べています。

3　標準授業時数

　学校教育法施行規則では，各学校・学年における各教科，領域ごとの標準授業時数についても定められています[4]（表9-3，表9-4）。

▶4　学校教育法施行規則第51条（授業時数）
　小学校（第五十二条の二第二項に規定する中学校連携型小学校及び第七十九条の九第二項に規定する中学校併設型小学校を除く。）の各学年における各教科，特別の教科である道徳，外国語活動，総合的な学習の時間及び特別活動のそれぞれの授業時数並びに各学年におけるこれらの総授業時数は，別表第一に定める授業時数を標準とする。

表 9-3　2017（平成29）年版小学校学習指導要領における授業時間数

		第1学年	第2学年	第3学年	第4学年	第5学年	第6学年
各教科	国　語	306	315	245	245	175	175
	社　会	-	-	70	90	100	105
	算　数	136	175	175	175	175	175
	理　科	-	-	90	105	105	105
	生　活	102	105	-	-	-	-
	音　楽	68	70	60	60	50	50
	図画工作	68	70	60	60	50	50
	家　庭	-	-	-	-	60	55
	体　育	102	105	105	105	90	90
	外国語	-	-	-	-	70	70
特別の教科 道徳		34	35	35	35	35	35
外国語活動		-	-	35	35	-	-
総合的な学習の時間		-	-	70	70	70	70
特別活動		34	35	35	35	35	35
総授業時数		850	910	980	1015	1015	1015

（出所）　学校教育法施行規則別表第1。

　標準とはいうものの，教育課程を作成する段階で標準を下回る授業時数で計画を作成している学校は，特別の教育課程編成の特例規定を除けば私の知る限りでは皆無であり，標準授業時数を大きく上回る学校が一定割合で存在し，子どもへの過重な負担として問題視されているのが現実です。また，学習指導要領において，学校教育法施行規則で示された授業時数に基づき，より詳細な授業時数の配分が示されている場合があります*。

　　＊たとえば『小学校学習指導要領』の国語では，〔思考力，判断力，表現力等〕の「A話すこと・聞くこと」および「B書くこと」に関する指導について，それぞれ学年ごとに配当すべき授業時数が○○単位時間程度という形で示されています。

　学習指導要領の改定ごとに総授業時数についても見直されてきました。1977（昭和52）年の改定や，完全学校週5日制を導入した1998（平成10）年の改定で

表9-4　2017（平成29）年版中学校学習指導要領における授業時間数

区分		第1学年	第2学年	第3学年
各教科の授業時数	国　　語	140	140	105
	社　　会	105	105	140
	数　　学	140	105	140
	理　　科	105	140	140
	音　　楽	45	35	35
	美　　術	45	35	35
	保 健 体 育	105	105	105
	技術・家庭	70	70	35
	外 国 語	140	140	140
特別の教科である道徳の授業時数		35	35	35
総合的な学習の時間の授業時数		50	70	70
特別活動の授業時数		35	35	35
総授業時数		1015	1015	1015

（出所）　学校教育法施行規則別表第2。

は，総授業時数に一定の変化（減少）があったといえますが，その他の改定においては総授業時数だけを見るとあまり変わりばえしないものに映るかもしれません。しかしながら，同じ授業時数であっても，教科間や領域間での授業時数の配分の変更や，学習指導要領で指導すべき項目の変化などにも注目すると，その時々の改定が学校現場，児童生徒に少なからぬ影響を与えていると理解できます＊。

　＊学習指導要領の改定に伴う標準授業時数の変遷については，文部科学省ウェブサイト内で調べることができる（小学校（中学校）における各教科等の授業時数等の変遷，を参照）。ここでは一例として，2008（平成20）年の「脱ゆとり」と言われた学習指導要領改定（中学校）で説明する。この改定では，言語活動や理数教育の強化が目指された。改定前と比べて年間標準総授業時数は35単位時間（週1単位時間）増加したに過ぎなかったが，選択科目を廃止して，その時間数を教科指導に充てた結果，外国語の年間授業時数は105から140と週当たり1単位時間増加し，数学も1年生と3年生で105から140と週当たり1単位時間増加する結果となった。

4 学習指導要領の法的性格

　第3節で紹介したように，学校において指導する内容や目安となる授業時間数については，学習指導要領で詳しく定められています。この学習指導要領は，どのような法的性格をもっているかをここで確認したいと思います[5]。

　学校教育法施行規則では，教育課程に関することをこの法規（学校教育法施行規則）でも定めるけれども，小学校学習指導要領でも定めることが示されています。つまり，法規である学校教育法施行規則から委任されているので，**学習指導要領も法規である（法的な拘束力がある）** ということになります。法的拘束力があるということは，学習指導要領で示された事項を授業で扱わなかったり，授業時間数を下回った場合に，その回復が図られたり，違反者が懲戒処分をうける可能性があることを意味します。たとえば，長期休業中などに補習授業が行われることになるでしょう。

　司法判断（裁判例）としては，学習指導要領の性格について「全国的な大綱的基準としての性格をもつもの」であり，「法的見地からは，上記目的のために必要かつ合理的な基準の設定として是認することができるものと解するのが，相当である。」としています（旭川学力テスト事件（上告審）昭和51年5月21日，判例時報814号）。

5 学習指導要領の沿革

　学習指導要領は第二次世界大戦後に作られたものですが，およそ10年ごとに改定されています*。これまでの改定の歴史において，大きな転換点が3つあったといえます。1つ目の転換点は1958（昭和33）年の小学校・中学校学習

▶5　学校教育法施行規則第52条（教育課程の基準）
　小学校の教育課程については，この節に定めるもののほか，**教育課程の基準として文部科学大臣が別に公示する小学校学習指導要領**によるものとする。

指導要領改定です＊＊。これは，戦後の教育改革に基づいて教育行政が自由主義的・地方分権主義的であったものを，法的拘束力を課し，道徳の時間を新設し，教科の系統性を重視するという中央集権的，統制的なものへと転換するものでした。2つ目の転換点は，1977（昭和52）年の小学校・中学校学習指導要領改定です。これは，教科の系統性，学力重視の指導要領から，ゆとり路線へ転換するものでした。3つ目の転換点は，2008（平成20）年の幼稚園教育要領・小学校・中学校学習指導要領改定です。これは，30年近く続いたゆとり路線から，再び学力重視路線へと転換するものでした。学習指導要領の性格をゆとりの系統と学力重視の系統の2つに分けるならば，「1947年　ゆとり→1958年　学力→1977年　ゆとり→2008年　学力」という大きな流れ・転換点があることをまず押さえるとよいと思います。そのうえで，個々の改定の詳細を知るのに便利なツールとして，国立教育政策研究所が「学習指導要領データベース」を作成し，過去の学習指導要領の内容をネット上で簡単に確認できるように公開していますので，確認されるとよい勉強になります。

> ＊改定とは法規定を見直すこと。「改訂」という表現が使用される教育学の著書も少なくないですが，学習指導要領の法規性を否定的に捉えていることを表明している場合と，無自覚に使用している場合とが混在しているように思います。この本では，法規性があるという現実を踏まえて改定と表記します。
>
> ＊＊高等学校の改定は1960（昭和35）年でした。他の改定でも小中学校は同時期に見直される一方で，高等学校の改定はそれよりも1〜2年遅れるケースが多く見られます。

　それでは，主な改定ごとのポイントについて時間軸に沿って説明していきます。最初の学習指導要領は敗戦間もない1947（昭和22）年に発行されました。新しい学校制度（新制）に合わせて作成され，「試案」の文字が付され，また一般図書として発行される強制力の伴わないものでした＊。この学習指導要領はすぐに改定作業に入り，1951（昭和26）年に改定されましたが，この改定版においても「試案」の文字が付されていました。

> ＊試案というのは，完成していない途上のものという意味であり，試案の段階から法的な拘束力は存在したという認識であったということが，ある文部官僚の後日

談として記録されてもいる。（木田宏監修『証言　戦後の教育政策』第一法規，1987年，pp. 397-400。）

　ところが1955（昭和30）年の一部改訂において「試案」の文字が消え，1958（昭和33）年の改定では告示という法形式でその内容を示すとともに，法的拘束力があるとの解釈を文部省が示しました。また，「道徳の時間」が新設され，学習指導要領完全実施よりも前倒しで道徳の時間が行われることとなりました。教育課程の基準が中央集権的な性格に転換したという意味で，また教科の系統性（つまりは知力）を重視したという意味でも大きな転換点となる改定でした。次の1968（昭和43）年の改定においても，学力重視の方向性が強化され，中学校では週34単位時間（3年生のみ33単位時間）が標準授業時数となっていました。34単位時間ということは，平日6コマ授業，土曜4コマ授業という，これ以上増やせないと思われる水準まで授業を行っていたということになります。ちなみに現在の中学校は週29単位時間が標準授業時数です。この時代に受験生だった方は「4当5落」という言葉をご存じだと思われます。当時の受験競争の厳しさを想像させる言葉です（わからない方は調べてみてください）。

　このような学力重視の行き過ぎが見直されたのが，1977（昭和52）年の改定です。この改定では，「ゆとり」がキーワードとなり，学校にいる時間数の維持を前提としつつも授業時数を大きく削減したため，各学校で創意工夫をする教育活動の時間が生まれました。この改定はゆとりの系統への転換であったといえます。その後の改定においてもゆとり，個性重視の系統の改革が進み，1989（平成元）年の改定では，中学校の選択教科の範囲がすべての教科へと拡大しました。また1998（平成10）年の改定では，2002（平成14）年度からの完全学校週5日制，週あたり2単位時間の授業時数削減，学習内容の3割削減，新たな教育課程の領域としての総合的な学習の時間の新設などを柱とする改革がなされました。

　しかしながら，学力低下を招くことへの批判，懸念もあり，小中学校で完全実施される直前の2002（平成14）年1月に文部科学大臣より「確かな学力の向上のための2002アピール－学びのすすめ」が出されました。アピールでは，発

展的学習を容認する内容が含まれ，学力低下への批判，不安に応えるものでした。大臣アピールは法ではありませんが，文部科学省トップの意思表示であることから，学校の教育課程の作成に影響を与えたものと推測されます。法としては，2003（平成15）年12月の学習指導要領一部改定において，発展的指導も可能とすることが明確になりました。

　2008（平成20）年の改定は「脱ゆとり」の学習指導要領と呼ばれたもので，**再び学力重視路線へと転換するもの**となりました。一転して総授業時数が増加し，授業時数の配分としても国語や算数・数学，理科により多くの時数があてられました。また小学校の新たな教育課程の領域として外国語活動が盛り込まれました。なお，部活動については教育課程外の活動という位置づけになっていますが，2008（平成20）年の改定から学習指導要領の総則において「学校教育の一環として，教育課程との関連が図られるよう留意すること」と規定されるようになりました。しかし，教育課程外の活動でありながら，教員が校務分掌（学校の仕事の分担）として部活動の顧問を引き受けざるを得ない慣行・現実があり，依然として法制度上において曖昧な位置づけで，教員の労働強化，多忙感の要因になっているといえます＊。

　　＊1968（昭和43）年の改定において，小学校4年生以上の児童・生徒に週1時間の「必修クラブ」への参加が義務づけられ，教育課程外の「選択クラブ」として部活動が位置づけられました。1989（平成元）年の改定では，中高は教育課程外の部活動への参加をもってクラブ活動への履修に代替できることが示され，98・99年改定では，部活動の適切な実施を前提として，必修クラブ活動は廃止となり，教育課程外の部活動に統合されました（『内外教育』2018年2月2日　小野田正利「部活動は教育課程の『外』か『内』か」）。

6 現行学習指導要領のポイント

　現在の学習指導要領は，基本的に2017（平成29）年（小学校，中学校，特別支援学校小学部・中学部）および2018（平成30）年（高等学校），2019（平成31）年（特別支援学校高等部）に改定され，それぞれ小学校2020（令和2）年度から，中学校2021（令和3）年度から，高等学校2022（令和4）年度入学者より完

全実施されました（特別支援学校小学部・中学部・高等部も同様に完全実施）。

　現在の学習指導要領から前文が設けられ，**教育基本法第1条と第2条の主要部分が抜粋**されています。それだけ重視している表れですので，採用試験受験者は条文をしっかり覚えましょう。

　内容面の特徴としては，まず**道徳が特別の教科**という位置づけになったことがあげられます（小学校，中学校とも完全実施よりも2年前倒しで実施されました）。教科となったことで，教科書を使用して指導し，評価することとなったわけです。他の特徴として，**小学校では各教科に外国語が新たに加わり**，外国語活動の対象学年が5・6年生から3・4年生へと引き下げられ，その結果として3年生から6年生までの総授業時数が増加しました。

　総授業時数としては，他の学校種，学年には変化がなかったのですが，**教育の量（時間）だけでなく教育の質も追求した**のがこの改定であったといえます。アクティブラーニングという言葉を聞いたことがあるのではないでしょうか。学習指導要領では，**主体的・対話的で深い学び**と表現していますが，同じ意味と考えて構いません。授業内での活動を主体的・対話的なものへと転換・促進させることを目指していることが現在の学習指導要領の教育方法面での特徴となっています。

　教育法規でよく問われる学習指導要領の第1章総則の要点を以下に箇条書きでまとめます。学習指導要領総則を巻末の法規集などで実際に参照，通読してください。

●主体的・対話的で深い学びの実現に向けた授業改善　　　（第1　2）

●道徳教育は学校の教育活動全体を通じて行う　　　（第1　2（2））

●体育・健康に関する指導は学校の教育活動全体を通じて行う

（第1　2（3））

●学習指導要領に示していない内容を加えた指導が可能

（第2　3（1）イ）

●学習指導要領に示した事項の指導順序は学校が工夫可能

（第2　3（1）ウ）

●授業は年間35週以上（小学校1年生のみ34週以上）にわたって行うよう

計画*　　　　　　　　　　　　　　　　（第2　　3（2）ア）

●授業の一単位時間は各学校において適切に定める

（第2　　3（2）ウ（ア））

●10分から15分程度の短い時間の活動でも教師による指導体制が整備され
ている場合は，年間授業時数に含めることができる

（第2　　3（2）ウ（イ））

＊ちなみに，幼稚園は年間39週以上となっています。

以上の要点から，学校の判断で工夫を凝らした教育課程を作成する可能性の
あることが理解できると思います。

この章のポイント

● 教育課程は学校の目的および目標を達成するためのもので，校長が作成する。
● 教育課程の領域は，小学校5領域，中学校4領域，高等学校3領域である。そのう
ち，特別活動はさらに細かくわかれており，その1つである学校行事についてもさ
らに細かくわかれている。
● 学習指導要領は第二次世界大戦後からおよそ10年ごとに改定されており，ゆとり志
向と学力志向を行ったり来たりしてきた。1958（昭和33）年改定以降は法的拘束力
をもって現在に至っている。
● 学習指導要領には，教育課程の編成における各学校の判断，創意工夫に任せている
規定も少なからず存在する。

第10章

学校教育法④──教科書行政

【学校教育法，教科書の発行に関する臨時措置法，義務教育諸学校の
教科用図書の無償措置に関する法律，教科用図書検定規則など】

　第9章で教育課程とその領域について確認しましたが，ここでは教育課程の領域における各教科（に基づく科目）において使用される「教科書」（「教科用図書」とも言います）について，文部科学大臣による教科用図書検定，学校で使用する教科書の選択・決定（「教科書採択」と言います）の仕組みを学びましょう。

　ところで学校で教科書に落書きした経験はありますか。ある方は，どのような時に落書きをしましたか。ない方は，どのような時に落書きをすると思いますか。きちんと調査をしたわけではありませんが，教科書の内容が退屈であるというのが落書きをする原因の1つではないかと思います。

　それでは，なぜ教科書を退屈と感じるのでしょうか。いまの生活にすぐ役立つ内容が少ないから，授業で扱う内容を社会の側が勝手に決めているからといった理由が浮かびます。しかしながら，市販の参考書や塾の有名講師による授業（動画授業含む）に触れて，その内容に魅力を感じる・面白いと思うという経験をした方も少なくないと思います。

　誤解のないように言っておきますが，学校の授業で扱う教科書の内容は優れています。しかしながら退屈という感情を児童生徒に抱かせがちであるとも思います。それはなぜなのでしょう。この章を通して考えてみてください。

1 教科書の定義

　まず，教科書とは何であるかについてです。教育法規における教科書の定義に関しては，教科書の発行に関する臨時措置法第2条の定義が紹介されますので，ここで確認したいと思います。ちなみに学校教育法第34条にも同じようなことが書かれていますので，併せて以下に示しておきます[1]。

　第2条のポイントは3点です。1点目は，教育課程の領域の1つである教科の主要な教材として使用されるということです。学校教育法第34条第1項には「…教科用図書を使用しなければならない。」とあり，教科の担当者は指導において教科書を使用しなくてはいけないことになっています[2]。

　2点目は，児童または生徒のための図書であるということです。つまり，学生（高等教育の対象者，つまり大学や高等専門学校の専門課程などに在籍している人）向けの図書は対象外となっています。

　3点目は，文部科学大臣が教科書の合否を判定する教科用図書検定を合格したもの，あるいは文部科学省に著作権があるものであるということです。この点について，主語をあべこべに覚え間違いをする人がよくいるのですが，そのようなことはありえません。なぜなら，教科書検定は教科書の内容を判断しなければならないのですが，そのような作業は人間しかできないからです（AI・人工知能の存在が気になりますが，人間のような形で著作物を読解するのではないようですので，考えないでおきましょう。）。また，仮に文部科学大臣に著

▶1　学校教育法第34条（教科用図書・教材の使用）
　小学校においては，**文部科学大臣の検定**を経た教科用図書又は**文部科学省が著作の名義**を有する**教科用図書を使用しなければならない。**（②以降は略）
教科書の発行に関する臨時措置法第2条（用語の定義）
　この法律において「教科書」とは，小学校，中学校，義務教育学校，高等学校，中等教育学校及びこれらに準ずる学校において，**教育課程**の構成に応じて組織排列された**教科の主たる教材**として，教授の用に供せられる**児童又は生徒用図書**であつて，**文部科学大臣**の検定を経たもの又は**文部科学省**が著作の名義を有するものをいう。（②は省略）

作権があるものと規定されていたら，教科書が売れると文部科学大臣が収入（印税）を得ることになります。文部科学大臣にそのような特権が与えられるようなことが法令で定められるわけないですよね（何だか時代劇みたいな話です。）。

2 教科書行政の歴史

1872（明治5）年の学制という法によって，我が国における近代学校制度が始まったわけですが，学校の教科書は自由発行，自由採択となっていました。それが次々と規制されていくことになります。中央集権的な改正教育令という法が出された1880（明治13）年には，教科書としての使用を禁止する図書が示されました。翌1881（明治14）年には役所へ使用する教科書の届出が必要となり（「届出制」。「開申制」とも言います），1883（明治16）年に認可制（使用を認めるかは政府の判断による）へと規制が強化されます。そして学校令という

▶2　第1のポイントである教科書の使用義務について条文を紹介しつつ補足します。
学校教育法附則第9条（教科用図書使用の経過措置）
　高等学校，中等教育学校の後期課程及び特別支援学校並びに特別支援学級においては，当分の間，第三十四条第一項（第四十九条，第四十九条の八，第六十二条，第七十条第一項及び第八十二条において準用する場合を含む。）の規定にかかわらず，文部科学大臣の定めるところにより，**第三十四条第一項に規定する教科用図書以外の教科用図書を使用することができる。**（②は省略）
　　　→教科書の定義となっているもの以外の図書を教科書として使用できるという規定ですが，この趣旨は次の学校教育法施行規則89条を確認するとわかりやすいと思います。
学校教育法施行規則第89条（教科用図書の使用についての特例）
　高等学校においては，文部科学大臣の検定を経た教科用図書又は文部科学省が著作の名義を有する**教科用図書のない場合には**，当該高等学校の設置者の定めるところにより，他の適切な教科用図書を使用することができる。（②は省略）
　　　→つまり，教える教科に属する科目の教科書が存在しない場合には，他の適切な図書を教科書として使用できる。しかし，教科書を何も定めずに教科指導をできないという意味です。

法が出された1886（明治19）年から検定制（検定を合格した図書のみ教科書として使用可能）となり，1903（明治36）年以降の小学校（一時期，国民学校に名称変更）では文部省が作成する教科書（国定教科書）のみが使用されることとなりました。戦前の教科書行政は規制強化の歴史であったと言ってよいでしょう＊。第二次世界大戦敗戦後，1947年（昭和22）年に教育基本法，学校教育法に基づく新しい学校制度が確立します（この学校制度を「新制」と呼びます。現在の学校制度です。戦前の学校制度を「旧制」と呼ぶこととの対比で名前がついています。）。このとき，小学校の教科書行政も再び検定制へ戻りますが，戦後初の検定が行われたのは1948（昭和23）年で，検定を経た教科書が学校で使用され始めたのは，1949（昭和24）年からのことです。新制では，教科書検定を経たもの，もしくは文部省（文部科学省）が著作の名義を有するものを教科書としています＊＊。

　　＊認可制とは，本来自由でない行為について行政府の判断で行為を許すかどうかを
　　　判断するものですので，検定制よりも認可制の方が規制強化になる場合もあるこ
　　　とをお断りしておきます。
　　＊＊木田宏編『証言　戦後の文教政策』第一法規，pp. 369-373。

3　教科書検定の流れ

　それでは，教科書検定はどのような手続き，基準で行われているのでしょうか。教科用図書検定規則（文部科学省令）に定められた教科書検定の流れをわかりやすく図にしたものを基にして解説を加えていきたいと思います（図10-1）。

　作成した図書を教科書として認めてもらいたい教科書発行者が文部科学大臣に検定を申請します。申請された図書について，教科用図書検定調査審議会の委員および教科書調査官＊が，後で説明する検定基準に基づいて調査します。

　調査結果を審議会に持ち寄って審査し，合否を決定します。合格すれば見本を提出して終了ですし，不合格の場合は反論書提出の機会が用意されています（不合格は少ないのが現状です）。

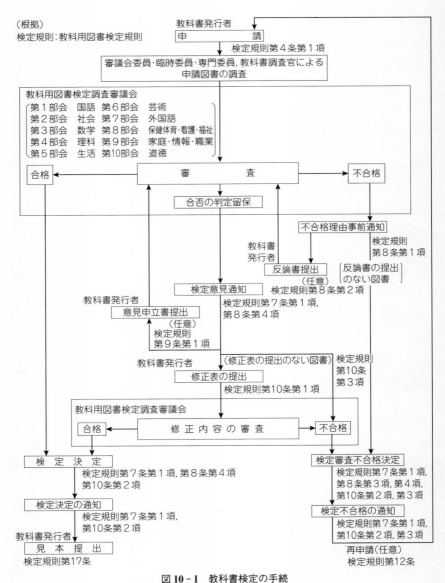

図 10-1　教科書検定の手続

（出所）　文部科学省ウェブサイト（https://www.mext.go.jp/a_menu/shotou/kyoukasho/gaiyou/
04060901/1235090.htm　2022年3月16日閲覧）

＊教科書調査官は，文部科学省の専任職員で教科の専門性が高い人が採用されています。文部科学省組織規則第22条で，56人の教科書調査官を置くとされています。文部科学省全体で2,000人余りの定員ですから，定員のおよそ３％を占めており，少なくない人数規模だといえます。さまざまな教科があるから，それくらいの人数は必要でしょう。

　多くの場合は，審査の下にある「合否の判定留保」となり，検定意見通知に基づいて修正を行い，再び審議会の審査にかけられます。なぜ多くの場合「合否の判定留保」になるかというと，多くのチェック項目が存在し（詳しくは第４節で説明します），100ページはある図書を１箇所のミスも無い，文句がつかないものに仕上げることが難しいからです。実際の検定意見においては，誤字脱字の指摘はもちろん，記述内容が正確に理解できない・誤解する恐れのある表現であるとか，300ページ近くある申請図書のはじめとおわりの箇所に書かれている同じ漢字の読み仮名（ルビ）が違っているなどの指摘がなされています。「200ページ以上離れている同じ漢字の読み仮名の違いにまでよく気がつくな」と感心します。

　このような流れで教科書検定は行われますが，検定の透明性を高めるために，2009（平成21）年度から教科用図書検定調査審議会の議事概要や検定意見が公表されており，文部科学省のウェブサイトで簡単に見ることができるようになっています。公正な検定の実施，国民の信頼性向上という点から好ましいことでしょう。

4 教科書検定の基準

　それでは教科書検定において教科書がどのような基準でチェックされているかについて，義務教育諸学校教科用図書検定基準（文部科学省告示）を基に説明します（高等学校には別の基準が存在しますが，共通点は多いです）。

　この検定基準には，教科共通の条件と教科固有の条件が存在しています。教科共通の条件はさらに３つに分類され，基本的条件５点（法令に定められた目的に合っているか，学習指導要領に定められた内容を扱っているか，過不足は

ないか等），選択・扱い及び構成・排列18点（政治・宗教の扱い，選択・扱いの公正，引用資料の扱い，発展的な学習内容の扱い等），正確性及び表記・表現５点（誤記・誤植・脱字，理解し難い表現，表記の統一性等）がチェック項目として定められています。つまり教科共通の条件だけでも28もの観点からチェックされるのです。

　この検定基準の内容が教員採用試験で問われることはまずありませんが，理解を深めるために１つの基準を取り上げます。教科共通の条件の選択・扱い及び構成・排列のなかに下記のような項目が存在します[3]。

　この基準から判断すると，たとえば中学校の歴史的分野の教科書を作成するにあたって，「将来の受験では近代以降の出題が多くを占めるからその対策に役立つように」という「配慮」で，近世までの記述が極端に少ない教科書を作成して検定申請したとしても検定意見がつく（＝そのままでは合格できない）可能性が高いということになります。

5　検定教科書の採択（教科書採択）

　教科書検定に合格した図書は，実際に学校で教科書として使用されうる資格を得たわけですが，実際に学校で使用されるかは別の問題です。ここでは，どのような流れを経て学校で使用する教科書が誰によって選ばれるのかについて，義務教育諸学校の教科用図書の無償措置に関する法律，同法施行令，同法施行規則の概要をまとめた文部科学省による図10-2を参考にしながら学んでいきましょう。

　まず，教科書検定を合格した教科書の発行者は，当然のことながらその教科書を学校で使用してもらいたいので，文部科学大臣へ書名や対象学年などの所

　▶３　（選択・扱いの公正）
（5）話題や題材の選択及び扱いは，児童又は生徒が学習内容を理解する上に支障を生ずるおそれがないよう，特定の事項，事象，分野などに偏ることなく，全体として調和がとれていること。

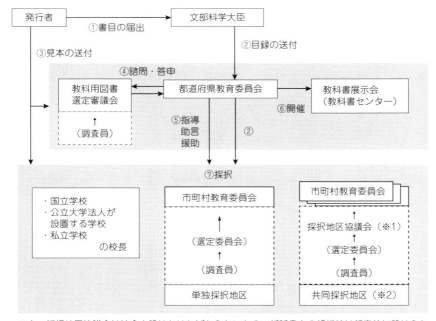

※1　採択地区協議会は法令上設けなければならないもの。括弧書きの組織等は任意的に設けられるもの。

※2　共同採択地区は，2以上の市町村から構成される採択地区である。

図10-2　義務教育諸学校用教科書採択の仕組み

（出所）　文部科学省 HP（https://www.mext.go.jp/a_menu/shotou/kyoukasho/gaiyo/04060901/
1235091.htm　2022年3月16日参照）

定の情報を届出します（図10-2の①）。文部科学大臣はそうした届出をまとめて目録（一覧）を作成し，都道府県教育委員会へ送付します。この目録は，都道府県教育委員会から市町村教育委員会や各学校へ送付されます（②）。また，発行者から採択の参考として教育委員会や各学校に見本が送付されます（③）。

　都道府県教育委員会は，実際に採択を行う市町村教育委員会や国立，私立等の各学校に対して適切な指導，助言，援助を行う任務がありますが（⑤），その援助の1つとして，都道府県教育委員会が設置しなければならないことになっている**教科用図書選定審議会**における教科書に関する選定資料が存在しま

す（④⑤）。教科用図書選定審議会の委員には，義務教育諸学校の校長及び教員が委員数のおおむね３分の１になるようにする旨が定められており，その他に学識経験者や教育長，教育委員，指導主事などがあげられています。また，都道府県教育委員会は，教科書センター等において教科書の展示会を実施することで，採択にあたっての情報提供を行ってもいます（⑥）。

　さて，義務教育諸学校における使用教科書を実際に採択するのは，国立・私立・公立大学法人が設置する学校であれば各学校であり，それ以外の公立学校であれば**市町村教育委員会**です（⑦）。公立学校については，単独の地方公共団体の教育委員会が採択する場合（単独採択地区）と，複数の地方公共団体の教育委員会が協議して同一の教科書を採択する場合（共同採択地区）があります。

　全国に600近い採択地区がありますが，県庁所在地や人口の多いところは単独採択地区となり，人口が少なかったり，同一の生活圏・経済圏に位置づけられる郡部地域などは共同採択地区となっている傾向が見られます（なお，都道府県教育委員会が採択地区を決定しています。）。ちなみに，教科用図書選定審議会が作成する選定資料を頼りにして市町村教育委員会が採択を行うことが可能ですが，それぞれの採択地区でも選定委員会を作って教科書の選定を行っている場合もあります。

　義務教育諸学校の教科書採択は以上のような仕組みになっていますが，国公私立いずれにおいても，**義務教育諸学校においては，採択した教科書を原則４年間使用することとなっています**（義務教育諸学校の教科用図書の無償措置に関する法律施行令第15条）。

　なお，義務教育ではありませんが，公立の高等学校の教科書採択については，各学校が採択したものを都道府県教育委員会が認可することとなっていますが，事実上，学校の採択するものが不認可とされることはなく，そのまま使用されている状況にあります。

6 補助教材

　検定制度や採択制度を含め，ここまでは教科書を中心に見てきましたが，最後に資料集やドリル，ワークブックなどの補助教材に関する規定を確認しておきましょう。[4]

　この条文の第1項では，学校や図書館などの教育機関の管理運営について教育委員会規則を定めることが書かれていて，第2項では教科書以外の教材の使用については，学校が教育委員会にあらかじめ届け出をする，あるいは承認を受けるべく申し出ることを求めています。補助教材の使用は，授業時数の面から教育課程の柱といえる教科に関わる事柄であり，教育委員会にその把握を求めているものと理解できるでしょう。

　　この章のポイント

- 教科書とは，文部科学大臣が行う検定を合格したもの，あるいは文部科学省が著作権をもつものである。
- 教科用図書検定では基準に定める多くの項目についてチェックされるが，その審査の過程や結果が公開されており，昔よりも検定の透明性が高まっている。
- 教科書の採択について，公立の義務教育の学校では，単独の市町村教育委員会もしくは複数の市町村教育委員会が共同で行う。公立の高等学校では，都道府県教育委員会が認可するが，実質的に各学校が採択している。国立，私立については各学校で採択する。
- 各教科の指導において，教科書を使用して授業を行う義務がある。補助教材については，教育委員会へ届出あるいは認可申請が必要である。

▶4　地方教育行政の組織及び運営に関する法律第33条（学校等の管理）
② 前項の場合において，教育委員会は，学校における教科書以外の教材の使用について，**あらかじめ，教育委員会に届け出させ，又は教育委員会の承認を受けさせることとする定めを設けるものとする。**（第1項，第3項は省略）

第11章

学校教育法⑤──特別支援教育
【学校教育法，学校教育法施行令，学校教育法施行規則など】

　ここでは障害をもった子どもへの教育制度について扱います。教育行政においては特別支援教育という言葉が使われています。2006年度までは特殊教育という言葉だったのですが，2007年度からは特別支援教育に変わりました。

　表現の変更・違いは，内容の変更・違いを反映させるためのものであったり，これからの変化をねらって行ったりするもので，政治や行政の領域においてよく見られる手法（読者の皆さんにはそういう変化に敏感になってほしいと思います）なのですが，特別支援教育へと言葉が変更されたことで何が変わった（あるいは何を意図した）のでしょうか。それを理解するところから始めていきましょう。

1　特殊教育から特別支援教育への転換

　インクルーシブ教育（inclusive education）あるいはインクルージョン（inclusion）という言葉を聞いたことがありますか。近年，とりわけ教育界ではよく耳にするようになった言葉だと思います。インクルージョンを和訳すると「包含（含まれていること，一緒であること）」という意味になりますが，障害者も障害のない者も一緒であることをインクルージョンという言葉（理念）で表現しているわけです。インクルージョンは，国際的には1994（平成6）年にスペインのサラマンカで開かれたユネスコ（国連教育科学文化機関）の特別ニーズ教育に関する世界会議で採択された宣言（サラマンカ宣言とよばれています）および行動枠組みで国際的に承認された障害児教育に関する理念である

といえます。サラマンカ宣言ならびに行動枠組みでは，あらゆる子どもを普通学校に就学させることが提唱されました＊。日本においても2007年度から特別支援教育への転換という形で，障害児教育の国際的に望ましいとされる動向に加わったといえるでしょう。

＊インクルージョンという理念が承認される以前の障害児教育の理念としては，インテグレーション（integration）が示されていました。統合という意味であり，障害児と健常児が一緒に教育を受けたり活動することを指しました。しかしながら，統合という言葉は，分離していることが前提として含まれています。インテグレーションは障害児と健常児が通常は別の場所で教育を受けることを想定していたわけです。

2007年度からの特別支援教育によって何が変わったのかについて，以下の3点をあげることができます。

1　盲学校，聾学校，養護学校と障害種別に3種類あった障害児のための学校を特別支援学校へと一本化した。

2　小学校，中学校等におかれる特殊学級を特別支援学級に改めた（学校教育法第81条）。

3　1993年度から始まる通級による指導の対象に発達障害児を加えた（2006年度以降）＊。

＊通級による指導の法的根拠は，文部科学省令である学校教育法施行規則（現在の学校教育法施行規則では第140条）にあるので，特別支援教育への移行に先立つ形で省令改正し，2006年度から実施されました。

1については，2種類以上の障害をもつ子どもにも対応できるように学校を制度上において一本化しました（教員免許状も特別支援学校に一本化されました）。ただ，すべての障害種に対応することは簡単ではないので，各学校がどの障害種に対応するかは設置者（ほとんどは都道府県）の判断とされています。

2については，単なる名称変更とも受け取られかねませんが，インクルージョンという理念の実現に向けて，将来的には全員が通常学級に在籍して，障害の程度に応じて通常学級を離れて特別支援学級において指導を受けることが

目指されるべきでしょう。

　3について，通級による指導は，通常学級に在籍しながらも週1〜8単位時間の範囲内で通常学級を離れ＊，自校や他校，教育センターなどに設置される通級指導教室に行き，障害に応じた必要な指導を受けるものです＊＊。2005年度から施行された発達障害者支援法を受けて，LD（Learning Disability：学習障害），ADHD（Attention Deficit Hyperactivity Disorder：注意欠陥・多動性障害），ASD（Autism Spectrum Disorder：自閉スペクトラム症）などの発達障害をもつ児童生徒も通級による指導への対象として含まれるようになりました＊＊＊。このようにインクルージョンという理念の実現に向けて，障害をもつ児童生徒のニーズに合わせた政策が（まだまだ道半ばであり，課題は多いでしょうが）実施されています。

> ＊通級による指導を受ける児童生徒のほとんどが週1〜2単位時間の利用となっています。
> ＊＊通級による指導を担当する教員が対象児童のいる学校を回って指導する形態もあり，巡回による指導といいます。
> ＊＊＊文部科学省が実施する「通級による指導実施状況調査」によると，利用した児童生徒数は1993年度の1万2,259人から年々増加し，2020年度は16万4,693人でした。2017年度以降，前年度からの増加数が毎年1万人を超えており，増加傾向が強まっています。その内訳を見ると発達障害が全体に占める割合も増加傾向にあり，2020年度では全体の6割強を占めています。なお，2018年度からは高等学校でも通級による指導が導入されました。

　それでは引き続いて，学校教育法における特別支援学校の主要な規定について確認していきます。まず，**特別支援学校の設置義務は都道府県にあります**。[1]

　入学対象となる者が相対的に少ないことや設備，教職員，指導の水準確保の観点から都道府県が義務を負っているわけです。たとえば，**特別支援学校の校**

▶1　学校教育法第80条（特別支援学校の設置義務）

　都道府県は，その区域内にある学齢児童及び学齢生徒のうち，視覚障害者，聴覚障害者，知的障害者，肢体不自由者又は病弱者で，その障害が第七十五条の政令で定める程度のものを就学させるに必要な特別支援学校を設置しなければならない。

長は，在学する幼児，児童，生徒について，個別の教育支援計画を作成することが義務づけられていますが^{▲2}，そのようなきめ細やかな支援とそれを可能とする専門性が求められるため，都道府県に設置義務があるといえます。なお，通学区域が広域になりますので，寄宿舎を設けることが原則になっています^{▲3}。

　特別支援学校へ入学することが適切であるという判断基準についてですが，市町村教育委員会が就学前に実施する健康診断の結果に基づいて判断・対応し（学校保健安全法第11条，第12条），特別支援学校に就学させるべきという結論になったら都道府県教育委員会へ通知することとなっています（学校教育法施行令第11条）。その際の判断基準については第２節で説明しましょう。

2　障害の程度に関する基準

　特別支援学校は，視覚障害者，聴覚障害者，知的障害者，肢体不自由者，病弱者（身体虚弱者を含む）を対象とする学校ですが（学校教育法第72条），特別支援学校への入学相当とされる障害の程度については政令で定めることとなっています。その政令である学校教育法施行令第22条の３では，障害者の区分ごとにその基準が表でまとめられています（表11-1を参照）^{▲4}。視覚障害者，聴覚障害者，肢体不自由者については，障害を補う機器（拡大鏡，補聴器，補装具）を使用しても障害を補うことが困難である点が理解のポイントです。知的

▶2　学校教育法施行規則第134条の２〔個別の教育支援計画〕
　校長は，特別支援学校に在学する児童等について**個別の教育支援計画**（学校と医療，保健，福祉，労働等に関する業務を行う関係機関及び民間団体（次項において「関係機関等」という。）との連携の下に行う当該児童等に対する長期的な支援に関する計画をいう。）**を作成しなければならない。**
②　校長は，前項の規定により個別の教育支援計画を作成するに当たつては，当該児童等又はその保護者の意向を踏まえつつ，あらかじめ，関係機関等と当該児童等の支援に関する必要な情報の共有を図らなければならない。
▶3　学校教育法第78条（寄宿舎の設置）
　特別支援学校には，**寄宿舎**を設けなければならない。ただし，特別の事情のあるときは，これを設けないことができる。

表 11 - 1　学校教育法施行令第22条の 3 に示される障害の程度

区分	障害の程度
視覚障害者	両眼の視力がおおむね〇・三未満のもの又は視力以外の視機能障害が高度のもののうち，拡大鏡等の使用によつても通常の文字，図形等の視覚による認識が不可能又は著しく困難な程度のもの
聴覚障害者	両耳の聴力レベルがおおむね六〇デシベル以上のもののうち，補聴器等の使用によつても通常の話声を解することが不可能又は著しく困難な程度のもの
知的障害者	一　知的発達の遅滞があり，他人との意思疎通が困難で日常生活を営むのに頻繁に援助を必要とする程度のもの 二　知的発達の遅滞の程度が前号に掲げる程度に達しないもののうち，社会生活への適応が著しく困難なもの
肢体不自由者	一　肢体不自由の状態が補装具の使用によつても歩行，筆記等日常生活における基本的な動作が不可能又は困難な程度のもの 二　肢体不自由の状態が前号に掲げる程度に達しないもののうち，常時の医学的観察指導を必要とする程度のもの
病弱者	一　慢性の呼吸器疾患，腎臓疾患及び神経疾患，悪性新生物その他の疾患の状態が継続して医療又は生活規制を必要とする程度のもの 二　身体虚弱の状態が継続して生活規制を必要とする程度のもの

備考
一　視力の測定は，万国式試視力表によるものとし，屈折異常があるものについては，矯正視力によつて測定する。
二　聴力の測定は，日本産業規格によるオージオメータによる。

障害者については，頻繁に援助が必要であったり単独での生活適応が著しく困難である点，病弱者については医療や生活規制が必要な点を押さえておきましょう。

3 教育課程の領域と教育課程の特例

他の学校種と同じように，教育課程などに関することは，文部科学大臣が定

▶ 4　学校教育法第75条（障害の程度）
第七十二条に規定する視覚障害者，聴覚障害者，知的障害者，肢体不自由者又は病弱者の障害の程度は，政令で定める。
学校教育法施行令第22条の 3
法第七十五条の政令で定める視覚障害者，聴覚障害者，知的障害者，肢体不自由者又は病弱者の障害の程度は，次の表に掲げるとおりとする。

めることとなっており（学校教育法第77条），学校教育法施行規則で詳しく定められています。特別支援学校の教育課程の領域について，小学校，中学校，高等学校と対応しており，加えて**自立活動**という領域＊が追加されることは第10章で説明しました（学校教育法施行規則第126条〜第128条。なお，特別支援学校の教育課程の基準については同第129条）。ここでは，**教育課程に関する原則規定とは異った教育課程の編成を可能とする例外規定**として，以下に示すような特例が存在することをいくつか紹介しておきます。

- ●特別支援学校における各教科の全部又は一部を合わせて実施できる（合科授業の実施。学校教育法施行規則第130条第1項）
- ●複数の種類の障害を持つ児童生徒を指導する場合に特別の教育課程によることが可能（同第131条）
- ●研究指定校としての特別の教育課程（同第132条）
- ●地域の特色を生かした特別の教育課程（同第132条の2）
- ●日本語に通じていない児童生徒への特別の教育課程（同第132条の3）
- ●特別支援学級における特別の教育課程（同第138条）

　＊特別支援学校学習指導要領では「個々の児童又は生徒が自立を目指し，障害による学習上又は生活上の困難を主体的に改善・克服するために必要な知識，技能，態度及び習慣を養い，もって心身の調和的発達の基盤を培う」ことを自立活動の目標としている。その内容は，①健康の保持，②心理的な安定，③人間関係の形成，④環境の把握，⑤身体の動き，⑥コミュニケーションである。

この章のポイント

- ●障害児教育の理念は，インテグレーション（統合）からインクルージョン（包含）へと発展し，日本においても2007（平成19）年度より特別支援教育が始まった。
- ●通級による指導は発達障害も指導対象に含まれており，利用者が年々増大している。
- ●特別支援学校の校長は，在学する幼児，児童，生徒について，個別の教育支援計画を作成することが義務づけられている。
- ●特別支援教育の対象となる児童生徒については，特別の教育課程による指導が可能である場合がある。

第12章

学校教育法施行令・学校教育法施行規則
【学校教育法施行令，学校教育法施行規則】

　第8章から第11章まで学校教育法を扱いましたが，この章ではその下位に位置づく学校教育法施行令と学校教育法施行規則について，表簿類，表簿以外の事務的な手続き，環境・組織の3つに分けて学んでいきます。**ポイントは，それぞれの事務や手続きを行う権限をどこが担当しているかを覚えることです。**

　ところでこの文章を読まれている皆さんの小学校・中学校時代における授業と授業の間の休み時間は何分だったでしょうか。「10分」と答える方が大多数であると予想しますが，授業と授業の間の休み時間を「10分」とする規定は法令に無く，実際に「5分」，「15分」なかには「7分」という事例も存在します（ちなみに，「7分」という学校に勤務する教員にその意図を質問したところ，「時間への意識を高めるために行っている」とのことでした）。小学校であれば，午前中に「中休み」として比較的長めの休み時間が設けられていると思いますが，中休みの時間も統一されているわけではありません。教育法規においては，学校教育法施行規則第60条で「授業終始の時刻は，校長が定める。」とあり，休み時間を含めた1日の学校生活での時間の流れは各学校で決めることになっています。近年，給食の時間の前に5時間の授業を行う学校も現れていますが，そのような判断も可能なわけです。

　授業の合間の休み時間の長さというのは，その学校に通う児童・生徒・学生が，トイレや次の授業の準備を済ませるために適当であるか，次の授業に再び集中する心身回復の時間として適当であるかという点において，教育効果に影響を与える1つの要素でしょう。そしてその休み時間の長さは各学校で決定するように学校教育法施行規則で定められているのです。このように教育法規と学校生活には関わりがあり，その関

わりは教育効果に良くも悪くも影響を与えうるものだというのが，教育法規，教育法制度を学ぶことの大切さ，面白さだと思います。

1 作成する表簿類①──学齢簿

まずは学齢簿についてです。^{▲1}学齢簿とは，**市町村教育委員会が作成する行政区域内に住んでいる学齢児童，学齢生徒の一覧表**です。市町村には義務教育諸学校の設置義務があるので，各市町村内に義務教育を受けるべき年齢の子どもがどこに誰が住んでいるかを把握する必要があるわけです。ちなみに，学齢生徒とは，**義務教育の対象である生徒**（その多くは中学生）のことであり，中等教育の対象者である生徒（高校生，中等教育学校の後期課程なども含む）とは示している対象の範囲が異なります。「生徒≠学齢生徒」です。

2 作成する表簿類②──指導要録

学校教育法施行令第31条では，学校を廃止した後に，廃校となった学校の書類を誰が保存するかを定めています。^{▲2}廃校になったからといって，書類をすぐに廃棄しては後で書類が必要となった際に困るかもしれません。条文中の「学習及び健康の状況を記録した書類」（これが**指導要録**です）は，在籍していた児童・生徒・学生の進学・転学あるいは就職先などにおいて提出を求められる場合もあるでしょう。

施行令第31条では，指導要録という言葉は出ていないのですが，同じ内容を

▶1　学校教育法施行令第1条（学齢簿の編製）

　市（特別区を含む。以下同じ。）**町村の教育委員会**は，当該市町村の区域内に住所を有する**学齢児童及び学齢生徒**（それぞれ学校教育法（以下「法」という。）第十八条に規定する学齢児童及び学齢生徒をいう。以下同じ。）について，**学齢簿**を編製しなければならない。

②　前項の規定による学齢簿の編製は，当該市町村の**住民基本台帳**に基づいて行なうものとする。（③④は省略）

意味する別の表現でその内容が示されており，より下位の法である学校教育法施行規則第24条に指導要録という言葉が出てきます。指導要録の様式については，文部科学省が2019年に示した参考様式を以下の URL で見ることができます（https://www.mext.go.jp/b_menu/hakusho/nc/attach/1415204.htm）。指導要録は，慣習として学期末に担任教員から配布される通知表や内申書のもととなる資料です。

　ここでは学校教育法施行規則第24条第2項を中心に説明します。指導要録を作成し，進学先に送付するのは校長の義務となっています。指導要録は，進学先の学校にとって生徒理解のための貴重な資料になりますので，送付が義務づけられています。なお，抄本というのは，指導要録の記載事項のなかから必要な情報を取捨選択したもののこと（反対に，全ての情報を掲載しているものを謄本といいます）であり，写しというのは，複製（コピー）のことです。

3 作成する表簿類③──備付表簿

　学校に備えなければならないとされる表簿類は，学校教育法第28条第1項に

▶2　学校教育法施行令第31条（学校廃止後の書類の保存）
　公立又は私立の学校（私立の大学及び高等専門学校を除く。）が廃止されたときは，市町村又は都道府県の設置する学校（大学を除く。）については当該学校を設置していた市町村又は都道府県の教育委員会が，市町村又は都道府県の設置する大学については当該大学を設置していた市町村又は都道府県の長が，公立大学法人の設置する学校については当該学校を設置していた公立大学法人の設立団体（地方独立行政法人法第六条第三項に規定する設立団体をいう。）の長が，私立の学校については当該学校の所在していた都道府県の知事が，文部科学省令で定めるところにより，それぞれ当該学校に在学し，又はこれを卒業した者の**学習及び健康の状況を記録した書類**を保存しなければならない。

▶3　学校教育法施行規則第24条（指導要録）
　校長は，その学校に在学する児童等の**指導要録**（学校教育法施行令第三十一条に規定する児童等の学習及び健康の状況を記録した書類の原本をいう。以下同じ。）を作成しなければならない。

②　**校長は**，児童等が進学した場合においては，その作成に係る当該児童等の**指導要録の抄本又は写し**を作成し，これを**進学先の校長に送付**しなければならない。（③は省略）

示されたものとなります。さまざまな表簿がありますが，ポイントは第２項に定める表簿の保存期間です。保存期間は原則として５年間ですが，指導要録の学籍に関する記録部分については20年間となっています。学籍に関する記録は，卒業生等の学歴証明のために必要であるため，保存期間が長くなっています。

4 教育委員会，校長による表簿以外の事務手続①
——入学通知，学校の指定

　次に表簿以外の事務手続に関する諸規定を確認しましょう。施行令第５条の条文は長いのですが，私が補った斜線を頼りに（　　）内に書かれた内容は読み飛ばし，書かれていることの骨格をまず理解しましょう。入学の２か月前までの通知とは，具体的には１月31日までです。それまでに４月から就学すべき学校を保護者に通知することとなっています。なお，特別支援学校に入学予定の児童生徒については，学校の設置義務が都道府県にあることから，都道府県教育委員会が通知することとなっています（施行令第14条）。

　さて，教育委員会が就学すべき学校を指定するのが原則ですが，指定にあたって保護者の意見を聴取することが可能になっています。いわゆる学校選択

▶4　学校教育法施行規則第28条〔備付表簿，その保存期間〕
　学校において備えなければならない表簿は，概ね次の通りとする。
　一　学校に関係のある法令
　二　学則，日課表，教科用図書配当表，学校医執務記録簿，学校歯科医執務記録簿，学校薬剤師執務記録簿及び学校日誌
　三　職員の名簿，履歴書，出勤簿並びに担任学級，担任の教科又は科目及び時間表
　四　**指導要録，その写し及び抄本並びに出席簿及び健康診断に関する表簿**
　五　入学者の選抜及び成績考査に関する表簿
　六　資産原簿，出納簿及び経費の予算決算についての帳簿並びに図書機械器具，標本，模型等の教具の目録
　七　往復文書処理簿
②　前項の表簿（第二十四条第二項の抄本又は写しを除く。）は，別に定めるもののほか，**五年間保存**しなければならない。ただし，**指導要録及びその写しのうち入学，卒業等の学籍に関する記録については，その保存期間は，二十年間とする。**（③は省略）

制です。^{▸6} 学校選択制を導入するには複数（なるべく多く）の学校の存在が必要ですから、県庁所在地や人口の多い市区町村で導入されている場合が多く、全市区町村のおよそ15％が学校選択制を導入しています。隣接する校区の学校なら選択できたり、すべての学校を選択できたり、校区外への就学を希望する場合の学校を特定したり、さまざまなパターンがあります。学校選択制は競争原理を背景とする制度だといえますが、地域の連帯感が低下したり、登下校における子どもの安全確保の難しさなどの理由から選択制を廃止するところも出てきています。

▶5 学校教育法施行令第5条〔入学期日等の通知、学校の指定〕

市町村の教育委員会は、就学予定者／（法第十七条第一項又は第二項の規定により、翌学年の初めから小学校、中学校、義務教育学校、中等教育学校又は特別支援学校に就学させるべき者をいう。以下同じ。）／のうち、認定特別支援学校就学者／（視覚障害者、聴覚障害者、知的障害者、肢体不自由者又は病弱者（身体虚弱者を含む。）で、その障害が、第二十二条の三の表に規定する程度のもの（以下「視覚障害者等」という。）のうち、当該市町村の教育委員会が、その者の障害の状態、その者の教育上必要な支援の内容、地域における教育の体制の整備の状況その他の事情を勘案して、その住所の存する都道府県の設置する特別支援学校に就学させることが適当であると認める者をいう。以下同じ。）／以外の者について、その**保護者に対し、翌学年の初めから二月前までに**、小学校、中学校又は義務教育学校の**入学期日を通知**しなければならない。

② 市町村の教育委員会は、当該市町村の設置する小学校及び義務教育学校の数の合計が**二以上である場合**又は当該市町村の設置する中学校／（法第七十一条の規定により高等学校における教育と一貫した教育を施すもの（以下「併設型中学校」という。）を除く。以下この項、次条第七号、第六条の三第一項、第七条及び第八条において同じ。）／及び義務教育学校の数の合計数が**二以上である場合**においては、前項の通知において当該**就学予定者の就学すべき小学校、中学校又は義務教育学校を指定**しなければならない。

③ 前二項の規定は、第九条第一項又は第十七条の届出のあつた就学予定者については、適用しない。

▶6 学校教育法施行規則第32条〔保護者の意見の聴取〕

市町村の教育委員会は、学校教育法施行令第五条第二項（同令第六条において準用する場合を含む。次項において同じ。）の規定により就学予定者の就学すべき小学校、中学校又は義務教育学校（次項において「就学校」という。）を指定する場合には、**あらかじめ、その保護者の意見を聴取する**ことができる。この場合においては、意見の聴取の手続に関し必要な事項を定め、公表するものとする。（②は省略）

　最後に，保護者の申し出によって就学する学校を変更する，他の市区町村の学校へ就学することが可能となる場合があることを情報提供しておきたいと思います。◀7

5　教育委員会，校長による表簿以外の事務手続②
——長期欠席者への対応

　学校教育法施行令第20条，第21条では，長期欠席者への対応について定めています。◀8 第20条における休業日を除いた連続 7 日間とは，完全週 5 日制で土日が学校休業日の場合，土日を欠席日数にカウントしないで連続 7 日ということです。正当な理由なく長期欠席している場合は，校長がその子の住所がある市町村教育委員会へ報告することとなっています。私立学校だと学校所在地と通学する子どもの住所が別々の市町村であることも多いので，このような規定になっています。市町村教育委員会は，この報告を受けて，保護者に出席の督促をしなければなりません。

▶7　学校教育法施行令第 8 条〔就学学校の変更〕
　市町村の教育委員会は，第五条第二項（第六条において準用する場合を含む。）の場合において，**相当と認めるときは，保護者の申立てにより，その指定した小学校，中学校又は義務教育学校を変更することができる**。この場合においては，速やかに，その保護者及び前条の通知をした小学校，中学校又は義務教育学校の校長に対し，その旨を通知するとともに，新たに指定した小学校，中学校又は義務教育学校の校長に対し，同条の通知をしなければならない。

第 9 条（区域外就学等）
　児童生徒等をその住所の存する市町村の設置する小学校，中学校（併設型中学校を除く。）**又は義務教育学校以外の小学校，中学校，義務教育学校又は中等教育学校に就学させようとする場合**には，その**保護者は**，就学させようとする小学校，中学校，義務教育学校又は中等教育学校が市町村又は都道府県の設置するものであるときは当該市町村又は都道府県の教育委員会の，その他のものであるときは当該小学校，中学校，義務教育学校又は中等教育学校における就学を承諾する権限を有する者の承諾を証する書面を添え，その旨をそ**の児童生徒等の住所の存する市町村の教育委員会に届け出なければならない**。（②は省略）

6 教育委員会，校長による表簿以外の事務手続③
──学期，休業日の決定

　公立学校における年間スケジュールに関わる決定を誰が行っているかについての規定です。次の第7節で扱う学校の1日のスケジュールとは決定権者が違うのがポイントです。結論からいえば，公立学校の年間スケジュールは**教育委員会が決定し**，各学校の1日のタイムスケジュールは校長が決定することになっています。なお，国立学校，私立学校はどちらも各学校で決めています。

　授業を実施しない休業日については，学校教育法施行規則第61条で定められていますが，2013年秋に改正されて公立学校における土曜日授業を実施することが容易になりました。これも「脱ゆとり」の流れのなかでの法改正であったといえるでしょう。

　最後に，年間スケジュールの年間とはいつからいつまでなのかについての条

▶8　学校教育法施行令第20条〔長期欠席者等の教育委員会への通知〕

　小学校，中学校，義務教育学校，中等教育学校及び特別支援学校の**校長は**，当該学校に在学する**学齢児童又は学齢生徒が，休業日を除き引き続き七日間出席せず，その他その出席状況が良好でない場合**において，その出席させないことについて保護者に正当な事由がないと認められるときは，速やかに，その旨を当該**学齢児童又は学齢生徒の住所の存する市町村の教育委員会に通知**しなければならない。

学校教育法施行令第21条（教育委員会の行う出席の督促（とくそく）等）

　市町村の教育委員会は，前条の通知を受けたときその他当該市町村に住所を有する学齢児童又は学齢生徒の保護者が法第十七条第一項又は第二項に規定する義務を怠つていると認められるときは，その**保護者に対して**，当該学齢児童又は学齢生徒の出席を督促しなければならない。

▶9　学校教育法施行令第29条（学期及び休業日）

　公立の学校（大学を除く。以下この条において同じ。）**の学期並びに夏季，冬季，学年末，農繁期等における休業日又は家庭及び地域における体験的な学習活動その他の学習活動のための休業日**（次項において「体験的学習活動等休業日」という。）は，市町村又は都道府県の設置する学校にあつては**当該市町村又は都道府県の教育委員会が**，公立大学法人の設置する学校にあつては当該公立大学法人の理事長が定める。（②は省略）

文を確認しておきます。[11]施行規則第59条の内容を間違える人はほとんどいないのですが，教育法規上は重要な意味をもっています。私は卒業式に卒業生へよく話すことがあります。それは「卒業式は式典であって，3月末日までは学生だから問題を起こして懲戒処分にならないように」という冗談と，「3月末日までは学割が使えるよ」というお得情報です。実際，ある高等学校の卒業式を終えた日の放課後に卒業生が非行を起こしたことで学校側が処分を受けた実例もありますが，法的には3月末まで在籍することを知っておいてください。

7　教育委員会，校長による表簿以外の事務手続④
──授業終始の時刻

この章の冒頭や第6節で述べた通り，学校の1日の流れについては校長が定めることになっています。[12]大学であれば，学長が定めることになります。

8　教育委員会，校長による表簿以外の事務手続⑤
──出席停止，臨時休業

学校教育法第35条の出席停止以外のケースでの出席停止，学級や学年，学校

▶10　学校教育法施行規則第61条〔公立小学校における休業日〕

　公立小学校における休業日は，次のとおりとする。ただし，第三号に掲げる日を除き，当該学校を設置する地方公共団体の**教育委員会**（公立大学法人の設置する小学校にあつては，当該公立大学法人の理事長。第三号において同じ。）**が必要と認める場合は，この限りでない。**

　　一　国民の祝日に関する法律（昭和二十三年法律第百七十八号）に規定する日
　　二　日曜日及び土曜日
　　三　学校教育法施行令第二十九条第一項の規定により教育委員会が定める日

▶11　学校教育法施行規則第59条〔学年〕

　小学校の学年は，四月一日に始まり，翌年三月三十一日に終わる。

▶12　学校教育法施行規則第60条〔授業終始の時刻〕

　授業終始の時刻は，**校長が定める。**

を休業させる場合については，学校教育法施行規則や学校保健安全法で定められています[13]。まず，学校を含む周辺地域での自然災害や学校周辺での発砲事件など，児童・生徒・学生を緊急に避難させる必要がある場合は，**校長の判断で臨時休業**にすることができます。監督あるいは管理機関に判断を仰いでいる時間的余裕がない場合も考えられるため，校長に決定権を与えているわけです。もちろん，臨時休業を行った場合は監督・管理機関に事後報告することになります。

　次に，感染症の予防対策についてですが，インフルエンザの流行で学級閉鎖や学校閉鎖となったニュースを聞いたことがあると思います。学級閉鎖のように集団規模での学校の（一部）**休業を判断するのは，学校の設置者**（公立学校であれば教育委員会）になります。一方，**集団ではなく個人単位の場合は校長が出席停止処分**を行います。たとえば，見るからにおたふく風邪（感染症）なのに皆勤賞が欲しくて登校してきた子どもがいた場合，校長はその子どもを出席停止処分とすることができます。感染症の種類によって登校できない期間は異なります（学校保健安全法施行規則第18条，第19条参照）が，その期間は子どもの意思に関係なく欠席させるので，出席停止期間以外の授業日にすべて出席すれば，このケースでは皆勤賞の対象となることを補足しておきます。

▶ 13　学校教育法施行規則第63条〔非常変災等による臨時休業〕
　非常変災その他急迫の事情があるときは，**校長は，臨時に授業を行わないことができる。**この場合において，**公立小学校についてはこの旨を当該学校を設置する地方公共団体の教育委員会**（公立大学法人の設置する小学校にあつては，当該公立大学法人の理事長）**に報告しなければならない。**
学校保健安全法第19条（出席停止）
　校長は，感染症にかかつており，かかつている疑いがあり，又はかかるおそれのある児童生徒等があるときは，**政令で定めるところにより，出席を停止させることができる。**
学校保健安全法第20条（臨時休業）
　学校の設置者は，感染症の予防上必要があるときは，臨時に，**学校の全部又は一部の休業を行うことができる。**

9　環境・組織①——学校施設設備と教育環境

　ここからは，施設・設備を含めた教育環境や学校などに置かれる組織に関する規定を取り上げます。学校教育法施行規則第1条では学校に必要な施設設備が列挙されるとともに，第2項で教育上適切な環境に学校を設置すべきことが定められています。第2項の具体的な意味としては，たとえば学校の近くにキャバクラがあってはならない（あるいはキャバクラの近くに学校を設置してはならない）ということです。学校の適切な環境を確保するための基準は条例で定められますが，複数の地方公共団体の条例を確認した限りでは，いずれも半径200メートル以内を基準としていました。

　さて，学校施設設備の基準としては，学校設置基準も重要です。学校種ごとに基準が存在していますが，学級編制の基準（次の第10節で説明）や備えるべき施設設備の規定に加え，児童生徒数に応じて校舎や運動場の面積の最低基準も定められています。

10　環境・組織②——学級数の規模と学級定員

　ここでは学校の適正規模や学級定員に関する規定を扱います。学校教育法施行規則第41条では，小学校の学級数は，十二学級以上十八学級以下を標準とし

▶14　学校教育法施行規則第1条〔学校施設設備と教育環境〕
　学校には，その学校の目的を実現するために必要な校地，校舎，校具，運動場，図書館又は図書室，保健室その他の設備を設けなければならない。
②　学校の位置は，教育上適切な環境に，これを定めなければならない。
▶15　学校教育法施行規則第40条〔小学校の設置基準〕
　小学校の設備，編制その他設置に関する事項は，この節に定めるもののほか，**小学校設置基準**（平成十四年文部科学省令第十四号）の定めるところによる。
▶16　学校教育法第41条（学級数）
　小学校の学級数は，**十二学級以上十八学級以下**を標準とする。ただし，地域の実態その他により特別の事情のあるときは，この限りでない。

ています。ちなみに中学校も同様の学級数を標準としています。私の知る限り
では，全国的に２つの小学校区で１つの中学校区が形成される場合が多いので
すが，小学校（６学年）と中学校（３学年）の学級数の適正規模が同じである
ことからも，そのような通学区域の設定になっていることが多いものと考えら
れます。

　学級定員については，同施行規則第40条の委任を受けた学校設置基準に定め
があるのに加えて，公立義務教育諸学校の学級編制及び教職員定数の標準に関
する法律（「標準法」と省略していわれることが多いです。）においてより詳細
な定めがあります。2020年にこの標準法が改正され，2021年度から小学校２年
生までが35人学級となり，段階的に対象学年が増え，2025年度からは小学校の
すべての学年で35人学級が実現します。この法律では，学級編制や教職員定数
の標準を定めており，実際の基準を定める都道府県教育委員会が標準を上回る
基準（たとえば，30人学級）を設定することは可能です（ただし，上回る部分
についての国の補助はなく，すべて都道府県の負担となります）。「標準法」第
３条第２項の表と同上第３項に学級編制の要点がまとめられており，以下の人
数は覚えてほしいと思います。

　　●小学校の同学年の児童で編成する学級…35人（2024年度までは経過措置
　　　あり）
　　●中学校の同学年の児童で編成する学級…40人
　　●特別支援学級…８人（小学校・中学校共通）
　　●特別支援学校小学部・中学部…６人（ただし，重複障害がある児童又は
　　　生徒で編制する場合は３人）

　ところで，この「標準法」が施行されたのが1958（昭和33）年の５月からで
す。公立学校の学級定員の基準を制定しているのは都道府県教育委員会ですが，
標準法が施行される前の時代，多くの都道府県教育委員会が定めていた学級定
員の標準は60人でした。敗戦の焼け野原のなかで中学校卒業まで義務教育期間
を（３年間）延長させた結果，教員養成とともに校舎・教室の確保が教育行政
にとっての最大の課題でした。そうした当時の状況を考えれば，60人という基
準でも不思議はないですが，学級担任の目配りが行き届く人数規模ではないよ

うに思えます。「標準法」ができたおかげで教育条件が向上することになりました。1959（昭和34）年度は50人学級が標準とされ，1964（昭和39）年度に45人学級，1980（昭和55）年度に40人学級が実現します。2011年度からは小学校1年生のみ35人学級となり，2021年度から2年生，2022年度から3年生も対象となり，2025年度には小学校全学年で35人学級となります。

　学級編制と関連すると思いますので，ここで学校統廃合についても扱っておきます。説明した通り，小学校，中学校とも学校の適正規模とされる学級数は12〜18学級です。また全国には公立小学校がおよそ1万9千校，公立中学校が9千校余りありますが，合わせて約2万8千校ある公立の小学校・中学校のうち11学級以下の規模の学校が占める割合はどのくらいだと思いますか？　小学校であれば，クラス替えができない学年が必ず存在する規模ということですが。授業でこの答えをいうと多くの学生が驚くのですが，2015年時点のデータではおよそ半数です＊。このデータが示される以前から，学校の適正規模を確保する対策は行っており，地方の小学校を中心として全国的に学校統廃合は進んでいました（たとえば青森・岩手・秋田の北東北3県では，1995年から2015年の20年間に小学校数が3分の2程度にまで減少しています。）。そうした対策をしてもなお，およそ半数の学校が適正規模を下回っているわけです。また，現状（2018年6月現在）において，市が小学生のためにスクールバスを運行している割合が56.5％，中学生には43.9％。町村における小学生向けは63.5％，中学生には51.8％という調査結果もあります＊＊。2015年に文部科学省は，学校統廃合に関する基準をおよそ60年ぶりに見直しましたが，少子化傾向のなか学校統廃合が検討される状況が続くものと考えられます。

　＊読売新聞2015年7月3日朝刊18面。
　＊＊一般社団法人地方行財政調査会「通学困難地域での通学手段の確保等に関する
　　　調べ」2019年12月。

11　環境・組織③──職員会議

　職員会議については，学校教育法施行規則第48条で定められていますが，定[17]

められたのは2000（平成12）年のことで，それ以前は職員会議に法的根拠はありませんでした。そのため，教育学者によっては，校長よりも上位の最高意思決定機関であると主張する（学者による説なので，学説といわれます）人もいましたが，法的根拠が示されたことによって社会一般における学校の職員会議の性質が定まりました。

結論からいえば，学校の意思決定を行うのは校長であり，**職員会議は校長の補助機関**であることが明確になりました。職員会議の主宰者は校長であると第2項で明記されていることも，両者の上下関係を表しているといえるでしょう。

12 環境・組織④——学校評議員と学校運営協議会

最後に学校評価や学校経営への地域（学校外）からの参加に関する2つの制度について学びましょう。具体的には学校評議員と学校運営協議会の2つですが，両者の違いを理解するように意識しましょう。まずは学校評議員についてです。[18]

学校教育法施行規則第49条第3項から，学校外部から学校運営に意見する制度であることがわかります。特徴として，**学校評議員は個人として学校運営に意見を述べる**（つまり，個々が権限を持つ独任制である）ことが想定されています。実際には，各学校に複数の学校評議員が委嘱（お願い）されており，学校評議員の会議が設けられる場合もあるようです。学校評議員はいわば学校評価に関する校長の諮問機関というべき役割をもっていますが，学校評議員の意見に校長が従わなければならないわけではありません。

> ▶17　学校教育法施行規則第48条〔職員会議の設置〕
> 　小学校には，設置者の定めるところにより，校長の職務の円滑な執行に資するため，職員会議を置くことができる。
> ②　職員会議は，校長が主宰する。
> ▶18　学校教育法施行規則第49条〔学校評議員の設置・運営参加〕
> 　小学校には，設置者の定めるところにより，学校評議員を置くことができる。
> ②　**学校評議員は，校長の求めに応じ，学校運営に関し意見を述べる**ことができる。
> ③　学校評議員は，当該小学校の**職員以外の者**で教育に関する理解及び識見を有するもののうちから，**校長の推薦により，当該小学校の設置者が委嘱**する。

　一方，学校運営協議会には，学校評議員よりも強い権限が与えられています。学校運営協議会という言葉は知らない方も多いと思いますが，コミュニティ・スクールならば聞いたことがある方もいるでしょう。学校運営協議会が置かれている学校をコミュニティ・スクールといいます。学校運営協議会については，「地方教育行政法」に法的根拠がありますので，公立学校のみを対象にした制度ということになりますね。◀19

▶ 19　地方教育行政の組織及び運営に関する法律第47条の5

　教育委員会は，教育委員会規則で定めるところにより，その所管に属する学校ごとに，当該学校の運営及び当該運営への必要な支援に関して協議する機関として，**学校運営協議会を置くように努めなければならない**。ただし，二以上の学校の運営に関し相互に密接な連携を図る必要がある場合として文部科学省令で定める場合には，二以上の学校について一の学校運営協議会を置くことができる。

②　学校運営協議会の委員は，次に掲げる者について，**教育委員会が任命する**。

　一　対象学校（当該学校運営協議会が，その運営及び当該運営への必要な支援に関して協議する学校をいう。以下この条において同じ。）の所在する地域の住民

　二　対象学校に在籍する生徒，児童又は幼児の保護者

　三　社会教育法（昭和二十四年法律第二百七号）第九条の七第一項に規定する地域学校協働活動推進員その他の対象学校の運営に資する活動を行う者

　四　その他当該教育委員会が必要と認める者

③　対象学校の校長は，前項の委員の任命に関する意見を教育委員会に申し出ることができる。

④　対象学校の校長は，当該対象学校の運営に関して，**教育課程の編成その他教育委員会規則で定める事項について基本的な方針を作成**し，当該対象学校の**学校運営協議会の承認を得なければならない**。

⑥　学校運営協議会は，**対象学校の運営に関する事項**（次項に規定する事項を除く。）について，**教育委員会又は校長に対して，意見を述べることができる**。

⑦　学校運営協議会は，**対象学校の職員の採用その他の任用に関して教育委員会規則で定める事項について，当該職員の任命権者に対して意見を述べることができる**。この場合において，当該職員が県費負担教職員（第五十五条第一項又は第六十一条第一項の規定により市町村委員会がその任用に関する事務を行う職員を除く。）であるときは，市町村委員会を経由するものとする。

⑧　対象学校の職員の任命権者は，当該職員の任用に当たつては，前項の規定により述べられた**意見を尊重する**ものとする。（⑤⑨⑩は省略）

地方教育行政法第47条の5では，学校運営協議会の設置は努力義務となっており（第1項），地域住民や保護者などから構成されています（第2項）。なお，第2項4号で示された「その他，教育委員会が必要と認める者」も構成メンバーとなりえますが，校長や副校長などの学校の管理職が協議会メンバーに加わっている場合が多いようです。それは，地域・保護者の声を受け止めるとともに，協議会の権限が大きい（ので話し合いに学校関係者が関わることが必要と判断される）ことが理由だと考えられます。

　第47条の5第4項，第6項，第7項に見られるように，**学校運営協議会は，教育課程等の方針の承認権限や，学校運営に関する意見，教職員の任用にまで意見を述べることができます。**たとえば，「若手の先生を増やして」とか「数学指導の上手な教員を」などの要望を教育委員会に申し出ることも可能なわけです。要望が必ず反映されるわけではありませんが，要望を尊重することも法定されています（第8項）。

　学校運営協議会は，2017年に設置が努力義務化されてから急増しており，2017年度に3,600であったものが，2018年度5,432，2019年度7,601，2020年度9,788，2021年度1万1,856と急増しています（文部科学省コミュニティ・スクール導入状況調査による。なお，各年の調査基準日は年度ごとに異なる）。

　2021年度の数値は，すべての公立学校数の3分の1に相当するものです。しかも，この数値は類似した制度が置かれている学校を除いたものですので，類似制度を含めると，公立学校全体に占めるコミュニティ・スクールの割合はさらに高くなります。文科省としては，すべての公立小中学校をコミュニティ・スクールにすることを目標にしていますが，学校運営協議会が学校にとって有効に機能しているかどうかの確認・検証が同時に大切になると思います。

この章のポイント

● 児童生徒の学習・健康の記録である指導要録は，保存期間が20年である。

● 義務教育諸学校の設置義務が市町村にあることから，学齢簿や保護者への就学に関する通知，長期欠席者の保護者への就学督促などは市町村教育委員会が行う。

● 公立学校における年間スケジュールは教育委員会が決め，各学校における1日・1週間のスケジュールは校長が決める。

● 緊急事態における学校の休業は校長が決定し，監督あるいは管理機関に事後報告する。

● 「定数法」によって国の学級編制の標準が定められているが，都道府県教育委員会がその標準を上回る基準を設定することは可能である。

● 学校運営協議会のある公立学校をコミュニティ・スクールといい，近年その数が増大している。学校運営協議会は学校運営に関する承認権限や発言権をもっている。

第13章

教職員に関する規定

【学校教育法，学校教育法施行規則，教育職員免許法，
地方公務員法，教育公務員特例法など】

　　ここでは教職員の種類，教員に求められる条件，公立学校の教員に
なったとき守らなければならないこと（服務規律といいます）や研修制
度を中心に説明します。教員を目指している方にとっては，自分の職業
生活に関わる内容ですので，採用試験での出題頻度も高いです。

　　このテキストを読まれている方の多くは教員志望で，教員免許の取得
を目指していると思いますが，教員免許がなくても教壇に立てる方法を
知っていますか。「そんなの簡単だよ。教室の前方へ行けばいいんだ。」
と思ったのであれば，そういうトンチではありません。答えはこの章の
なかでお伝えします。

1 教員の種類と法に定められた役割

　学校ではさまざまな役割をもった人が働いていますが，まずは教員のさまざ
まな職名とその役割が定められた学校教育法第37条を確認します。第1項には
小学校に置かなければならない教職員の種類が示されていますが，**例外規定が
多く，どのような場合でも必ず置かれるのは校長だけです**＊。反対に，置いて
も置かなくてもよい職としては，2005年度にできた栄養教諭，2008年度にでき
た副校長，主幹教諭，指導教諭があげられます。以下ではそれぞれの職名が果
たす役割について確認していきましょう。

　　＊たとえば第37条第18項によって，教諭は助教諭又は講師を代わりに置くことが可
　　　能です

　第4項で，「校長は，校務をつかさどり」とあります。つかさどるとは，責任をもって管理するという意味です。一方，第11項では，「教諭は，児童の教育をつかさどる。」とあります。校長と教諭ではつかさどる対象が異なっており，校長が教育をつかさどることを法律では定めていません。校長は学校という1つの組織の長（管理職）として，学校全体の運営業務に責任をもつことが求められているのです。もちろん，教員免許を持つ校長が授業をすることはできます。

　次に副校長ですが（第5項），職名に「校長」という言葉が含まれているので，校長と同等の権限を持ち得ます。「命を受けて校務をつかさどる」とは，校長から委任された事務について最終的な決定を行うこと，校長が事故にあったときや欠けた場合に校長に代わって学校の意思決定を行うことを意味します。教頭（第7項）についても管理職として，副校長と同様に，校長の職務を行う場合があります（第8項）。しかしながら，校長（及び副校長）を助けて「校務を整理」すること，「必要に応じ児童の教育をつかさどる」ことが法律で予定される通常の役割です。校務をつかさどることと，校務を整理することは同じではありません。校務を整理することの方が手間のかかる役割であると一般にはいえると思います＊。教頭が激務といわれる理由の1つだと考えられます。

▶1　学校教育法第37条（職員）
小学校には，校長，教頭，教諭，養護教諭及び事務職員を置かなければならない。
④　校長は，**校務をつかさどり**，所属職員を監督する。
⑤　副校長は，校長を助け，**命を受けて校務をつかさどる**。
⑦　教頭は，校長（副校長を置く小学校にあつては，校長及び副校長）を助け，**校務を整理し，及び必要に応じて児童の教育をつかさどる**。
⑨　主幹教諭は，校長（副校長を置く小学校にあつては，校長及び副校長）及び教頭を助け，**命を受けて校務の一部を整理し**，並びに児童の教育をつかさどる。
⑩　指導教諭は，児童の教育をつかさどり，並びに教諭その他の職員に対して，教育指導の改善及び充実のために必要な**指導及び助言**を行う。
⑪　**教諭は，児童の教育をつかさどる**。
⑮　助教諭は，教諭の職務を助ける。
⑯　講師は，教諭又は助教諭に準ずる職務に従事する。
（②③⑥⑧⑫⑬⑭⑰⑱⑲は省略）

表 13 - 1　小学校・中学校の教職員の職名（充当職を除く）

職名	根拠法 （法規名のないものは学校教育法である）
校長	第37条第 4 項
副校長	第37条第 5 項
教頭	第37条第 7 項
主幹教諭	第37条第 9 項
指導教諭	第37条第10項
教諭	第37条第11項
助教諭	第37条第15項
講師	第37条第16項
養護教諭	第37条第12項
養護助教諭	第37条第17項
栄養教諭	第37条第13項
事務職員	第37条第14項
学校医	学校保健安全法第23条第 1 項
学校歯科医	学校保健安全法第23条第 2 項
学校薬剤師	学校保健安全法第23条第 2 項
学校用務員	学校教育法施行規則第65条
医療的ケア看護職員	学校教育法施行規則第65条の 2
スクールカウンセラー	学校教育法施行規則第65条の 3
スクールソーシャルワーカー	学校教育法施行規則第65条の 4
情報通信技術支援員	学校教育法施行規則第65条の 5
特別支援教育支援員	学校教育法施行規則第65条の 6
教員業務支援員	学校教育法施行規則第65条の 7
部活動指導員（中学校のみ）	学校教育法施行規則第78条の 2

　なお，学校に教頭が置かれていない場合，副校長が校務整理の中心的な役割を担っているのが一般的でしょう。

　　＊授業では「レポートをまとめる学生が教頭で，それを読んで評価するだけの私が校長」とたとえることで負担の違いを理解してもらっています。実際には，学生の人数だけレポートを読む私も結構大変ですし，校長も組織の長として大変だと思います。

　主幹教諭（第 9 項）は管理職とは位置づけられていない（つまり，管理職手当が支給されない）ですが，管理職と同等の役割（校務の一部を整理）が与えられる場合もあり，さらには児童の教育をつかさどる役割も与えられています。

　指導教諭（第10項）は，児童の教育をつかさどるとともに，教育指導の専門

職としての役割が期待されています。職位としては，主幹教諭と教諭の中間に位置します。指導教諭の数は全国でおよそ２千名で，多くはありません。

　その他にも学校で働く教職員として，表13－１に示す職が存在します。学校教育法施行規則で定められた職は，学校用務員を除くと，比較的近年に法令に盛り込まれた職名です（教員業務支援員という職名よりも「スクール・サポート・スタッフ」という名称の方が有名かもしれません）。非常勤職である場合がほとんどですが，社会が変化・進歩して学校の役割が肥大化するなかで大きな役割を果たしている存在です。

2 充当職（充て職）の存在

　ご自分の学校生活を振り返ってください。「学年主任の先生」「生徒指導（主事）の先生」といわれたら具体的な教員の顔が１人くらいは思い出せるのではないでしょうか。学校における主任や主事という職は，主幹教諭や教頭のように教諭が昇任（出世）してなる職（より正確には職位，職階）ではなく，**教諭（または指導教諭）が兼ねて担当する職名・役割**です。このような職を充 当 職（充て職）といい，以下の表13－２のような職名が存在します。

　主任や主事は教諭がその職を兼ねるので，たとえば学年主任だからといって

表 13 - 2　小学校・中学校における充当職の種類

職名	根拠法 （法規名のないものは学校教育法施行規則である）
教務主任	第44条第４項
学年主任	第44条第５項
保健主事	第45条第４項
研修主事	第45条の２第２項
生徒指導主事（中学校のみ）	第70条第４項
進路指導主事（中学校のみ）	第71条第３項
その他の主任等	第47条
司書教諭	学校図書館法第５条第１項＊
事務主任	第46条第４項＊＊
事務長	第46条第３項＊＊

　（注）　＊司書教諭は主幹教諭，指導教諭，教諭を充てるとされている。
　　　　＊＊事務長，事務主任は事務職員を充てる。

他の教諭に職務命令することはできません（教諭という同じ職位だからです）。しかしながら，主任・主事としての職務に関して取りまとめるリーダー的な役割を果たすことにはなります。

3 教員の積極的条件——教員免許状の種類

　教員に求められる条件について，教職課程で学んでいる方であれば，いろいろな授業で扱われたテーマだと思います。教育法規における教員の条件は，積極的条件1つと消極的条件1つの合計2つだけです。**教員に求められる積極的条件とは，教員免許状を所持していることであり，消極的条件とは欠格条項に該当していないことです。**まずは積極的条件である教員免許状について，その概要を説明していきましょう。

　教員免許状には3つの種類が存在します（教育職員免許法第4条）。**普通免許状，特別免許状，臨時免許状の3種類です。**

　普通免許状は，日本全国で有効な免許状であり，学校種ごとに教諭，養護教諭，栄養教諭の免許状があります。取得学位に応じた免許状の階級（専修・1種・2種）があり，専修免許状が修士，1種免許状が学士，2種免許状が短期大学士の教育課程に対応していると考えてほぼ問題ありません＊。

　　　＊とても少ない例外なのですが，4年制大学に2種免許状を取得する教職課程が置かれている例があります。1種免許状よりも取得がやや容易になるためと考えられますが，そのような例も存在することを断っておきます。

　この間，免許状の有効期限である10年ごとに教員免許更新講習を修了することが求められていましたが，2022（令和4）年7月にその制度は廃止され，有効期限の定めのない免許状となりました（特別免許状も同様です）。

　次に特別免許状ですが，1988（昭和63）年の教育職員免許法の改正で新たに作られた免許状で，1989（平成元）年度から免許状の授与が始まりました。優れた能力を有する者に学校で指導してもらう機会を与える趣旨であり，教育職員検定に合格すると授与されます。特別免許状の種類は教諭免許状のみです。

授与する都道府県のみで有効で，有効期限はありません。できた当初は授与件数が少なかったのですが，近年は全国で年間200件ほど授与されています。

　臨時免許状は，普通免許状を持つ教員を採用できない場合に限り，教育職員検定を合格した者に付与するもので，授与都道府県のみで有効な免許状です。有効期限は3年で，助教諭と養護助教諭の免許状が存在します。近年，教員不足がよく報道されるようになりましたが，教諭として適任な人物はすぐに確保できるものではありません。そうは言っても授業を実施しないわけにはいかないので，臨時免許状を授与することで対応する場合が出てきます。毎年およそ8,000件～9,000件の臨時免許状が授与されています。

4 　教員の消極的条件──校長・教員の欠格条項

　教員の消極的条件は，欠格条項に該当していないことです。これは学校教育法第9条（校長・教員の欠格事由）で説明した内容とほぼ同じです。教育職員免許法第5条でも同様の欠格条項が規定されていますが，学校教育法第9条と異なるのは，第1号と第2号ですので，その2つについて，ここで説明します。[2]まず第1号は簡単ですね。18歳未満では短期大学（2種免許状）も卒業できま

▶2　教育職員免許法第5条（授与）

　普通免許状は，…授与する。ただし，次の各号のいずれかに該当する者には，授与しない。

一　十八歳未満の者

二　高等学校を卒業しない者（通常の課程以外の課程におけるこれに相当するものを修了しない者を含む）。ただし，文部科学大臣において高等学校を卒業した者と同等以上の資格を有すると認めた者を除く。

三　**禁錮**（きんこ）**以上の刑に処せられた者**

四　第十条第一項第二号又は第三号に該当することにより免許状がその効力を失い，当該**失効の日から三年を経過しない者**

五　第十一条第一項から第三項までの規定により免許状取上げの**処分を受け，当該処分の日から三年を経過しない者**

六　日本国憲法施行の日以後において，日本国憲法又はその下に成立した政府を暴力で破壊することを主張する**政党その他の団体を結成し，又はこれに加入した者**

（②から⑦は略）

せんから。特別免許状，臨時免許状についても18歳未満には授与できませんが，普通免許状が教員免許状の原則的な形態になっているので，それも自然なことといえるでしょう。第2号についても，高等学校を卒業しないと免許状を授与する教職課程が置かれる大学へ原則として入学できませんので，教員免許状が取得できない条件としてはこれも当然といえるでしょう。第3号以降については，学校教育法第9条とまったく同じですので，第7章を参照してください。

5 免許状主義の例外に関するさまざまな制度

　この章の最初に示したクイズの答えです。1988（昭和63）年の教育職員免許法改正で，教科の一部を教員免許状のない者が指導できることとした特別非常勤講師制度が設けられました（教育職員免許法第3条の2）。もしも特別非常勤講師が教科の全部を教えられるならば，わざわざ教員免許状を取得しようとする人は少なくなるでしょう。それゆえ，教科の一部という条件がついています。しかしながら，免許状を持たない人が非常勤講師として（つまり，報酬が発生する形で）授業を担当できるようになっています。これがクイズの答えです。

　また，中学校又は高等学校の教諭の免許状を持つ者が，免許状に記された教科を小学校で担当することができたり（教育職員免許法第16条の5第1項。関連するものとして，同第2項も参照してください。），中等教育において担当教科の教員が確保できない場合に，他の教科の免許状所持者が1年以内に限ってその教科を担当できる免許外担任の規定が存在します（同法附則2）。

　ここ（13章5節）で紹介した制度はやや細かいので，教養，情報の提供であると思ってください。

6 公立学校教員の服務

　教員を目指しておられる方の多くは公立志望ですので，ここで地方公務員法で定められる服務規律を確認しておきます。採用試験を受験される方はしっかりと理解してください。地方公務員の服務については，地方公務員法の第30条

表13-3　教育公務員の服務

職務上の義務	服務の根本基準（第30条） 服務の宣誓（第31条） 法令等及び上司の職務上の命令に従う義務（第32条） 職務に専念する義務（第35条）
身分上の義務	信用失墜行為の禁止（第33条） 秘密を守る義務（第34条） 政治的行為の制限（第36条，教育公務員特例法第18条） 争議行為等の禁止（第37条） 営利企業への従事等の制限（第38条，教育公務員特例法第17条）

から第38条までの９つの条文で定められています。これらの服務規律は，表13
-3のように，職務上の義務と身分上の義務に分けることができますが，両者
の違いはわかりますか。どちらが義務に縛られている時間が長いでしょうか。

　職務上の義務は労働時間内で発生する義務ですが，身分上の義務は職業を問
われて「地方公務員です」と答えるうちはずっと24時間つきまとう義務という
ことになります（なお，地方公務員法第34条は退職後も義務が続きます）。

　それでは職務上の義務，身分上の義務の順に説明していきます。まず，地方
公務員法第30条では服務の根本基準として，公務員は全体の奉仕者であると定
めています。これは日本国憲法第15条第2項を受けての規定です。[3]地方公務員
は社会全体の利益を考え，公正・公平な態度で職務に全力で取り組むことが求
められています。地方公務員法第31条では服務の宣誓が義務づけられています
が，[4]これは職務を始めるにあたって法令を遵守し，全体の奉仕者として職務に
全力で取り組むことを誓い，約束するものです。宣誓書の文面は地方公共団体
によって異なりますが，文面の趣旨はいま説明したようなものであると考えら

▶ 3　日本国憲法第15条（公務員の選定罷免権，全体の奉仕者，普通選挙，投票の秘密）
②　すべて公務員は，**全体の奉仕者**であつて，一部の奉仕者ではない。（①③④は省略）
地方公務員法第30条（服務の根本基準）
　すべて職員は，**全体の奉仕者**として公共の利益のために勤務し，且つ，職務の遂行に当
つては，全力を挙げてこれに専念しなければならない。
▶ 4　地方公務員法第31条（服務の宣誓）
　職員は，条例の定めるところにより，服務の宣誓をしなければならない。

れます。

　また，地方公務員は法令等や上司の職務上の命令に従わなければなりません。[5]
法令に従うことは，法律による行政の原理に照らして当然ですし，上司の職務
命令に無条件で従うことにしないと，組織内の意思（考え）を統一できなくな
るからです。もしも職員によって事務処理の対応方法がバラバラだったら市民
（社会）は困惑し，迷惑することになるでしょう。ちなみに，「自宅のトイレッ
トペーパーが無くなったから代わりに買ってこい」というような職務に関係な
い上司の命令に従う必要はもちろんありません。

　第35条は，第30条でも定められていた職務専念義務に関する条文です。[6]

　当たり前の規定に思われるでしょうが，教育公務員で見られる違反行為とし
ては，勤務時間中に組合活動を行うことがあげられます。組合の目的は，労働
者の権利保護ですから，組合の活動は教員としての労働時間にならず，職務専
念義務違反として懲戒の対象となりえます。注意しましょう。

　続いて，公務員である限りつきまとう身分上の義務についても確認していき
ましょう。第33条では信用失墜行為の禁止を定めていますが，身分上の義務で
あることを含め，これは説明不要の規定だと思います。第34条では職務上知り[7]
得た秘密を守る義務を定めています。これは秘密の内容によっては，退職後で[8]

▶5　地方公務員法第32条（法令等及び上司の職務上の命令に従う義務）
　職員は，その職務を遂行するに当つて，法令，条例，地方公共団体の規則及び地方公共
団体の機関の定める規程に従い，且つ，上司の**職務上の命令**に忠実に従わなければならな
い。

▶6　地方公務員法第35条（職務に専念する義務）
　職員は，法律又は条例に特別の定がある場合を除く外，その勤務時間及び職務上の注意
力のすべてをその職責遂行のために用い，当該地方公共団体がなすべき責を有する職務に
のみ従事しなければならない。

▶7　地方公務員法第33条（信用失墜行為の禁止）
　職員は，その職の信用を傷つけ，又は職員の職全体の不名誉となるような行為をしては
ならない。

▶8　地方公務員法第34条（秘密を守る義務）
　職員は，職務上知り得た秘密を漏らしてはならない。その職を退いた後も，また，同様
とする。（②③は省略）

も問題が生じ得ます（例えば，教育公務員が退職しても，在職中の児童・生徒・学生の個人情報を公表できるわけありません。）。それゆえ終身義務というべきものとなっています。第37条は争議行為等の禁止について定められていますが，公務員は職務の公共性の高さゆえに労働基本権である労働三権（団結権，団体交渉権，団体行動権）が制限されているのです。[9]

　さて，残る地方公務員法第36条と第38条については，教育公務員にとっての特別法である教育公務員特例法（第18条，第17条）が適用されます。まず，政治的行為の制限については地方公務員法第36条[10]ではなく，教育公務員特例法第

▶9　地方公務員法第37条（争議行為等の禁止）

　職員は，地方公共団体の機関が代表する使用者としての住民に対して同盟罷業，怠業その他の争議行為をし，又は地方公共団体の機関の活動能率を低下させる怠業的行為をしてはならない。又，何人も，このような違法な行為を企て，又はその遂行を共謀し，そそのかし，若しくはあおつてはならない。（②は省略）

▶10　地方公務員法第36条（政治的行為の制限）

　職員は，政党その他の**政治的団体の結成に関与し，若しくはこれらの団体の役員となつてはならず，又はこれらの団体の構成員となるように，若しくはならないように勧誘運動をしてはならない。**

②　職員は，特定の政党その他の政治的団体又は特定の内閣若しくは地方公共団体の執行機関を支持し，又はこれに反対する目的をもつて，あるいは公の選挙又は投票において特定の人又は事件を支持し，又はこれに反対する目的をもつて，次に掲げる政治的行為をしてはならない。**ただし，当該職員の属する地方公共団体の区域**／（当該職員が都道府県の支庁若しくは地方事務所又は地方自治法第二百五十二条の十九第一項の指定都市の区若しくは総合区に勤務する者であるときは，当該支庁若しくは地方事務所又は区若しくは総合区の所管区域）／**外において，第一号から第三号まで及び第五号に掲げる政治的行為をすることができる。**

　　一　公の選挙又は投票において投票をするように，又はしないように勧誘運動をすること。

　　二　署名運動を企画し，又は主催する等これに積極的に関与すること。

　　三　寄附金その他の金品の募集に関与すること。

　　四　文書又は図画を地方公共団体又は特定地方独立行政法人の庁舎（特定地方独立行政法人にあつては，事務所。以下この号において同じ。），施設等に掲示し，又は掲示させ，その他地方公共団体又は特定地方独立行政法人の庁舎，施設，資材又は資金を利用し，又は利用させること。

　　五　前各号に定めるものを除く外，条例で定める政治的行為。（③④⑤は省略）

18条が適用されることで国家公務員と同等に政治的活動が制限され，国内ではほとんどの政治的行為を行うことができなくなります（詳しくは第6章を参照）。

　兼職に関する規定についても教育公務員は教育公務員特例法（第17条）が適用されるのですが，政治的行為の制限とは反対に，地方公務員一般よりも兼職が認められやすくなっています（教育に関する職に限った話ですが）。そのことは，地方公務員法第38条第1項が「…従事してはならない。」と禁止する表現で書かれているのに対して，教育公務員特例法第17条第1項は「従事することができる。」と肯定的に書かれていることからも違いがわかります。なぜ教育公務員は兼職が認められやすいのでしょうか。この章で教員は簡単に代わり

▶11　教育公務員特例法第18条（公立学校の教育公務員の政治的行為の制限）
　公立学校の**教育公務員の政治的行為の制限**については，当分の間，地方公務員法第三十六条の規定にかかわらず，**国家公務員の例による。**
②　前項の規定は，政治的行為の制限に違反した者の処罰につき国家公務員法（昭和二十二年法律第百二十号）第百十条第一項の例による趣旨を含むものと解してはならない。

▶12　地方公務員法第38条（営利企業への従事等の制限）
　職員は，**任命権者の許可を受けなければ**，商業，工業又は金融業その他営利を目的とする私企業（以下この項及び次条第一項において「営利企業」という。）を営むことを目的とする会社その他の団体の役員その他人事委員会規則（人事委員会を置かない地方公共団体においては，地方公共団体の規則）で定める**地位を兼ね，若しくは自ら営利企業を営み，又は報酬を得ていかなる事業若しくは事務にも従事してはならない。**ただし，非常勤職員（短時間勤務の職を占める職員及び第二十二条の二第一項第二号に掲げる職員を除く。）については，この限りではない。
②　人事委員会は，人事委員会規則により前項の場合における任命権者の許可の基準を定めることができる。

教育公務員特例法第17条（兼職及び他の事業等の従事）
　教育公務員は，教育に関する他の職を兼ね，又は教育に関する他の事業若しくは事務に従事することが本務の遂行に支障がないと任命権者（地方教育行政の組織及び運営に関する法律第三十七条第一項に規定する県費負担教職員については，市町村（特別区を含む。以下同じ。）の教育委員会。第二十三条第二項及び第二十四条第二項において同じ。）において認める場合には，**給与を受け，又は受けないで，その職を兼ね，又はその事業若しくは事務に従事することができる。**
③　第一項の場合においては，地方公務員法第三十八条第二項の規定により人事委員会が定める許可の基準によることを要しない。（②は省略）

を見つけるのが難しいと説明しましたが，授業を行わないわけにはいかないので，他校の教員に兼職してもらえるなどの対応をできるようにした方がよいわけです。また，教員が教育に関するシンポジウムなどで発表したりコメントすることがありますが，そのようなイベントに参加することは，社会にとって有益ですので，教育に関する兼職が認められやすくなっています。

7 公立学校教員の分限処分と懲戒処分

　第6節で勉強した服務規律に違反した場合，任命権者から懲戒処分を受ける可能性があります。ただ，わけもわからず懲戒処分を受けてはたまりませんから，懲戒処分を受ける場合は法律に定められた事由に限定されています。▲13 懲戒処分は悪いことをした責任を取るために受けるのですが，悪いことをしていなくても処分を受ける場合があります。それが分限処分です。たとえば，ある公立学校の教員が100対0で相手側が悪いと判定された交通事故に遭って脳死状態になったとします。この教員は何も悪いことをしていないのですが，脳死状態ですので教員としての職務を果たすことができません。このような場合，通常は代理の人が退職手続きを行うでしょうが，退職を拒んだ場合には分限免職となる可能性が生じてきます。懲戒処分と分限処分は似ていますが，処分を受ける者の道義的な責任を問うかどうかの違いがあります。

　分限処分には以下の4種類の処分内容が定められています（第28条）。

　　●免職：地方公務員としての職・身分を失うこと。

　　●降任：現在よりも下位の職に就くこと。

▶13　第27条（分限及び懲戒の基準）

　すべて職員の分限及び懲戒については，公正でなければならない。

② 職員は，この法律で定める事由による場合でなければ，その意に反して，降任され，若しくは免職されず，この法律又は条例で定める事由による場合でなければ，その意に反して，休職されず，又，条例で定める事由による場合でなければ，その意に反して降給されることがない。

③ 職員は，この法律で定める事由による場合でなければ，懲戒処分を受けることがない。

●休職：一定の期間，職務が行えなくなること。

●降給：現在よりも低い給料に変更されること。

また懲戒処分は以下の4種類の処分内容が定められています（第29条）。

●免職：地方公務員としての職・身分を失うこと。

●停職：一定の期間，職務が行えなくなること。

●減給：給与の一定割合が一定期間減らされること。

●戒告：服務違反の事実について戒められること。

8 公立学校教員の研修

　教育基本法第9条と教育公務員特例法第21条は，どちらも教員が「絶えず研究と修養」に励むことを努力義務としています[14]。教育基本法第9条は国公私立を問わずすべての教員にあてはまる規定ですから，教員は永久的に研修を行うことが必要な仕事であると認識されているわけです。それゆえ，教育基本法第9条第2項では研修の充実の必要が定められ，教育公務員特例法第21条第2項でも教育公務員（臨時的任用職員を除く）の研修に関わるさまざまな対応が努力義務として求められています。さらには，教員が自発的・積極的に研修を受ける機会についても定められています[15]。教育公務員特例法第22条第2項では，本属長（学校ならば校長）の承認による職務専念義務の免除を受けることに

▶14　教育基本法第9条（教員）

　法律に定める学校の教員は，自己の崇高な使命を深く自覚し，**絶えず研究と修養**に励み，その職責の遂行に努めなければならない。

②　前項の教員については，その使命と職責の重要性にかんがみ，その身分は尊重され，待遇の適正が期せられるとともに，養成と研修の充実が図られなければならない。

　教育公務員特例法第21条（研修）

　教育公務員は，その職責を遂行するために，**絶えず研究と修養**に努めなければならない。

②　教育公務員の**研修実施者**は，教育公務員（公立の小学校等の校長及び教員（臨時的に任用された者その他の政令で定める者を除く。以下この章において同じ。）を除く。）の研修について，それに要する施設，研修を奨励するための方途その他研修に関する計画を樹立し，その実施に努めなければならない。

よって，職場を離れて研修を受けることができることを定めたものです。また，同法第26条および第27条では，一定の条件を満たした教育公務員が任命権者の許可を受けることで，専修免許状の取得を目的とした大学院への修学のために３年を超えない範囲で休業できる（無給だが，公務員の身分を保ったまま大学院で学ぶことができる）大学院修学休業という制度も存在しています＊。このように，教員とりわけ教育公務員は研修を受ける機会について法律で保障されています。

　　＊他にも地方公務員法を根拠とする修学目的の休業制度が存在する。地方公務員法
　　　第26条の２（修学部分休業），同法第26条の５（自己啓発等休業）を参照。

　教員の資質能力の向上については，国の諮問機関（審議会等）でもしばしば周期的に検討されるテーマですが，2016年の教育公務員特例法の改正により，文部科学大臣は校長及び教員としての資質向上に関する指標の策定に関する指針を定めることとなり，公立学校の校長と教員の任命権者（ほとんどの場合は

▶ 15　教育公務員特例法第22条（研修の機会）
　教育公務員には，研修を受ける機会が与えられなければならない。
②　教員は，授業に支障のない限り，**本属長の承認**を受けて，勤務場所を離れて研修を受けることができる。
③　教育公務員は，任命権者（第二十条第一項第一号に掲げる者については，同号に定める市町村の教育委員会。以下この章において同じ。）の定めるところにより，現職のままで，長期にわたる研修を受けることができる。
▶ 16　教育公務員特例法第22条の２（校長及び教員としての資質の向上に関する指標の策定に関する指針）
　文部科学大臣は，公立の小学校等の校長及び教員の計画的かつ効果的な資質の向上を図るため，次条第一項に規定する**指標の策定に関する指針（以下この条および次条第一項において「指針」という。）を定めなければならない。**
②　指針においては，次に掲げる事項を定めるものとする。
　一　公立の小学校等の校長及び教員の資質の向上に関する基本的な事項
　二　次条第一項に規定する指標の内容に関する事項
　三　その他公立の小学校等の校長及び教員の資質の向上を図るに際し配慮すべき事項
③　文部科学大臣は，指針を定め，又はこれを変更したときは，遅滞なく，これを公表しなければならない。

都道府県か政令市の教育委員会）は，その指針を参考にして校長及び教員としての資質の向上に関する指標を（任命権者や大学等により構成される協議会を経て）定め，また研修を「体系的かつ効果的に実施するための計画（教員研修計画)」を定めることとなっています。[17]

▶17　教育公務員特例法第22条の3（校長及び教員としての資質の向上に関する指標）
　公立の小学校等の校長及び教員の任命権者は，指針を参酌し，その地域の実情に応じ，当該校長及び教員の職責，経験及び適性に応じて向上を図るべき校長及び教員としての資質に関する指標（以下この章において「指標」という。）を定めるものとする。
②　公立の小学校等の校長及び教員の任命権者は，指標を定め，又はこれを変更しようとするときは，あらかじめ第二十二条の七第一項に規定する協議会において協議するものとする。（③④は省略）
教育公務員特例法第22条の4（教員研修計画）
　公立の小学校等の校長及び教員の研修実施者は，指標を踏まえ，当該校長及び教員の研修について，毎年度，体系的かつ効果的に実施するための計画（以下この条及び第二十二条の六第二項において「教員研修計画」という。）を定めるものとする。
②　教員研修計画においては，おおむね次に掲げる事項を定めるものとする。
　　一　研修実施者が実施する第二十三条第一項に規定する初任者研修，第二十四条第一項に規定する中堅教諭等資質向上研修その他の研修（以下この項及び次条第二項第一号において「研修実施者実施研修」という。）に関する基本的な方針
　　二　研修実施者実施研修の体系に関する事項
　　三　研修実施者実施研修の時期，方法及び施設に関する事項
　　四　研修実施者が指導助言者として行う第二十二条の六第二項に規定する資質の向上に関する指導助言等の方法に関して必要な事項（研修実施者が都道府県の教育委員会である場合においては，県費負担教職員について第二十条第二項第三号に定める市町村の教育委員会が指導助言者として行う第二十二条の六第二項に規定する資質の向上に関する指導助言等に関する基本的な事項を含む。）
　　五　前号に掲げるもののほか，研修を奨励するための方途に関する事項
　　六　前各号に掲げるもののほか，研修の実施に関し必要な事項として文部科学省令で定める事項
③　公立の小学校等の校長及び教員の研修実施者は，教員研修計画を定め，又はこれを変更したときは，遅滞なく，これを公表するよう努めるものとする。
教育公務員特例法第22条の7（協議会）
　公立の小学校等の校長及び教員の任命権者は，指標の策定に関する協議並びに当該指標に基づく当該校長及び教員の資質の向上に関して必要な事項についての協議を行うための

　文部科学大臣が定める指針については，2017（平成29）年 3 月31日に「公立の小学校等の校長及び教員としての資質の向上に関する指標の策定に関する指針」が定められましたが，2022（令和 4 ）年 8 月31日に全部改正されました。改正された新しい指針では，校長に求められる資質能力を「学校経営方針の提示，組織づくり及び学校外とのコミュニケーション」の 3 つとし，**教員に求められる資質能力を「①教職に必要な素養，②学習指導，③生徒指導，④特別な配慮や支援を必要とする子供への対応，⑤ICT や情報・教育データの利活用」**の 5 つを柱として示しております。他にも，資質向上を推進する体制整備や，指標の策定・変更及び改善等に関する指針なども示されています。

　また，指針を参考にして作成された指標の例として，東京都教育委員会は2017年 7 月に「東京都公立学校の校長・副校長及び教員としての資質の向上に関する指標」を定めていますが，求められる能力や役割，教員が身につけるべき力（学習指導力，生活指導力・進路指導力，外部との連携・折衝力，学校運営力・組織貢献力）について，職位ごとに目安が示された一覧表の形で示されています。なお，改正されたのは文部科学大臣の指針だけでなく，教育公務員特例法も2022年の通常国会で改正されましたので，その概要についてここで補足しておきます。この間，教員免許状の有効期限があり，有効期限の10年ごとに教員免許更新講習を修了することが求められていました。その講習が教育職員免許法の改正によって2022年 7 月に廃止され，教員免許状は終身資格へと戻りました。それに代わる教員の資質向上への対策という趣旨として，**校長及び教員ごとに研修等に関する記録を作成する**ことが任命権者に義務づけられました[18]。また，指導助言者は，校長及び教員に対して資質の向上に関する指導助言[19]等を行うこととされました[20]。どちらも2023（令和 5 ）年度から施行される規定

> **協議会（以下この条において「協議会」という。）を組織するものとする。**
> ②　協議会は，次に掲げる者をもつて構成する。
> 　一　指標を策定する任命権者
> 　二　公立の小学校等の校長及び教員の研修に協力する大学その他の当該校長及び教員の資質の向上に関係する大学として文部科学省令で定める者
> 　三　その他当該任命権者が必要と認める者（③④は省略）

▶18　教育公務員特例法第22条の5（研修等に関する記録）

　公立の小学校等の校長及び教員の任命権者は，文部科学省令で定めるところにより，当該校長及び教員ごとに，研修の受講その他の当該校長及び教員の資質の向上のための取組の状況に関する記録（以下この条及び次条第二項において**「研修等に関する記録」**という。）を作成しなければならない。

②　研修等に関する記録には，次に掲げる事項を記載するものとする。

　一　当該校長及び教員が受講した研修実施者実施研修に関する事項

　二　第二十六条第一項に規定する大学院修学休業により当該教員が履修した同項に規定する大学院の課程等に関する事項

　三　認定講習等（教育職員免許法（昭和二十四年法律第百四十七号）別表第三備考第六号の文部科学大臣の認定する講習又は通信教育をいう。次条第一項及び第三項において同じ。）のうち当該任命権者が開設したものであつて，当該校長及び教員が単位を修得したものに関する事項

　四　前三号に掲げるもののほか，当該校長及び教員が行つた資質の向上のための取組のうち当該任命権者が必要と認めるものに関する事項

③　公立の小学校等の校長及び教員の**任命権者が都道府県の教育委員会である場合においては**，当該都道府県の教育委員会は，**指導助言者（第二十条第二項第二号及び第三号に定める者に限る。）に対し，当該校長及び教員の研修等に関する記録に係る情報を提供する**ものとする。

▶19　指導助言者，研修実施者という言葉は，2022年の教育公務員特例法の改正で初めて設けられたものです。定められている第20条を以下に示しますが，**研修実施者が都道府県または政令市，中核市の教育委員会，指導助言者が（身近な存在である）市町村の教育委員会というケースに当てはまる小学校，中学校が大半です（採用試験としては覚えなくてはいけないでしょうが，第1号，第4号に該当する者は少数派です）。**

教育公務員特例法第20条（研修実施者及び指導助言者）

　この章において「研修実施者」とは，次の各号に掲げる者の区分に応じ当該各号に定める者をいう。

　一　市町村が設置する中等教育学校（後期課程に学校教育法第四条第一項に規定する定時制の課程のみを置くものを除く。次号において同じ。）の校長及び教員のうち県費負担教職員である者　　当該市町村の教育委員会

　二　地方自治法第二百五十二条の二十二第一項の中核市（以下この号及び次項第二号において「中核市」という。）が設置する小学校等（中等教育学校を除く。）の校長及び教員のうち県費負担教職員である者　　当該中核市の教育委員会

　三　前二号に掲げる者以外の教育公務員　　当該教育公務員の任命権者

②　この章において「指導助言者」とは，次の各号に掲げる者の区分に応じ当該各号に定

です。余談になりますが，第22条の 6 第 3 項に出てくる独立行政法人教職員支援機構（NITS）のウェブサイトでは，教職に役立つ動画講義や各都道府県教育委員会が作成した教材等が豊富に無償で提供されています。是非活用しましょう！

　次に教育公務員特例法で定められている公立学校の教員が対象となる（あるいはなりうる）研修について見ていきましょう。まず**初任者研修**です。▶21

　初任者研修は，1988（昭和63）年の教育公務員特例法の改正によって1989（平成元）年度から開始されました。採用 1 年目の教員に対して指導教員を付けて教員としての資質を高め，能力を伸ばすために 1 年間行われます（くどいようですが，教育公務員が対象ですので，国立や私立の教員には適用されません）。文部科学省は，校内研修については週10時間以上で年間300時間以上，校外研修については年25日以上を目安として示し，2003（平成15）年度から運用してきました＊。実際の研修内容として，校内研修では授業見学や指導教員に

める者をいう。
　一　前項第一号に掲げる者　　　同号に定める市町村の教育委員会
　二　前項第二号に掲げる者　　　同号に定める中核市の教育委員会
　三　公立の小学校等の校長及び教員のうち県費負担教職員である者（前二号に掲げる者を除く。）　　　当該校長及び教員の属する市町村の教育委員会
　四　公立の小学校等の校長及び教員のうち県費負担教職員以外の者　　　当該校長及び教員の任命権者

▶ 20　第22条の 6 （資質の向上に関する指導助言等）
　公立の小学校等の校長及び教員の**指導助言者**は，当該校長及び教員がその職責，経験及び適性に応じた資質の向上のための取組を行うことを促進するため，当該**校長及び教員からの相談に応じ，研修，認定講習等その他の資質の向上のための機会に関する情報を提供し，又は資質の向上に関する指導及び助言を行うものとする。**
②　公立の小学校等の校長及び教員の**指導助言者**は，前項の規定による相談への対応，情報の提供並びに指導及び助言（次項において「資質の向上に関する指導助言等」という。）を行うに当たつては，当該校長及び教員に係る指標及び教員研修計画を踏まえるとともに，当該校長及び教員の研修等に関する記録に係る情報を活用するものとする。
③　指導助言者は，資質の向上に関する指導助言等を行うため必要があると認めるときは，独立行政法人教職員支援機構，認定講習等を開設する大学その他の関係者に対し，これらの者が行う研修，認定講習等その他の資質の向上のための機会に関する情報の提供その他の必要な協力を求めることができる。

よる授業観察・指導，校長などによる講話。校外研修では，夏休み，春休みなどに校外での各種研修に参加したり，ボランティア活動に参加したりします。

＊『内外教育』2018年7月13日号，pp. 6-7 参照。

　研修の目的はわかるとしても，文科省が示す目安は1年目の教員にとってかなりの負担だろうと思います。学校種は違いますが，私も大学で初めて授業をした時の緊張は忘れられません。教室に教員は自分1人。誰も助けてくれないなかで，「途中で頭が真っ白になって話せなくなったらどうしよう」と恐くなり，脱線話を含めて細かい講義メモを作成し，90分の授業を作るのに丸々1週間かかったことを覚えています。1年目とはいえ正規採用された教員は，かなりの授業時間を担当し，学級担任や部活動を任される場合もあるなかで，残り少ない空き時間に週10時間の校内研修を入れられたらかなり大変だと思います。
　そうした現状や，教職経験豊富な初任者が増えてきたことなどを踏まえ，2018（平成30）年6月に文科省は，「状況によっては期間の弾力的設定や内容の省略といった改善を図るよう，全国の都道府県，政令市教育委員会に通知」しています＊。この通知が初任者の負担軽減，働き方改革につながることを期待したいところです。

＊『内外教育』2018年7月13日号，pp. 6-7 参照。

▶ 21　教育公務員特例法第23条（初任者研修）
　公立の小学校等の**教諭等の研修実施者**は，当該教諭等（**臨時的に任用された者その他の政令で定める者を除く**）に対して，その**採用**（現に教諭等の職以外の職に任命されている者を教諭等の職に任命する場合を含む。）の日から**一年間**の教諭又は保育教諭の職務の遂行に必要な事項に関する**実践的な研修**（次項において「**初任者研修**」という。）を実施しなければならない。
②　**指導助言者**は，初任者研修を受ける者（次項において「**初任者**」という。）の所属する学校の副校長，教頭，主幹教諭（養護又は栄養の指導及び管理をつかさどる主幹教諭を除く。），指導教諭，教諭，主幹保育教諭，指導保育教諭，保育教諭又は講師のうちから，**指導教員を命じるものとする。**
③　指導教員は，初任者に対して教諭又は保育教諭の職務の遂行に必要な事項について指導及び助言を行うものとする。

　次に中堅教諭等資質向上研修についてです。それまで存在していた10年経験
者研修を2017（平成29）年度から中堅教諭等資質向上研修へと変更しました。
民間からの転職による受験採用，経験者採用など，必ずしも大学新卒採用でな
い教員の増加や学校教員の年齢構成のアンバランスなどから，採用後10年目に
研修を行うと固定するよりも実施時期に柔軟性をもたせるようにしたものです。
教育公務員特例法第24条第2項にあるように，個々の教員の適性，ニーズに合
わせた研修を実施できるようになっています。

　最後に指導改善研修です。これは，指導力不足と認定された教員を原則1年
以内の期間で指導力の養成を目的とした研修を行うもので，研修後の評価に
よっては，事務職員への配置転換や免職の可能性があるものです。指導改善研
修の対象者は例年100人にも満たないですし，免職になるのはごくわずかです。

▶22　教育公務員特例法第24条（中堅教諭等資質向上研修）
　公立の小学校等の教諭等（臨時的に任用された者その他の政令で定める者を除く。以下
この項において同じ。）の**研修実施者は**，当該教諭等に対して，個々の能力，適性等に応
じて，公立の小学校等における教育に関し相当の経験を有し，その**教育活動その他の学校
運営の円滑かつ効果的な実施において中核的な役割を果たすことが期待される中堅教諭等**
としての職務を遂行する上で必要とされる資質の向上を図るために必要な事項に関する研
修（次項において「**中堅教諭等資質向上研修**」という。）を実施しなければならない。
②　指導助言者は，中堅教諭等資質向上研修を実施するに当たり，**中堅教諭等資質向上研
修を受ける者の能力，適性等について評価を行い**，その結果に基づき，**当該者ごとに中堅
教諭等資質向上研修に関する計画書を作成しなければならない。**

● 学校にはさまざまな職が存在し，ピラミッド化している。

● 公務員の服務には職務で守るべきものと，公務員という身分である限り守るべきものに分けられる。教育公務員については政治的行為と兼職に関して特別の規定が教育公務員特例法にある。

● 教育公務員の研修については，初任者研修，中堅教諭等資質向上研修，指導改善研修が法で定められている。教員の任命権者や校長は，大学等との協議会を経て校長及び教員としての資質向上に関する指標を定め，また教員研修計画を作成することが求められる。

▶ 23　教育公務員特例法第25条（指導改善研修）

　公立の小学校等の教諭等の**任命権者は**，児童，生徒又は幼児（以下「児童等」という。）に対する指導が不適切であると認定した教諭等に対して，その能力，適性等に応じて，当該指導の改善を図るために必要な事項に関する研修（以下この条において「**指導改善研修**」という。）を実施しなければならない。

②　指導改善研修の**期間は，一年を超えてはならない。**ただし，特に必要があると認めるときは，任命権者は，**指導改善研修を開始した日から引き続き二年を超えない範囲で，これを延長することができる。**

③　任命権者は，指導改善研修を実施するに当たり，指導改善研修を受ける者の能力，適性等に応じて，その者ごとに指導改善研修に関する計画書を作成しなければならない。

④　任命権者は，指導改善研修の終了時において，指導改善研修を受けた者の児童等に対する指導の改善の程度に関する認定を行わなければならない。（⑤⑥⑦は省略）

第25条の２（指導改善研修後の措置）

　任命権者は，前条第四項の認定において指導の改善が不十分でなお児童等に対する指導を適切に行うことができないと認める教諭等に対して，免職その他の必要な措置を講ずるものとする。

第14章

いじめ防止，児童虐待など児童福祉に関する規定
【いじめ防止対策推進法，児童福祉法，児童虐待の防止等に関する法律など】

　2022年度から成人年齢が18歳に引き下げられました。18歳になると親権者の同意がなくてもさまざまな契約（法律行為）を行えるようになったわけです。この本の読者のなかには，ゲーム機や漫画を店に売ろうとして親に同意書を書いてもらった，同意書が無くて店に断られたという経験をされた方もいるでしょう。

　成人になったら一人でさまざまなことができるということは，反対に未成年（児童）だとできないということであり，未成年（児童）は未成熟な存在として守られるべきものという側面があることを意味します。そうした未成年（児童）を守り，成長させて社会化を促すことが学校教員の役割（教育基本法第９条にいう教員の「崇高な使命」）でしょうし，学校教員のやりがいでもあると思います。家庭内は私的な社会ですので，家族以外の者が関わることは容易ではありません。なかには虐待を行っている家庭もあるでしょう。虐待が疑われる児童がいた場合，法令等において学校（教員）はどのように行動することになっているのでしょうか。また，児童は未成熟で発達途上であるがゆえに間違いをおかすこともあるでしょう。たとえば，いじめです。教育問題として関心が非常に高い事柄ですが，法令等においていじめに対して学校（教員）はどのように行動することが求められているのでしょうか。子どもの人権，命にも関わることですので，採用試験でもよく問われます。この章で学校（教員）がとるべきとされる対応についてしっかり確認していきましょう。

1 いじめ防止対策推進法の概要

2013（平成25）年に議員立法で「いじめ防止対策推進法」が公布・施行されました。学校においてさまざまな子どもの問題行動があるなかで，いじめ対策に限定した法律です。第1条では，いじめ防止対策の内容として，いじめへの対処だけでなく，いじめの早期発見，防止まで含めたものであることを示し，いじめに関する全面的な対応について定めたことが読み取れます。第2条では，いじめの定義を扱っています。このいじめの定義のポイントは2つあります。1つ目は，インターネットによる加害行為も含めていること。2つ目は，行為の対象となった児童等が心身の苦痛を感じているかどうかという主観的な評価が条件になっていることです。2つ目の条件については，いじめと判断される範囲を広げることになるものですが，行為の対象となった児童等を保護する視点に立った規定といえるでしょう。ただし，本人が「心身の苦痛を感じていない」と嘘の申告をした場合，インターネットによる誹謗中傷の書き込みの存在

▶1　いじめ防止対策推進法第1条（目的）
　この法律は，いじめが，いじめを受けた児童等の教育を受ける権利を著しく侵害し，その心身の健全な成長及び人格の形成に重大な影響を与えるのみならず，その生命又は身体に重大な危険を生じさせるおそれがあるものであることに鑑み，児童等の尊厳を保持するため，**いじめの防止等（いじめの防止，いじめの早期発見及びいじめへの対処をいう。以下同じ。）**のための対策に関し，基本理念を定め，国及び地方公共団体等の責務を明らかにし，並びにいじめの防止等のための対策に関する基本的な方針の策定について定めるとともに，いじめの防止等のための対策の基本となる事項を定めることにより，いじめの防止等のための対策を総合的かつ効果的に推進することを目的とする。

▶2　いじめ防止対策推進法第2条（定義）
　この法律において「いじめ」とは，児童等に対して，当該児童等が在籍する学校に在籍している等当該児童等と**一定の人的関係にある他の児童等が行う心理的又は物理的な影響を与える行為（インターネットを通じて行われるものを含む。）**であって，**当該行為の対象となった児童等が心身の苦痛を感じているものをいう。**
③　この法律において「児童等」とは，**学校に在籍する児童又は生徒をいう。**（②④は省略）

を知らずに苦痛を感じていない場合などについても，適切な対応方針を行政や学校側で定めておくことが望まれます＊。なお，第4条ではいじめの禁止が定められています。◀3

> ＊なお，文部科学大臣決定「いじめ防止等のための基本方針」では，心身の苦痛を感じていない場合でも加害行為を行った児童等への適切な対応の必要を求めています。

　文部科学大臣，地方公共団体，学校それぞれに「いじめ防止基本方針」を定めることを求めたこともこの法律の特徴です。とくに**文部科学大臣と学校は基本方針を定めることが義務**となっています（地方公共団体のみ努力義務）。◀4

　第16条では早期発見の措置として，学校および学校の設置者に定期的な調査などを行うとともに，相談体制を整備するよう定めています。◀5問題が起こったあとに事後的な調査が学級，学年単位で行われた経験があるかもしれませんが，

▶3　いじめ防止対策推進法第4条（いじめの禁止）
　児童等は，いじめを行ってはならない。

▶4　いじめ防止対策推進法第11条（いじめ防止基本方針）
　文部科学大臣は，関係行政機関の長と連携協力して，いじめの防止等のための対策を総合的かつ効果的に推進するための**基本的な方針（以下「いじめ防止基本方針」という。）を定めるものとする。**
② いじめ防止基本方針においては，次に掲げる事項を定めるものとする。
　一　いじめの防止等のための対策の基本的な方向に関する事項
　二　いじめの防止等のための対策の内容に関する事項
　三　その他いじめの防止等のための対策に関する重要事項
いじめ防止対策推進法第12条（地方いじめ防止基本方針）
　地方公共団体は，いじめ防止基本方針を参酌し，その地域の実情に応じ，当該地方公共団体におけるいじめの防止等のための対策を総合的かつ効果的に推進するための基本的な方針（以下「地方いじめ防止基本方針」という。）を定めるよう努めるものとする。
いじめ防止対策推進法第13条（学校いじめ防止基本方針）
　学校は，いじめ防止基本方針又は地方いじめ防止基本方針を参酌し，その学校の実情に応じ，当該学校におけるいじめの防止等のための対策に関する**基本的な方針を定めるものとする。**

そういう調査では予防になりませんし，事後的な調査だと本音で答えにくい・答えない場合も出てきてしまいますものね。さらに第22条では学校に学外の専門家等もメンバーに含めた対策組織を置くことを求めています[6]。

いじめに対する学校の対応としては第23条で「いじめの事実があると思われるとき」は学校へ報告することが定められています[7]。ポイントは，学校の教職員はもちろんとして保護者にも報告義務があること，いじめの事実が確認できていなくても推定される段階で報告義務があることです。報告を受けた学校は，いじめの事実の有無の確認を速やかに行うとともに，その結果を学校の設置者に報告することとされています（第23条第2項）。

重大事態への対処についても定められています（第28条）[8]。ここでいう重大事態とは，「生命，心身，財産への重大な被害の疑い」あるいは「相当の期間（年間30日程度です。）の欠席を余儀なくされている疑い」を指します。このような場合，事実関係を調査するための組織を設けるとともに，公立学校であれ

▶5　いじめ防止対策推進法第16条（いじめの早期発見のための措置）

　学校の設置者及びその設置する学校は，当該学校におけるいじめを早期に発見するため，当該学校に在籍する**児童等に対する定期的な調査**その他の必要な措置を講ずるものとする。

③　学校の設置者及びその設置する学校は，当該学校に在籍する**児童等及びその保護者**並びに当該学校の教職員がいじめに係る相談を行うことができる体制（次項において「相談体制」という。）を整備するものとする。（②④は省略）

▶6　いじめ防止対策推進法第22条（学校におけるいじめの防止等の対策のための組織）

　学校は，当該学校におけるいじめの防止等に関する措置を実効的に行うため，当該学校の複数の教職員，心理，福祉等に関する専門的な知識を有する者その他の関係者により構成されるいじめの防止等の対策のための組織を置くものとする。

▶7　いじめ防止対策推進法第23条（いじめに対する措置）

　学校の教職員，地方公共団体の職員その他の児童等からの相談に応じる者及び**児童等の保護者**は，児童等からいじめに係る相談を受けた場合において，**いじめの事実があると思われるとき**は，いじめを受けたと思われる児童等が在籍する**学校への通報**その他の適切な措置をとるものとする。

②　**学校**は，前項の規定による通報を受けたときその他**当該学校に在籍する児童等がいじめを受けていると思われるとき**は，速やかに当該児童等に係るいじめの事実の有無の確認を行うための**措置を講ずる**とともに，その結果を当該学校の設置者に報告するものとする。（③④⑤⑥は省略）

ば教育委員会を通じて長へ（第30条），私立学校であれば都道府県知事への報告義務があります（第31条）。

2　いじめ防止等のための基本的な方針

　いじめ防止対策推進法第11条を受けて2013（平成25）年に文部科学大臣が「いじめ防止等のための基本的な方針」を定めました。この方針は2017（平成29）年に改定されていますが，改定された内容にも触れながら，方針の概要，ポイントについて説明したいと思います。

　まず，対策の基本的な方向として，いじめは「**学校が一丸となって組織的に対応することが必要**」との認識が示され，学校がいじめという言葉を使わずに指導する場合でもその事案をいじめ防止対策推進法第22条の対策組織へ情報共有することは必要であるとしています。また，犯罪行為として取り扱われるべきものについては「警察と連携した対応をとる必要がある」としています。

　いじめへの理解としては，国立教育政策研究所の研究結果を紹介しながら，「いじめは，どの子供にも，どの学校でも，起こりうるものである。」との認識を示し，「全ての児童生徒を対象としたいじめの未然防止の観点」を重視しています。

　なお，2017年の改定では，インターネット上のいじめへの対応方針について言及したこと，いじめに関する情報を教員個人で抱え込んで学校いじめ対策組

▶ 8　いじめ防止対策推進法第28条（学校の設置者又はその設置する学校による対処）
　学校の設置者又はその設置する学校は，次に掲げる場合には，その事態（以下「**重大事態**」という。）に対処し，及び当該重大事態と同種の事態の発生の防止に資するため，**速やかに，当該学校の設置者又はその設置する学校の下に組織を設け**，質問票の使用その他の適切な方法により当該重大事態に係る事実関係を明確にするための**調査**を行うものとする。
　　一　いじめにより当該学校に**在籍する児童等の生命，心身又は財産に重大な被害が生じた疑いがある**と認めるとき。
　　二　いじめにより当該学校に**在籍する児童等が相当の期間学校を欠席することを余儀なくされている疑いがある**と認めるとき。（②③は省略）

織に報告しないことは法律違反になりうること，いじめに関する行為が止んでいる目安となる期間を「少なくとも3か月」としたこと，重大事態の調査などにおける組織等を設置する場合は「専門的知識を有する第三者の参画が有効」としたことなどが記述として追加されています。

3 児童虐待を防止，解決するための諸規定

児童虐待の相談件数が増加しているというニュース，報道を耳にしたことがあると思います。学校，教員としてどのようにこの問題に関与するべきであると法に定められているのかを知っておくことは非常に重要です。でも，その説明に入る前に上位法である条約（児童の権利に関する条約）において，児童がどのような権利を保障された状況が必要とされているのかについて確認したいと思います。

児童の権利に関する条約は，1989（平成元）年に国連総会において全会一致で採択され，1990（平成2）年9月2日に発効しました。日本は1990年9月21日に署名をし，1994（平成6）年4月22日に批准して1994年5月22日から国内で効力が発生しました*。

> ＊『解説教育六法2021』三省堂，2021年，p. 86. 参照。なお批准とは，「条約に対する国家の最終的確認をいう。すなわち，全権委員の署名によって内容の確定した条約を国家の条約締結権者が審査し，国家として最終的に確認し，確定的に同意を与えることである」。（菱村幸彦・下村哲夫編『教育法規大辞典』エムティ出版，1994年，p. 804.）

「条約は，あらゆる差別の禁止，子どもの最善の利益確保，生命・生存・発達への権利，子どもの意見の尊重を一般原則」としており，世界中のさまざまな状況下にある子どもにとって必要なあらゆる権利が規定されているといえます*。そのことを理解するには，条約の条文の見出しを抜粋してまとめた下記の表14-1を確認すると理解できると思います。

> ＊同上。

表 14-1　児童の権利に関する条約の条文見出し（第45条まで）

条文番号	見出し	条文番号	見出し
1	子どもの定義	24	健康・医療への権利
2	差別の禁止	25	措置の定期的審査
3	子どもの最善の利益	26	社会保障への権利
4	締約国の実施義務	27	生活水準への権利
5	親の指導の尊重	28	教育への権利
6	生命・生存・発達への権利	29	教育の目的
7	名前・国籍への権利，親を知り養育される権利	30	マイノリティ・先住民の子どもの権利
8	アイデンティティの保全	31	休息・余暇，遊び，文化的・芸術的生活への参加
9	親からの分離禁止原則	32	経済的搾取・有害労働からの保護
10	家族の再統合のための出入国	33	麻薬・向精神薬からの保護
11	国外不法移送・不返還の防止	34	性的搾取・虐待からの保護
12	子どもの意見の尊重	35	誘拐・売買・取引の防止
13	表現・情報の自由	36	他のあらゆる形態の搾取からの保護
14	思想・良心・宗教の自由	37	死刑・拷問等の禁止，自由を奪われた子どもの適切な取扱い
15	結社・集会の自由	38	武力紛争における子どもの保護
16	プライバシー・通信・名誉の保護	39	犠牲になった子どもの心身の回復と社会復帰
17	適切な情報へのアクセス	40	少年司法
18	親の第一義的養育責任と国の援助	41	既存の権利の確保
19	親等による虐待・放任・搾取からの保護	42	条約の広報義務
20	家庭環境を奪われた子どもの養護	43	子どもの権利委員会
21	養子縁組	44	締約国の報告義務
22	難民の子どもの保護・援助	45	国際協力のための委員会の機能
23	障害のある子どもの権利		

（注）　見出しは『解説教育六法2021』三省堂による。

　このようにあるべき姿が条約で示される一方で，子どもの権利が保障されていない現実は社会に数多く見られます。学校，教員は何をすべきなのでしょうか，児童 虐待 の防止等に関する法律の規定を通して学んでいきましょう。

　この法律の目的は，「児童虐待の防止等に関する施策を促進し，もって児童の権利利益の養護に資すること」とされています（第1条）。ここでいう児童虐待とは何を指すのかが重要ですが，暴力，わいせつ行為，放置（ネグレクト），精神的苦痛を与える行為（配偶者等への暴力を含む），の4つを指し（第2条），[9] 第3条では児童への虐待禁止を明記しています。[10]

　第5条では学校や教職員の役割が規定されており，[11] 児童虐待の早期発見に努める義務，国や地方公共団体の施策に協力するよう努める義務，虐待を受けた

児童に関する情報を正当な理由なく漏らさない義務，学校での教育や啓発活動に努める義務などが規定されています。また第6条では，児童虐待を受けたと思われる児童を発見した者は，児童相談所か福祉事務所に通告する義務が規定

▶9　児童虐待の防止等に関する法律第2条（児童虐待の定義）

　この法律において，「児童虐待」とは，保護者（親権を行う者，未成年後見人その他の者で，児童を現に監護するものをいう。以下同じ。）がその監護する児童（十八歳に満たない者をいう。以下同じ。）について行う次に掲げる行為をいう。

　　一　児童の身体に外傷が生じ，又は生じるおそれのある暴行を加えること。

　　二　児童にわいせつな行為をすること又は児童をしてわいせつな行為をさせること。

　　三　児童の心身の正常な発達を妨げるような著しい減食又は長時間の放置，保護者以外の同居人による前二号又は次号に掲げる行為と同様の行為の放置その他の保護者としての監護を著しく怠ること。

　　四　児童に対する著しい暴言又は著しく拒絶的な対応，児童が同居する家庭における配偶者に対する暴力/（配偶者（婚姻の届出をしていないが，事実上婚姻関係と同様の事情にある者を含む。）の身体に対する不法な攻撃であって生命又は身体に危害を及ぼすもの及びこれに準ずる心身に有害な影響を及ぼす言動をいう。）/その他の児童に著しい心理的外傷を与える言動を行うこと。

▶10　児童虐待の防止等に関する法律第3条（児童に対する虐待の禁止）

何人も，児童に対し，虐待をしてはならない。

▶11　児童虐待の防止等に関する法律第5条（児童虐待の早期発見等）

　学校，児童福祉施設，病院，都道府県警察，婦人相談所，教育委員会，配偶者暴力相談支援センターその他児童の福祉に業務上関係のある団体及び学校の教職員，児童福祉施設の職員，医師，歯科医師，保健師，助産師，看護師，弁護士，警察官，婦人相談員その他児童の福祉に職務上関係のある者は，児童虐待を発見しやすい立場にあることを自覚し，児童虐待の早期発見に努めなければならない。

②　前項に規定する者は，児童虐待の予防その他の児童虐待の防止並びに児童虐待を受けた児童の保護及び自立の支援に関する国及び地方公共団体の施策に協力するよう努めなければならない。

③　第一項に規定する者は，正当な理由がなく，その職務に関して知り得た児童虐待を受けたと思われる児童に関する秘密を漏らしてはならない。

④　前項の規定その他の守秘義務に関する法律の規定は，第二項の規定による国及び地方公共団体の施策に協力するように努める義務の遵守を妨げるものと解釈してはならない。

⑤　学校及び児童福祉施設は，児童及び保護者に対して，児童虐待の防止のための教育又は啓発に努めなければならない。

されていますが，すべての国民を対象とした規定であり，もちろん学校，教職員もその対象に含まれています。[12]

4 児童福祉法

　話が前後した感じですが，児童福祉法は，児童の福祉に関するさまざまな制度について定めた法律であり，児童福祉における基本法的性格を持つものです。第1条では，児童福祉の理念として，先ほど紹介した児童の権利に関する条約の精神にのっとったものであることが謳われ，第4条では満18歳に満たない者を児童と定義しています。[13]第7条では，児童福祉施設として，「助産施設，乳児院，母子生活支援施設，保育所，幼保連携型認定こども園，児童厚生施設，児童養護施設，障害児入所施設，児童発達支援センター，児童心理治療施設，児童自立支援施設及び児童家庭支援センター」が列挙され，第12条では都道府県に設置義務がある児童相談所について規定されています。児童福祉に関する施設が網羅的に定められており，障害児支援ならびに子育て支援事業についてもさまざまな事業について定められています。

　ここでは第3節で扱った児童虐待への対応理解を深めるために，要支援児童

▶12　児童虐待の防止等に関する法律第6条（児童虐待に係る通告）

　児童虐待を受けたと思われる児童を発見した者は，速やかに，これを市町村，都道府県の設置する福祉事務所若しくは児童相談所又は児童委員を介して市町村，都道府県の設置する**福祉事務所若しくは児童相談所に通告しなければならない。**（②③は省略）

▶13　児童福祉法第1条（児童福祉の理念）

　全て児童は，**児童の権利に関する条約の精神にのつとり**，適切に養育されること，その生活を保障されること，愛され，保護されること，その心身の健やかな成長及び発達並びにその自立が図られることその他の福祉を等しく保障される権利を有する。

児童福祉法第4条（児童等）

　この法律で，児童とは，満十八歳に満たない者をいい，児童を左のように分ける。

　一　乳児　満一歳に満たない者

　二　幼児　満一歳から，小学校就学の始期に達するまでの者

　三　少年　小学校就学の始期から，満十八歳に達するまでの者

（②は省略）

（児童福祉法第 6 条の 3 第 5 項）と要保護児童（同法同条第 8 項）についてお話しします。要支援児童とは，「保護者の養育を支援することが特に必要と認められる児童」のことであり，学校や学校教職員等は「要支援児童等と思われる者を把握したときは，当該者の情報をその現在地の市町村に提供するよう努めなければならない。」とされています（第21条の10の 5 第 1 項）。また，要保護児童とは「保護者のいない児童又は保護者に看護させることが不適当であると認められる児童」のことであり，要保護児童を発見した者は，福祉事務所又は児童相談所に通告しなければならないことになっています（第25条）。児童の幸せのために，このような法規定や関連情報に関する教育，啓発も学校，教員の役割として大切でしょう。

　児童福祉法には，放課後児童健全育成事業についても定められています（第 6 条の 3 第 2 項，第21条の10）。小学校の児童を対象にした学童保育（正式名称は「放課後児童クラブ」）に関する事業のことです。この事業は厚生労働省の事業ですが，文部科学省が実施している「放課後子ども教室」との連携による相乗効果が期待できるため，両省が連携して「放課後子ども総合プラン」という整備計画を2015年度から行っています（2019年度からは「新放課後子ども総合プラン」となりました。2023年度末までの計画です。）。このプランでは，放課後児童クラブの収容人数の拡大や放課後子ども教室との連携や一体的運営を進めることがねらいとなっていますが，収容人数の拡大は著しいものがあります。総合プランが開始される前年（2014〔平成26〕年）の放課後児童クラブへの登録人数が96万人余りでしたが，総合プランが終了した2018（平成30）年には123万人余りと 4 年間で30万人近く増加し，2020（令和 2 ）年には131万人余りとさらに増加しています。中央省庁が連携することで児童福祉を向上させる環境整備が進展することを期待したいですね＊。

　　＊2023（令和 5 ）年 4 月から，内閣府の外局として，こども家庭庁ができます。これまで複数の府省庁にまたがっていたこども政策（およびその調整権限）をこども家庭庁になるべく集約することで，こども家庭庁にこども政策の司令塔としての役割を担わせます。具体例としては，保育所の管轄が厚生労働省からこども家庭庁へ移り，他にもこどもの貧困対策や児童虐待防止対策の強化などを担当しま

す。文部科学省からこども家庭庁へ移される事務は少なく，災害共済給付に関する事務となりますが，幼稚園教育要領の策定については，こども家庭庁と協議して，共同で行うことになっています。こどもの成育を支援する政策が最適なかたちで提供されることが望まれます。

この章のポイント

● いじめ防止対策推進法は，いじめの予防，早期発見，いじめへの対処を総合的にまとめた法律であり，基本方針の策定や対策組織の設置を学校に義務づけている。

● 文部科学大臣が定めた「いじめ防止基本方針」は，いじめはどの子供にもどの学校でも起こりうるとの認識のもと，いじめに対する学校の組織的な対応を重視している。

● 児童虐待には4種類の虐待があり，虐待を受けたと思われる児童を発見した者には通告義務がある。学校や教職員は発見しやすい立場にあり，早期発見に努めるとともに，児童虐待に関する教育や啓発活動に努める義務がある。

● 児童福祉法はさまざまな児童福祉施設や児童福祉に関する支援サービスについて定めており，児童の権利に関する条約にのっとった福祉理念を具体化した法律である。

第15章

社会教育に関する規定
【教育基本法，社会教育法など】

　社会教育という言葉を知っていますか。知っている方のほうが少ないと思います。知っているとしたら，教育学部生か青少年期以降に野外活動に参加したり，青少年教育に関わったのではないかと思います。私は大学2年次にはじめて社会教育という言葉を授業で知りました。

　社会教育はさまざまに定義されますが，**最も広い定義では，学校教育として行われる教育（教育課程）以外の教育すべてを意味しています（家庭教育も含まれます）**。社会教育は，行われる場所・場面，社会教育を行う人や教育の対象がとても広い言葉だと言えます。この本を読んでいる方の多くは，学校の補習や進学目的で学習塾に通った経験があると思いますが，それも社会教育（民間教育事業）になります。人は学校以外でもさまざまな教育を受ける機会を持っています。

　そのような社会教育を企画・実施し，あるいは活動する人を支援するのが社会教育行政ですが，教育法規における社会教育の定義，社会教育行政の役割について理解することがこの章でのポイントになります。なお，社会教育については教員採用試験において全く出題しない傾向のところもあります。また，出題するところでもあまり細かい出題はされませんので，**この章は教員を目指す方に社会教育への理解も深めてほしいという願いから設けられていると思ってください**。

1 教育基本法における規定

　最初に，教育基本法における規定を確認します。直接的には第12条が社会教育に関する規定ですが，社会教育を含めたより大きな理念として生涯学習につ

いて第3条で規定されていますので，先に内容を確認してみます。^{◀1}

　第3条では，個人での人生設計と生涯学習を結びつけるとともに，その学習成果を社会で生かすことが望ましいという考えが示されていると理解できます。つまり，学習したこと自体への喜びや充足感にとどまらず，社会にとって有益な学習をより評価するとも解釈できるということです＊。学習という営みは必ずしも社会へその成果が及ぶものとはいえないので，学習の成果を社会に生かす道を用意しつつも，学習の多様なあり方が認められていることが理想的なあり方だろうと思います。

　　＊『解説教育六法2021』三省堂，p. 39。教育基本法第3条解説を参照。

　次に，第12条は社会教育に関する条文となっています。^{◀2}社会教育が個人的要望だけではなく，社会が個人に学んでほしいものも教育内容に含まれることが示されています。また，第2項から，図書館，博物館，公民館は社会教育のための施設（社会教育施設）として理解されていることがわかります。採用試験で社会教育施設の種類を問うことがときどきありますが，**図書館，博物館，公民館**の3つが答えられれば大丈夫で，それぞれの専門的職員である**司書，学芸員，（公民館）主事**まで覚えておけば万全です。それでは教育基本法におけるこれらの条文の内容を踏まえながら，社会教育法での規定を確認していくことにしましょう。

> ▶1　第3条（生涯学習の理念）
> 　国民一人一人が，自己の人格を磨き，豊かな人生を送ることができるよう，その生涯にわたって，あらゆる機会に，あらゆる場所において学習することができ，**その成果を適切に生かすことのできる社会**の実現が図られなければならない。
> ▶2　教育基本法第12条（社会教育）
> 　**個人の要望**や**社会の要請**にこたえ，社会において行われる教育は，国及び地方公共団体によって奨励されなければならない。
> ②　国及び地方公共団体は，**図書館，博物館，公民館**その他の社会教育施設の設置，学校の施設の利用，学習の機会及び情報の提供その他の適切な方法によって社会教育の振興に努めなければならない。

2 社会教育法の目的

　社会教育法は1949（昭和24）年に公布・施行されました。第１条にこの法律
を制定した目的が次のように示されています[3]。

　この章のはじめに説明しましたが，社会教育はかなり広い場や実施主体，教
育を受ける対象を含む言葉です。そのため，社会教育に対する国や地方公共団
体の関わり方や責任を負うべき範囲（第１条でいう「任務」）を明らかに（つ
まり限定）しておくことが，国民の自由な社会教育活動を保障するために重要
となります。社会教育法で国や地方公共団体の責任範囲を限定することで，社
会教育活動への行政による行き過ぎた関与が起こらないようにしているわけで
す。この規定は，戦前の社会教育が国家主義を支える思想統制，国民統制の一
手段として機能してしまったことへの反省に基づいたものです。

3 社会教育法における社会教育の定義

　次に社会教育の定義を確認します[4]。

　第１条の目的をふまえて，第２条では社会教育について３つの限定をつけな
がら定義しています。３つの限定とは，学校の教育課程を除くこと，主として
青少年及び成人が対象であること，組織的な活動に限定することです。最後の
「組織的な活動に限定すること」についてですが，例えば道端でいたずらをし

▶3　社会教育法第１条（この法律の目的）
　この法律は，教育基本法（平成十八年法律第百二十号）の精神に則り，社会教育に関す
る国及び地方公共団体の任務を明らかにすることを目的とする。
▶4　社会教育法第２条（社会教育の定義）
　この法律において「社会教育」とは，学校教育法（昭和二十二年法律第二十六号）又は
就学前の子どもに関する教育，保育等の総合的な提供の推進に関する法律（平成十八年法
律第七十七号）に基づき，学校の教育課程として行われる教育活動を除き，主として青少
年及び成人に対して行われる組織的な教育活動（体育及びレクリエーションの活動を含
む）をいう。

ている子どもを見つけて説教する大人がいた場合，これは（社会）教育ですが，たまたま起こった偶発的なものです。社会教育法における社会教育では，このような偶発的な場面を行政が関わる対象には含めません。もし，そのような活動まで国や地方公共団体が任務として関わることになったら，国家・行政による管理の行き過ぎからさまざまな問題が出てきます。ともすれば，ありとあらゆる所に行政が設置した監視カメラがある超管理社会になってしまうかも知れません（気持ち悪いですよね）。社会教育を限定的に定義しておくことが，行政活動を制限するという第1条の目的から考えても合理的であるといえます。

4　社会教育行政の任務

　第3条第1項では，行政の任務として，「…すべての国民があらゆる機会，あらゆる場所を利用して，自ら実際生活に即する文化的教養を高め得るような環境を醸成する…」ことが努力義務として課されていますが，行政が主催事業を実施することを妨げるものではありません。行政が「統制的関与をしないように」とあまりにも萎縮して，公民館のような比較的に自由に利用できる貸し部屋をたくさん設けて提供さえすれば，地域の社会教育活動が活性化するかといえば，その可能性は低いでしょう。むしろ，行政が講座を企画・主催したことがきっかけとなり，講座参加者間で新たな学習会が企画されるなどの広がりを見せることも少なからずあります。行政はハード面の整備だけでなく，ソフト面の提供も含めて環境醸成に努めるべきでしょう。

　国や地方公共団体の社会教育に関する事務については，第4条から第6条に示されています。ここでは詳細は書きませんが，いずれの条文にも「予算の範

▶5　社会教育法第3条（国及び地方公共団体の任務）
　国及び地方公共団体は，この法律及び他の法令の定めるところにより，社会教育の奨励に必要な施設の設置及び運営，集会の開催，資料の作製，頒布その他の方法により，すべての国民があらゆる機会，あらゆる場所を利用して，自ら実際生活に即する文化的教養を高め得るような環境を醸成するように努めなければならない。
（②③は省略）

囲内において」行うことが示されています。学校教育と異なり，社会教育には義務的に設置する施設，職員，組織などが少なく，「予算の範囲内において」行えばよいものであって，それゆえ行政の予算が足りない（財政難の）ときは削減されやすいといえます。

5 社会教育主事の役割

　地方公共団体の教育委員会事務局には，社会教育行政に関する専門的教育職員（教育公務員特例法第2条第5項）として社会教育主事が配置されています。◀6

　社会教育主事の設置および職務については，社会教育法第9条の2，第9条の3に規定されています（余談ですが，条文の番号に「の2」，「の3」などの表記がある場合，法令が初めて成立した際にその条文が存在していなかったことを示しています。法令改正後に条文の番号を大幅に変更せずに済ませるための法技術的な対応の表れです。）。第9条の3から，社会教育主事が行える現場への関与は，専門的技術的な内容に限られ，また助言・指導という強制力のない方法に限られていることが読み取れます。さらには，学校の「求めに応じて」はじめて対応するのであって，社会教育主事自らが進んで学校へ関与することに対して制限を加えていることが読み取れます（第9条の3第2項）。いずれも，社会教育法第1条の目的に合う規定になっていることがわかるでしょう。

▶6　社会教育法第9条の2（社会教育主事及び社会教育主事補の設置）
　都道府県及び市町村の教育委員会の事務局に，社会教育主事を置く。
②　都道府県及び市町村の教育委員会の事務局に，社会教育主事補を置くことができる。
社会教育法第9条の3（社会教育主事及び社会教育主事補の職務）
　社会教育主事は，社会教育を行う者に**専門的技術的な助言と指導を与える。ただし，命令及び監督をしてはならない。**
②　社会教育主事は，学校が社会教育関係団体，地域住民その他関係者の協力を得て教育活動を行う場合には，その**求めに応じて，**必要な助言を行うことができる。
（③は省略）

6　監督・命令主義の否定

　監督・命令主義が否定されているのは，地方公共団体における社会教育行政の中心的役割を担う社会教育主事だけではありません。国および地方公共団体という統治機構全体が，民間の社会教育活動に対して監督や命令という権力的な関わりを禁じられています。監督・命令主義ではなく，指導・助言主義であることは戦後の教育行政の原則として第2章で説明してますが，この原則を教育行政以外の行政等にも広げて適用しています。▶7 社会教育がさまざまな分野にわたる行為であるために，教育行政よりも対象を拡大して制限を設けておく必要があると理解すればよいでしょう。

7　社会教育委員の役割

　多くの教育委員会には，教育委員会に附属（ふぞく）する機関として社会教育委員が置かれています。教育委員会によって委嘱（いしょく）（任せること。任命と同じ意味と考えてよいです。）されます。その職務は第17条で規定され，社会教育に関する諸計画の立案や会議での意見，研究調査などで，▶8 委員によっては青少年教育に関する指導と助言を与える職務も与えられる場合があります。

▶7　社会教育法第10条（社会教育関係団体の定義）
　この法律で「社会教育関係団体」とは，法人であると否とを問わず，公の支配に属しない団体で社会教育に関する事業を行うことを主たる目的とするものをいう。
　社会教育法第11条（文部科学大臣及び教育委員会との関係）
　文部科学大臣及び教育委員会は，社会教育関係団体の**求めに応じ**，これに対し，**専門的技術的指導又は助言を与えることができる**。（②は省略）
社会教育法第12条（国及び地方公共団体との関係）
　国及び地方公共団体は，社会教育関係団体に対し，いかなる方法によつても，不当に統制的支配を及ぼし，又はその事業に干渉を加えてはならない。

8 社会教育施設に関する諸規定

　公民館や図書館，博物館は社会教育のための機関であると法定されています（社会教育法第9条，第20条など）。「社会教育法は公民館法である」と言われるほど，公民館に関する条文が目立ちます。また，施設数も約1万3千館と非常に多く，社会教育での基幹的かつ総合的施設となっています（ちなみに，中学校数は約1万校です）。図書館，博物館はそれぞれ，図書館法，博物館法という個別法が制定されており，そちらも参照してほしいですが，図書館は幅広い資料の提供，博物館は実物資料の提供に特長がある施設であり，それぞれの特長を生かした運営が期待されます。

　なお，学校施設を社会教育のために利用させることも可能となっています。◀9
放課後にいわゆる「ママさんバレー」をしていたり，地域の行事で学校を使用

▶ 8　社会教育法第17条（社会教育委員の職務）
　社会教育委員は，社会教育に関し教育委員会に助言するため，次の職務を行う。
　一　**社会教育に関する諸計画を立案すること。**
　二　定時又は臨時に会議を開き，教育委員会の諮問に応じ，これに対して，意見を述べること。
　三　前二号の職務を行うために必要な研究調査を行うこと。
② 　社会教育委員は，教育委員会の会議に出席して社会教育に関し意見を述べることができる。
③ 　市町村の社会教育委員は，当該市町村の教育委員会から**委嘱を受けた青少年教育に関する特定の事項について**，社会教育関係団体，社会教育指導者その他関係者に対し，**助言と指導を与えることができる。**

▶ 9　社会教育法第44条（学校施設の利用）
　学校（国立学校又は公立学校をいう。以下この章において同じ。）の管理機関は，学校教育上支障がないと認める限り，その管理する学校の施設を社会教育のために利用に供するように努めなければならない。（②は省略）
学校教育法第137条（社会教育への利用）
　学校教育上支障のない限り，学校には，社会教育に関する施設を附置し，又は学校の施設を社会教育その他公共のために，利用させることができる。

したりするのが例となります。2006年に教育基本法が改正され，第13条（学校，家庭及び地域住民等の相互の連携協力）が新たに設けられて以降，地域が学校を支える取り組み，それを行政が補助・支援する動きが継続的に見られますが＊，学校教育と社会教育が互いのよさを活かしあう関係が望まれています。

> ＊2017年には，地域と学校をつなぐ役割を担う**地域学校協働活動推進員**（社会教育法第9条の7）を設け，教育委員会が委嘱できるようにした。地域学校協働活動推進員には，学校教育と社会教育の連携を推進する役割が期待されているといえる。

この章のポイント

- ●行政の関与を限定する目的で社会教育法は存在する。そのことは，定義，指導助言主義から理解できる。
- ●社会教育活動を支える存在として，教育委員会事務局で働く社会教育主事，行政委嘱委員の社会教育委員，地域学校協働活動推進員などが存在する。
- ●社会教育施設としては，公民館，図書館，博物館が基幹的な施設としてあげられる。

おわりに

　これまでとは違う教科書にしたいという思いで書いたこの本もそろそろおしまいです。おわりに私が考える教育法規のあり方について，私が実際に経験した教育場面を通してお伝えしたいと思います。法が社会生活のためにあることは第1章で説明しましたが，もっといえば，ひとりの人間のために法があるというのが理想ではないかと考えます。人間が法の規定に従うことよりも，人間のために法が成立することを重視した考え方だといえばわかりやすいでしょうか。

　私が中学生のとき，「私の計算ミスで高い点が付いている場合は申告しなくてよい」と予告して答案を返却する教諭がいました。そもそも勉強する気がない状態の生徒だと，自分の点数などどうでもよく，「点数丸見え状態」で自分の席へ戻るのですが，白紙同然の答案から28点，35点という不自然な採点結果が読み取れます。事前に予告したことからしても，わざとの計算ミスは明らかです。読者のなかには，うその評価で教員の不正だと批判する気持ちになる方もおられるかもしれません。私もこの教員の行為にはいくつかの問題があると考えるのですが，この教諭の気持ちには共感します。なぜなら，「たとえ1教科でも格好のつく点数の答案を家庭に持ち帰って報告させてやりたい」という気持ちからの行為だったと思うからです。このような「計算ミス」をしなくても他にもっとよいやり方があるかもしれませんが，このような心で学校現場がいま以上に満たされることを願っています。

　ところで，大学の授業で使用されるテキストには論文調のものが多いのが現状です。「それは研究論文の生産が求められる大学教員の側の『都合』であって，『学生のためのテキスト』になっていないのではないか」という私が長年抱えている問題意識からこのテキストは生まれました。2020年に文部科学省が「教学マネジメント指針」（大学生への教育・カリキュラムに関する方向性を示したもの）というものを定め，そのなかで「学修者本位の教育の実現」を理念

として示しています。このテキストは，文部科学省が示した理念に対する私なりの回答でもあります。

　テキストの出版を後押ししていただいた株式会社ミネルヴァ書房は，有名な「よくわかるシリーズ（やわらかアカデミズム）」などの刊行を通してまさに「学修者本位の教育の実現」に貢献されている出版社だと学生時代から思っていました。縁あってその出版社からこのテキストを世に送り出すことができることは，身に余る光栄であり，その幸運に感謝するばかりです。ご担当の浅井久仁人様には，あきれるほどに原稿が進まない私を長い目で温かく見守っていただきました。そのお陰で本書を完成させることができたと思っております。

　著者印税収入の半分はユニセフ（国連児童基金）に寄付させていただきます（制度改変等に対応するために5年後にはおそらく出る改訂版あるいは他の適切な方法で寄付の結果報告をいたします）。たとえわずかであっても読者のみなさんと一緒によりよい人道的な世界にむけて貢献していけたらとも思っています。

　最後に，研究者として至らない私を励まし続けてくださった大学時代の指導教員である鈴木眞理先生に感謝いたします。

　　　2022年11月20日

　初の単著を書き上げた達成感の一方，これで大学の授業で話すことが無くなったと焦る。

井上伸良

教育法令集

1. 日本国憲法（抄）
2. 教育基本法（抄）
3. 地方教育行政の組織及び運営に関する法律（抄）
4. 学校教育法（抄）
5. 学校教育法施行令（抄）
6. 学校教育法施行規則（抄）
7. 公立義務教育諸学校の学級編制及び教職員定数の標準に関する法律（抄）
8. 学校保健安全法（抄）
9. いじめ防止対策推進法（抄）
10. 地方公務員法（抄）
11. 教育公務員特例法（抄）
12. 児童虐待の防止等に関する法律（抄）
13. 小学校学習指導要領（抄）

〔天皇の象徴的地位，国民主権〕

第1条　天皇は，日本国の象徴であり日本国民統合の象徴であつて，この地位は，主権の存する日本国民の総意に基く。

〔基本的人権の享有〕

第11条　国民は，すべての基本的人権の享有を妨げられない。この憲法が国民に保障する基本的人権は，侵すことのできない永久の権利として，現在及び将来の国民に与へられる。

〔個人の尊重・幸福追求権・公共の福祉〕

第13条　すべて国民は，個人として尊重される。生命，自由及び幸福追求に対する国民の権利については，公共の福祉に反しない限り，立法その他の国政の上で，最大の尊重を必要とする。

〔法の下の平等〕

第14条　すべて国民は，法の下に平等であつて，人種，信条，性別，社会的身分又は門地により，政治的，経済的又は社会的関係において，差別されない。

②　華族その他の貴族の制度は，これを認めない。

③　栄誉，勲章その他の栄典の授与は，いかなる特権も伴はない。栄典の授与は，現にこれを有し，又は将来これを受ける者の一代に限り，その効力を有する。

〔公務員の選定罷免権，全体の奉仕者〕

第15条　公務員を選定し，及びこれを罷免することは，国民固有の権利である。

②　すべて公務員は，全体の奉仕者であつて，一部の奉仕者ではない。

〔思想・良心の自由〕

第19条　思想及び良心の自由は，これを侵してはならない。

〔信教の自由，政教分離〕

第20条　信教の自由は，何人に対してもこれを保障する。いかなる宗教団体も，国から特権を受け，又は政治上の権力を行使してはならない。

②　何人も，宗教上の行為，祝典，儀式又は行事に参加することを強制されない。

③　国及びその機関は，宗教教育その他いかなる宗教的活動もしてはならない。

〔集会・結社・表現の自由〕

第21条　集会，結社及び言論，出版その他一切の表現の自由は，これを保障する。

②　検閲は，これをしてはならない。通信の秘密は，これを侵してはならない。

〔学問の自由〕

第23条　学問の自由は，これを保障する。

〔生存権，国の社会保障義務〕

第25条　すべて国民は，健康で文化的な最低限度の生活を営む権利を有する。

②　国は，すべての生活部面について，社会福祉，社会保障及び公衆衛生の向上及び増進に努めなければならない。

〔教育を受ける権利，教育を受けさせる義務〕

第26条　すべて国民は，法律の定めるところにより，その能力に応じて，ひとしく教育を受ける権利を有する。

②　すべて国民は，法律の定めるところにより，その保護する子女に普通教育を受けさせる義務を負ふ。義務教育は，これを無償とする。

〔勤労の権利・義務，勤労条件の基準，児童酷使の禁止〕

第27条　すべて国民は，勤労の権利を有し，義務を負ふ。

②　賃金，就業時間，休息その他の勤労条件に関する基準は，法律でこれを定める。

③　児童は，これを酷使してはならない。

〔勤労者の団結権・団体交渉その他の団体行動権〕

第28条　勤労者の団結する権利及び団体交渉その他の団体行動をする権利は，これを保障する。

〔公金等の使用制限〕

第89条　公金その他の公の財産は，宗教上の組織若しくは団体の使用，便益若しくは維持のため，又は公の支配に属しない慈善，教育若しくは博愛の事業に対し，これを支出し，又はその利用に供してはならない。

〔地方自治の基本原則〕

第92条　地方公共団体の組織及び運営に関する事項は，地方自治の本旨に基いて，法律でこれを定める。

〔最高法規，条約・国際法規の遵守〕

第98条　この憲法は，国の最高法規であつて，その条規に反する法律，命令，詔勅及び国務に関するその他の行為の全部又は一部は，その効力を有しない。

②　日本国が締結した条約及び確立された国際法規は，これを誠実に遵守することを必要とする。

〔憲法尊重擁護の義務〕

第99条　天皇又は摂政及び国務大臣，国会議員，

裁判官その他の公務員は，この憲法を尊重し擁護する義務を負ふ。

2. 教育基本法（抄）
平成18年法律第120号

我々日本国民は，たゆまぬ努力によって築いてきた民主的で文化的な国家を更に発展させるとともに，世界の平和と人類の福祉の向上に貢献することを願うものである。

我々は，この理想を実現するため，個人の尊厳を重んじ，真理と正義を希求し，公共の精神を尊び，豊かな人間性と創造性を備えた人間の育成を期するとともに，伝統を継承し，新しい文化の創造を目指す教育を推進する。

ここに，我々は，日本国憲法の精神にのっとり，我が国の未来を切り拓く教育の基本を確立し，その振興を図るため，この法律を制定する。

第1章　教育の目的及び理念

（教育の目的）
第1条　教育は，人格の完成を目指し，平和で民主的な国家及び社会の形成者として必要な資質を備えた心身ともに健康な国民の育成を期して行われなければならない。

（教育の目標）
第2条　教育は，その目的を実現するため，学問の自由を尊重しつつ，次に掲げる目標を達成するよう行われるものとする。
一　幅広い知識と教養を身に付け，真理を求める態度を養い，豊かな情操と道徳心を培うとともに，健やかな身体を養うこと。
二　個人の価値を尊重して，その能力を伸ばし，創造性を培い，自主及び自律の精神を養うとともに，職業及び生活との関連を重視し，勤労を重んずる態度を養うこと。
三　正義と責任，男女の平等，自他の敬愛と協力を重んずるとともに，公共の精神に基づき，主体的に社会の形成に参画し，その発展に寄与する態度を養うこと。
四　生命を尊び，自然を大切にし，環境の保全に寄与する態度を養うこと。
五　伝統と文化を尊重し，それらをはぐくんできた我が国と郷土を愛するとともに，他国を尊重し，国際社会の平和と発展に寄与する態度を養うこと。

（生涯学習の理念）
第3条　国民一人一人が，自己の人格を磨き，豊かな人生を送ることができるよう，その生涯にわたって，あらゆる機会に，あらゆる場所において学習することができ，その成果を適切に生かすことのできる社会の実現が図られなければならない。

（教育の機会均等）
第4条　すべて国民は，ひとしく，その能力に応じた教育を受ける機会を与えられなければならず，人種，信条，性別，社会的身分，経済的地位又は門地によって，教育上差別されない。
2　国及び地方公共団体は，障害のある者が，その障害の状態に応じ，十分な教育を受けられるよう，教育上必要な支援を講じなければならない。
3　国及び地方公共団体は，能力があるにもかかわらず，経済的理由によって修学が困難な者に対して，奨学の措置を講じなければならない。

第2章　教育の実施に関する基本

（義務教育）
第5条　国民は，その保護する子に，別に法律で定めるところにより，普通教育を受けさせる義務を負う。
2　義務教育として行われる普通教育は，各個人の有する能力を伸ばしつつ社会において自立的に生きる基礎を培い，また，国家及び社会の形成者として必要とされる基本的な資質を養うことを目的として行われるものとする。
3　国及び地方公共団体は，義務教育の機会を保障し，その水準を確保するため，適切な役割分担及び相互の協力の下，その実施に責任を負う。
4　国又は地方公共団体の設置する学校における義務教育については，授業料を徴収しない。

（学校教育）
第6条　法律に定める学校は，公の性質を有するものであって，国，地方公共団体及び法律に定める法人のみが，これを設置することができる。
2　前項の学校においては，教育の目標が達成されるよう，教育を受ける者の心身の発達に応じて，体系的な教育が組織的に行われなければならない。この場合において，教育を受ける者が，学校生活を営む上で必要な規律を重んずるとともに，自ら進んで学習に取り組む意欲を高めることを重視して行われなければならない。

（大学）
第7条　大学は，学術の中心として，高い教養

と専門的能力を培うとともに，深く真理を探究して新たな知見を創造し，これらの成果を広く社会に提供することにより，社会の発展に寄与するものとする。

2　大学については，自主性，自律性その他の大学における教育及び研究の特性が尊重されなければならない。

（私立学校）

第8条　私立学校の有する公の性質及び学校教育において果たす重要な役割にかんがみ，国及び地方公共団体は，その自主性を尊重しつつ，助成その他の適当な方法によって私立学校教育の振興に努めなければならない。

（教員）

第9条　法律に定める学校の教員は，自己の崇高な使命を深く自覚し，絶えず研究と修養に励み，その職責の遂行に努めなければならない。

2　前項の教員については，その使命と職責の重要性にかんがみ，その身分は尊重され，待遇の適正が期せられるとともに，養成と研修の充実が図られなければならない。

（家庭教育）

第10条　父母その他の保護者は，子の教育について第一義的責任を有するものであって，生活のために必要な習慣を身に付けさせるとともに，自立心を育成し，心身の調和のとれた発達を図るよう努めるものとする。

2　国及び地方公共団体は，家庭教育の自主性を尊重しつつ，保護者に対する学習の機会及び情報の提供その他の家庭教育を支援するために必要な施策を講ずるよう努めなければならない。

（幼児期の教育）

第11条　幼児期の教育は，生涯にわたる人格形成の基礎を培う重要なものであることにかんがみ，国及び地方公共団体は，幼児の健やかな成長に資する良好な環境の整備その他適当な方法によって，その振興に努めなければならない。

（社会教育）

第12条　個人の要望や社会の要請にこたえ，社会において行われる教育は，国及び地方公共団体によって奨励されなければならない。

2　国及び地方公共団体は，図書館，博物館，公民館その他の社会教育施設の設置，学校の施設の利用，学習の機会及び情報の提供その他の適当な方法によって社会教育の振興に努めなければならない。

（学校，家庭及び地域住民等の相互の連携協力）

第13条　学校，家庭及び地域住民その他の関係者は，教育におけるそれぞれの役割と責任を自覚するとともに，相互の連携及び協力に努めるものとする。

（政治教育）

第14条　良識ある公民として必要な政治的教養は，教育上尊重されなければならない。

2　法律に定める学校は，特定の政党を支持し，又はこれに反対するための政治教育その他政治的活動をしてはならない。

（宗教教育）

第15条　宗教に関する寛容の態度，宗教に関する一般的な教養及び宗教の社会生活における地位は，教育上尊重されなければならない。

2　国及び地方公共団体が設置する学校は，特定の宗教のための宗教教育その他宗教的活動をしてはならない。

第3章　教育行政

（教育行政）

第16条　教育は，不当な支配に服することなく，この法律及び他の法律の定めるところにより行われるべきものであり，教育行政は，国と地方公共団体との適切な役割分担及び相互の協力の下，公正かつ適正に行われなければならない。

2　国は，全国的な教育の機会均等と教育水準の維持向上を図るため，教育に関する施策を総合的に策定し，実施しなければならない。

3　地方公共団体は，その地域における教育の振興を図るため，その実情に応じた教育に関する施策を策定し，実施しなければならない。

4　国及び地方公共団体は，教育が円滑かつ継続的に実施されるよう，必要な財政上の措置を講じなければならない。

（教育振興基本計画）

第17条　政府は，教育の振興に関する施策の総合的かつ計画的な推進を図るため，教育の振興に関する施策についての基本的な方針及び講ずべき施策その他必要な事項について，基本的な計画を定め，これを国会に報告するとともに，公表しなければならない。

2　地方公共団体は，前項の計画を参酌し，その地域の実情に応じ，当該地方公共団体における教育の振興のための施策に関する基本的な計画を定めるよう努めなければならない。

3. 地方教育行政の組織及び運営に関する法律（抄）
昭和31年法律第162号

（この法律の趣旨）
第1条 この法律は，教育委員会の設置，学校
その他の教育機関の職員の身分取扱その他地方
公共団体における教育行政の組織及び運営の基
本を定めることを目的とする。

（大綱の策定等）
第1条の3 地方公共団体の長は，教育基本法
第十七条第一項に規定する基本的な方針を参酌
し，その地域の実情に応じ，当該地方公共団体
の教育，学術及び文化の振興に関する総合的な
施策の大綱（以下単に「大綱」という。）を定
めるものとする。

2 地方公共団体の長は，大綱を定め，又はこ
れを変更しようとするときは，あらかじめ，次
条第一項の総合教育会議において協議するもの
とする。

（総合教育会議）
第1条の4 地方公共団体の長は，大綱の策定
に関する協議及び次に掲げる事項についての協
議並びにこれらに関する次項各号に掲げる構成
員の事務の調整を行うため，総合教育会議を設
けるものとする。

一 教育を行うための諸条件の整備その他の地
域の実情に応じた教育，学術及び文化の振興
を図るため重点的に講ずべき施策

二 児童，生徒等の生命又は身体に現に被害が
生じ，又はまさに被害が生ずるおそれがある
と見込まれる場合等の緊急の場合に講ずべき
措置

2 総合教育会議は，次に掲げる者をもつて構
成する。

一 地方公共団体の長

二 教育委員会

3 総合教育会議は，地方公共団体の長が招集
する。

4 教育委員会は，その権限に属する事務に関
して協議する必要があると思料するときは，地
方公共団体の長に対し，協議すべき具体的事項
を示して，総合教育会議の招集を求めることが
できる。

（設置）
第2条 都道府県，市（特別区を含む。以下同
じ。）町村及び第21条に規定する事務の全部又
は一部を処理する地方公共団体の組合に教育委

員会を置く。

（組織）
第3条 教育委員会は，教育長及び4人の委員
をもつて組織する。ただし，条例で定めるとこ
ろにより，都道府県若しくは市又は地方公共団
体の組合のうち都道府県若しくは市が加入する
ものの教育委員会にあつては教育長及び5人以
上の委員，町村又は地方公共団体の組合のうち
町村のみが加入するものの教育委員会にあつて
は教育長及び2人以上の委員をもつて組織する
ことができる。

（任命）
第4条 教育長は，当該地方公共団体の長の被
選挙権を有する者で，人格が高潔で，教育行政
に関し識見を有するもののうちから，地方公共
団体の長が，議会の同意を得て，任命する。

2 委員は，当該地方公共団体の長の被選挙権
を有する者で，人格が高潔で，教育，学術及び
文化（以下単に「教育」という。）に関し識見
を有するもののうちから，地方公共団体の長が，
議会の同意を得て，任命する。

3 次の各号のいずれかに該当する者は，教育
長又は委員となることができない。

一 破産手続開始の決定を受けて復権を得ない
者

二 禁錮以上の刑に処せられた者

4 教育長及び委員の任命については，そのう
ち委員の定数に一を加えた数の二分の一以上の
者が同一の政党に所属することとなつてはなら
ない。

5 地方公共団体の長は，第二項の規定による
委員の任命に当たつては，委員の年齢，性別，
職業等に著しい偏りが生じないように配慮する
とともに，委員のうちに保護者（親権を行う者
及び未成年後見人をいう。第47条の5第2項第
二号及び第5項において同じ。）である者が含
まれるようにしなければならない。

（任期）
第5条 教育長の任期は3年とし，委員の任期
は4年とする。ただし，補欠の教育長又は委員
の任期は，前任者の残任期間とする。

2 教育長及び委員は，再任されることができ
る。

（教育委員会規則の制定等）
第15条 教育委員会は，法令又は条例に違反し
ない限りにおいて，その権限に属する事務に関
し，教育委員会規則を制定することができる。

2 教育委員会規則その他教育委員会の定める

規程で公表を要するものの公布に関し必要な事項は，教育委員会規則で定める。

（事務局）

第17条　教育委員会の権限に属する事務を処理させるため，教育委員会に事務局を置く。

2　教育委員会の事務局の内部組織は，教育委員会規則で定める。

（指導主事その他の職員）

第18条　都道府県に置かれる教育委員会（以下「都道府県委員会」という。）の事務局に，指導主事，事務職員及び技術職員を置くほか，所要の職員を置く。

2　市町村に置かれる教育委員会（以下「市町村委員会」という。）の事務局に，前項の規定に準じて指導主事その他の職員を置く。

3　指導主事は，上司の命を受け，学校（学校教育法（昭和22年法律第26号）第1条に規定する学校及び就学前の子どもに関する教育，保育等の総合的な提供の推進に関する法律（平成18年法律第77号）第2条第七項に規定する幼保連携型認定こども園（以下「幼保連携型認定こども園」という。）をいう。以下同じ。）における教育課程，学習指導その他学校教育に関する専門的事項の指導に関する事務に従事する。

4　指導主事は，教育に関し識見を有し，かつ，学校における教育課程，学習指導その他学校教育に関する専門的事項について教養と経験がある者でなければならない。指導主事は，大学以外の公立学校（地方公共団体が設置する学校をいう。以下同じ。）の教員（教育公務員特例法（昭和24年法律第1号）第2条第1項に規定する教員をいう。以下同じ。）をもつて充てることができる。

（教育委員会の職務権限）

第21条　教育委員会は，当該地方公共団体が処理する教育に関する事務で，次に掲げるものを管理し，及び執行する。

一　教育委員会の所管に属する第三十条に規定する学校その他の教育機関（以下「学校その他の教育機関」という。）の設置，管理及び廃止に関すること。

二　教育委員会の所管に属する学校その他の教育機関の用に供する財産（以下「教育財産」という。）の管理に関すること。

三　教育委員会及び教育委員会の所管に属する学校その他の教育機関の職員の任免その他の人事に関すること。

四　学齢生徒及び学齢児童の就学並びに生徒，

児童及び幼児の入学，転学及び退学に関すること。

五　教育委員会の所管に属する学校の組織編制，教育課程，学習指導，生徒指導及び職業指導に関すること。

六　教科書その他の教材の取扱いに関すること。

七　校舎その他の施設及び教具その他の設備の整備に関すること。

八　校長，教員その他の教育関係職員の研修に関すること。

九　校長，教員その他の教育関係職員並びに生徒，児童及び幼児の保健，安全，厚生及び福利に関すること。

十　教育委員会の所管に属する学校その他の教育機関の環境衛生に関すること。

十一　学校給食に関すること。

十二　青少年教育，女性教育及び公民館の事業その他社会教育に関すること。

十三　スポーツに関すること。

十四　文化財の保護に関すること。

十五　ユネスコ活動に関すること。

十六　教育に関する法人に関すること。

十七　教育に係る調査及び基幹統計その他の統計に関すること。

十八　所掌事務に係る広報及び所掌事務に係る教育行政に関する相談に関すること。

十九　前各号に掲げるもののほか，当該地方公共団体の区域内における教育に関する事務に関すること。

（長の職務権限）

第22条　地方公共団体の長は，大綱の策定に関する事務のほか，次に掲げる教育に関する事務を管理し，及び執行する。

一　大学に関すること。

二　幼保連携型認定こども園に関すること。

三　私立学校に関すること。

四　教育財産を取得し，及び処分すること。

五　教育委員会の所掌に係る事項に関する契約を結ぶこと。

六　前号に掲げるもののほか，教育委員会の所掌に係る事項に関する予算を執行すること。

（職務権限の特例）

第23条　前2条の規定にかかわらず，地方公共団体は，前条各号に掲げるもののほか，条例の定めるところにより，当該地方公共団体の長が，次の各号に掲げる教育に関する事務のいずれか又は全てを管理し，及び執行することとすることができる。

一　図書館，博物館，公民館その他の社会教育に関する教育機関のうち当該条例で定めるもの（以下「特定社会教育機関」という。）の設置，管理及び廃止に関すること（第21条第七号から第九号まで及び第十二号に掲げる事務のうち，特定社会教育機関のみに係るものを含む。）。

二　スポーツに関すること（学校における体育に関することを除く。）。

三　文化に関すること（次号に掲げるものを除く。）。

四　文化財の保護に関すること。

（教育機関の設置）

第30条　地方公共団体は，法律で定めるところにより，学校，図書館，博物館，公民館その他の教育機関を設置するほか，条例で，教育に関する専門的，技術的事項の研究又は教育関係職員の研修，保健若しくは福利厚生に関する施設その他の必要な教育機関を設置することができる。

（教育機関の所管）

第32条　学校その他の教育機関のうち，大学及び幼保連携型認定こども園は地方公共団体の長が，その他のものは教育委員会が所管する。ただし，第23条第1項の条例の定めるところにより地方公共団体の長が管理し，及び執行することとされた事務のみに係る教育機関は，地方公共団体の長が所管する。

（学校等の管理）

第33条　教育委員会は，法令又は条例に違反しない限りにおいて，その所管に属する学校その他の教育機関の施設，設備，組織編制，教育課程，教材の取扱その他の管理運営の基本的事項について，必要な教育委員会規則を定めるものとする。この場合において，当該教育委員会規則で定めようとする事項のうち，その実施のためには新たに予算を伴うこととなるものについては，教育委員会は，あらかじめ当該地方公共団体の長に協議しなければならない。

2　前項の場合において，教育委員会は，学校における教科書以外の教材の使用について，あらかじめ，教育委員会に届け出させ，又は教育委員会の承認を受けさせることとする定めを設けるものとする。

（教育機関の職員の任命）

第34条　教育委員会の所管に属する学校その他の教育機関の校長，園長，教員，事務職員，技術職員その他の職員は，この法律に特別の定め

がある場合を除き，教育委員会が任命する。

（任命権者）

第37条　市町村立学校職員給与負担法（昭和23年法律第135号）第1条及び第2条に規定する職員（以下「県費負担教職員」という。）の任命権は，都道府県委員会に属する。

2　前項の都道府県委員会の権限に属する事務に係る第25条第2項の規定の適用については，同項第四号中「職員」とあるのは，「職員並びに第37条第1項に規定する県費負担教職員」とする。

（市町村委員会の内申）

第38条　都道府県委員会は，市町村委員会の内申をまつて，県費負担教職員の任免その他の進退を行うものとする。

2　前項の規定にかかわらず，都道府県委員会は，同項の内申が県費負担教職員の転任（地方自治法第252条の7第1項の規定により教育委員会を共同設置する一の市町村の県費負担教職員を免職し，引き続いて当該教育委員会を共同設置する他の市町村の県費負担教職員に採用する場合を含む。以下この項において同じ。）に係るものであるときは，当該内申に基づき，その転任を行うものとする。ただし，次の各号のいずれかに該当するときは，この限りでない。

一　都道府県内の教職員の適正な配置と円滑な交流の観点から，一の市町村（地方自治法第252条の7第1項の規定により教育委員会を共同設置する場合における当該教育委員会を共同設置する他の市町村を含む。以下この号において同じ。）における県費負担教職員の標準的な在職期間その他の都道府県委員会が定める県費負担教職員の任用に関する基準に従い，一の市町村の県費負担教職員を免職し，引き続いて当該都道府県内の他の市町村の県費負担教職員に採用する必要がある場合

二　前号に掲げる場合のほか，やむを得ない事情により当該内申に係る転任を行うことが困難である場合

3　市町村委員会は，次条の規定による校長の意見の申出があつた県費負担教職員について第1項又は前項の内申を行うときは，当該校長の意見を付するものとする。

（校長の所属教職員の進退に関する意見の申出）

第39条　市町村立学校職員給与負担法第1条及び第2条に規定する学校の校長は，所属の県費負担教職員の任免その他の進退に関する意見を

市町村委員会に申し出ることができる。

（県費負担教職員の定数）

第41条 県費負担教職員の定数は，都道府県の条例で定める。ただし，臨時又は非常勤の職員については，この限りでない。

2 県費負担教職員の市町村別の学校の種類ごとの定数は，前項の規定により定められた定数の範囲内で，都道府県委員会が，当該市町村における児童又は生徒の実態，当該市町村が設置する学校の学級編制に係る事情等を総合的に勘案して定める。

3 前項の場合において，都道府県委員会は，あらかじめ，市町村委員会の意見を聴き，その意見を十分に尊重しなければならない。

（県費負担教職員の給与，勤務時間その他の勤務条件）

第42条 県費負担教職員の給与，勤務時間その他の勤務条件については，地方公務員法第24条第5項の規定により条例で定めるものとされている事項は，都道府県の条例で定める。

（服務の監督）

第43条 市町村委員会は，県費負担教職員の服務を監督する。

2 県費負担教職員は，その職務を遂行するに当つて，法令，当該市町村の条例及び規則並びに当該市町村委員会の定める教育委員会規則及び規程（前条又は次項の規定によつて都道府県が制定する条例を含む。）に従い，かつ，市町村委員会その他職務上の上司の職務上の命令に忠実に従わなければならない。

3 県費負担教職員の任免，分限又は懲戒に関して，地方公務員法の規定により条例で定めるものとされている事項は，都道府県の条例で定める。

4 都道府県委員会は，県費負担教職員の任免その他の進退を適切に行うため，市町村委員会の行う県費負担教職員の服務の監督又は前条，前項若しくは第47条の3 第1項の規定により都道府県が制定する条例若しくは同条第二項の都道府県の定めの実施について，技術的な基準を設けることができる。

（人事評価）

第44条 県費負担教職員の人事評価は，地方公務員法第23条の2第1項の規定にかかわらず，都道府県委員会の計画の下に，市町村委員会が行うものとする。

第47条の5 教育委員会は，教育委員会規則で定めるところにより，その所管に属する学校ご

とに，当該学校の運営及び当該運営への必要な支援に関して協議する機関として，学校運営協議会を置くように努めなければならない。ただし，二以上の学校の運営に関し相互に密接な連携を図る必要がある場合として文部科学省令で定める場合には，二以上の学校について一の学校運営協議会を置くことができる。

2 学校運営協議会の委員は，次に掲げる者について，教育委員会が任命する。

一 対象学校（当該学校運営協議会が，その運営及び当該運営への必要な支援に関して協議する学校をいう。以下この条において同じ。）の所在する地域の住民

二 対象学校に在籍する生徒，児童又は幼児の保護者

三 社会教育法（昭和24年法律第207号）第9条の7第1項に規定する地域学校協働活動推進員その他の対象学校の運営に資する活動を行う者

四 その他当該教育委員会が必要と認める者

3 対象学校の校長は，前項の委員の任命に関する意見を教育委員会に申し出ることができる。

4 対象学校の校長は，当該対象学校の運営に関して，教育課程の編成その他教育委員会規則で定める事項について基本的な方針を作成し，当該対象学校の学校運営協議会の承認を得なければならない。

5 学校運営協議会は，前項に規定する基本的な方針に基づく対象学校の運営及び当該運営への必要な支援に関し，対象学校の所在する地域の住民，対象学校に在籍する生徒，児童又は幼児の保護者その他の関係者の理解を深めるとともに，対象学校とこれらの者との連携及び協力の推進に資するため，対象学校の運営及び当該運営への必要な支援に関する協議の結果に関する情報を積極的に提供するよう努めるものとする。

6 学校運営協議会は，対象学校の運営に関する事項（次項に規定する事項を除く。）について，教育委員会又は校長に対して，意見を述べることができる。

7 学校運営協議会は，対象学校の職員の採用その他の任用に関して教育委員会規則で定める事項について，当該職員の任命権者に対して意見を述べることができる。この場合において，当該職員が県費負担教職員（第55条第1項又は第61条第1項の規定により市町村委員会がその任用に関する事務を行う職員を除く。）である

ときは，市町村委員会を経由するものとする。

8　対象学校の職員の任命権者は，当該職員の任用に当たつては，前項の規定により述べられた意見を尊重するものとする。

9　教育委員会は，学校運営協議会の運営が適正を欠くことにより，対象学校の運営に現に支障が生じ，又は生ずるおそれがあると認められる場合においては，当該学校運営協議会の適正な運営を確保するために必要な措置を講じなければならない。

10　学校運営協議会の委員の任免の手続及び任期，学校運営協議会の議事の手続その他学校運営協議会の運営に関し必要な事項については，教育委員会規則で定める。

（文部科学大臣又は都道府県委員会の指導，助言及び援助）

第48条　地方自治法第245条の4第1項の規定によるほか，文部科学大臣は都道府県又は市町村に対し，都道府県委員会は市町村に対し，都道府県又は市町村の教育に関する事務の適正な処理を図るため，必要な指導，助言又は援助を行うことができる。

（是正の要求の方式）

第49条　文部科学大臣は，都道府県委員会又は市町村委員会の教育に関する事務の管理及び執行が法令の規定に違反するものがある場合又は当該事務の管理及び執行を怠るものがある場合において，児童，生徒等の教育を受ける機会が妨げられていることその他の教育を受ける権利が侵害されていることが明らかであるとして地方自治法第245条の5第1項若しくは第4項の規定による求め又は同条第2項の指示を行うときは，当該教育委員会が講ずべき措置の内容を示して行うものとする。

（文部科学大臣の指示）

第50条　文部科学大臣は，都道府県委員会又は市町村委員会の教育に関する事務の管理及び執行が法令の規定に違反するものがある場合又は当該事務の管理及び執行を怠るものがある場合において，児童，生徒等の生命又は身体に現に被害が生じ，又はまさに被害が生ずるおそれがあると見込まれ，その被害の拡大又は発生を防止するため，緊急の必要があるときは，当該教育委員会に対し，当該違反を是正し，又は当該怠る事務の管理及び執行を改めるべきことを指示することができる。ただし，他の措置によつては，その是正を図ることが困難である場合に限る。

（文部科学大臣の通知）

第50条の2　文部科学大臣は，第49条に規定する求め若しくは指示又は前条の規定による指示を行つたときは，遅滞なく，当該地方公共団体（第49条に規定する指示を行つたときにあつては，当該指示に係る市町村）の長及び議会に対して，その旨を通知するものとする。

（文部科学大臣及び教育委員会相互間の関係）

第51条　文部科学大臣は都道府県委員会又は市町村委員会相互の間の，都道府県委員会は市町村委員会相互の間の連絡調整を図り，並びに教育委員会は，相互の間の連絡を密にし，及び文部科学大臣又は他の教育委員会と協力し，教職員の適正な配置と円滑な交流及び教職員の勤務能率の増進を図り，もつてそれぞれその所掌する教育に関する事務の適正な執行と管理に努めなければならない。

（調査）

第53条　文部科学大臣又は都道府県委員会は，第48条第1項及び第51条の規定による権限を行うため必要があるときは，地方公共団体の長又は教育委員会が管理し，及び執行する教育に関する事務について，必要な調査を行うことができる。

2　文部科学大臣は，前項の調査に関し，都道府県委員会に対し，市町村長又は市町村委員会が管理し，及び執行する教育に関する事務について，その特に指定する事項の調査を行うよう指示をすることができる。

（資料及び報告）

第54条　教育行政機関は，的確な調査，統計その他の資料に基いて，その所掌する事務の適切かつ合理的な処理に努めなければならない。

2　文部科学大臣は地方公共団体の長又は教育委員会に対し，都道府県委員会は市町村長又は市町村委員会に対し，それぞれ都道府県又は市町村の区域内の教育に関する事務に関し，必要な調査，統計その他の資料又は報告の提出を求めることができる。

---

4. 学校教育法（抄）
昭和22年法律第26号

〔学校の定義〕

第1条　この法律で，学校とは，幼稚園，小学校，中学校，義務教育学校，高等学校，中等教育学校，特別支援学校，大学及び高等専門学校とする。

〔学校の設置者〕

第2条 学校は，国（国立大学法人法（平成15年法律第112号）第2条第1項に規定する国立大学法人及び独立行政法人国立高等専門学校機構を含む。以下同じ。），地方公共団体（地方独立行政法人法（平成15年法律第118号）第68条第1項に規定する公立大学法人（以下「公立大学法人」という。）を含む。次項及び第127条において同じ。）及び私立学校法（昭和24年法律第270号）第三条に規定する学校法人（以下「学校法人」という。）のみが，これを設置することができる。

② この法律で，国立学校とは，国の設置する学校を，公立学校とは，地方公共団体の設置する学校を，私立学校とは，学校法人の設置する学校をいう。

〔学校の設置基準〕

第3条 学校を設置しようとする者は，学校の種類に応じ，文部科学大臣の定める設備，編制その他に関する設置基準に従い，これを設置しなければならない。

〔設置廃止等の認可〕

第4条 次の各号に掲げる学校の設置廃止，設置者の変更その他政令で定める事項（次条において「設置廃止等」という。）は，それぞれ当該各号に定める者の認可を受けなければならない。これらの学校のうち，高等学校（中等教育学校の後期課程を含む。）の通常の課程（以下「全日制の課程」という。），夜間その他特別の時間又は時期において授業を行う課程（以下「定時制の課程」という。）及び通信による教育を行う課程（以下「通信制の課程」という。），大学の学部，大学院及び大学院の研究科並びに第108条第2項の大学の学科についても，同様とする。

一 公立又は私立の大学及び高等専門学校 文部科学大臣

二 市町村（市町村が単独で又は他の市町村と共同して設立する公立大学法人を含む。次条，第13条第2項，第14条，第130条第1項及び第131条において同じ。）の設置する高等学校，中等教育学校及び特別支援学校 都道府県の教育委員会

三 私立の幼稚園，小学校，中学校，義務教育学校，高等学校，中等教育学校及び特別支援学校 都道府県知事

〔設置者管理・負担主義〕

第5条 学校の設置者は，その設置する学校を管理し，法令に特別の定のある場合を除いては，その学校の経費を負担する。

〔授業料の徴収〕

第6条 学校においては，授業料を徴収することができる。ただし，国立又は公立の小学校及び中学校，義務教育学校，中等教育学校の前期課程又は特別支援学校の小学部及び中学部における義務教育については，これを徴収することができない。

〔校長・教員の欠格事由〕

第9条 次の各号のいずれかに該当する者は，校長又は教員となることができない。

一 禁錮以上の刑に処せられた者

二 教育職員免許法第10条第1項第二号又は第三号に該当することにより免許状がその効力を失い，当該失効の日から3年を経過しない者

三 教育職員免許法第11条第1項から第3項までの規定により免許状取上げの処分を受け，3年を経過しない者

四 日本国憲法施行の日以後において，日本国憲法又はその下に成立した政府を暴力で破壊することを主張する政党その他の団体を結成し，又はこれに加入した者

〔児童・生徒・学生の懲戒〕

第11条 校長及び教員は，教育上必要があると認めるときは，文部科学大臣の定めるところにより，児童，生徒及び学生に懲戒を加えることができる。ただし，体罰を加えることはできない。

〔健康診断等〕

第12条 学校においては，別に法律で定めるところにより，幼児，児童，生徒及び学生並びに職員の健康の保持増進を図るため，健康診断を行い，その他その保健に必要な措置を講じなければならない。

〔義務教育〕

第16条 保護者（子に対して親権を行う者（親権を行う者のないときは，未成年後見人）をいう。以下同じ。）は，次条に定めるところにより，子に九年の普通教育を受けさせる義務を負う。

〔就学義務〕

第17条 保護者は，子の満6歳に達した日の翌日以後における最初の学年の初めから，満12歳に達した日の属する学年の終わりまで，これを小学校，義務教育学校の前期課程又は特別支援学校の小学部に就学させる義務を負う。ただし，

子が，満12歳に達した日の属する学年の終わりまでに小学校の課程，義務教育学校の前期課程又は特別支援学校の小学部の課程を修了しないときは，満15歳に達した日の属する学年の終わり（それまでの間においてこれらの課程を修了したときは，その修了した日の属する学年の終わり）までとする。

②　保護者は，子が小学校の課程，義務教育学校の前期課程又は特別支援学校の小学部の課程を修了した日の翌日以後における最初の学年の初めから，満15歳に達した日の属する学年の終わりまで，これを中学校，義務教育学校の後期課程，中等教育学校の前期課程又は特別支援学校の中学部に就学させる義務を負う。

〔就学義務の猶予・免除〕

第18条　前条第１項又は第２項の規定によつて，保護者が就学させなければならない子（以下それぞれ「学齢児童」又は「学齢生徒」という。）で，病弱，発育不完全その他やむを得ない事由のため，就学困難と認められる者の保護者に対しては，市町村の教育委員会は，文部科学大臣の定めるところにより，同条第１項又は第２項の義務を猶予又は免除することができる。

〔就学の援助〕

第19条　経済的理由によつて，就学困難と認められる学齢児童又は学齢生徒の保護者に対しては，市町村は，必要な援助を与えなければならない。

〔義務教育の目標〕

第21条　義務教育として行われる普通教育は，教育基本法（平成18年法律第120号）第５条第２項に規定する目的を実現するため，次に掲げる目標を達成するよう行われるものとする。

一　学校内外における社会的活動を促進し，自主，自律及び協同の精神，規範意識，公正な判断力並びに公共の精神に基づき主体的に社会の形成に参画し，その発展に寄与する態度を養うこと。

二　学校内外における自然体験活動を促進し，生命及び自然を尊重する精神並びに環境の保全に寄与する態度を養うこと。

三　我が国と郷土の現状と歴史について，正しい理解に導き，伝統と文化を尊重し，それらをはぐくんできた我が国と郷土を愛する態度を養うとともに，進んで外国の文化の理解を通じて，他国を尊重し，国際社会の平和と発展に寄与する態度を養うこと。

四　家族と家庭の役割，生活に必要な衣，食，住，情報，産業その他の事項について基礎的な理解と技能を養うこと。

五　読書に親しませ，生活に必要な国語を正しく理解し，使用する基礎的な能力を養うこと。

六　生活に必要な数量的な関係を正しく理解し，処理する基礎的な能力を養うこと。

七　生活にかかわる自然現象について，観察及び実験を通じて，科学的に理解し，処理する基礎的な能力を養うこと。

八　健康，安全で幸福な生活のために必要な習慣を養うとともに，運動を通じて体力を養い，心身の調和的発達を図ること。

九　生活を明るく豊かにする音楽，美術，文芸その他の芸術について基礎的な理解と技能を養うこと。

十　職業についての基礎的な知識と技能，勤労を重んずる態度及び個性に応じて将来の進路を選択する能力を養うこと。

〔幼稚園の目的〕

第22条　幼稚園は，義務教育及びその後の教育の基礎を培うものとして，幼児を保育し，幼児の健やかな成長のために適当な環境を与えて，その心身の発達を助長することを目的とする。

〔幼稚園教育の目標〕

第23条　幼稚園における教育は，前条に規定する目的を実現するため，次に掲げる目標を達成するよう行われるものとする。

一　健康，安全で幸福な生活のために必要な基本的な習慣を養い，身体諸機能の調和的発達を図ること。

二　集団生活を通じて，喜んでこれに参加する態度を養うとともに家族や身近な人への信頼感を深め，自主，自律及び協同の精神並びに規範意識の芽生えを養うこと。

三　身近な社会生活，生命及び自然に対する興味を養い，それらに対する正しい理解と態度及び思考力の芽生えを養うこと。

四　日常の会話や，絵本，童話等に親しむことを通じて，言葉の使い方を正しく導くとともに，相手の話を理解しようとする態度を養うこと。

五　音楽，身体による表現，造形等に親しむことを通じて，豊かな感性と表現力の芽生えを養うこと。

〔幼稚園職員の配置と職務〕

第27条　幼稚園には，園長，教頭及び教諭を置かなければならない。

④　園長は，園務をつかさどり，所属職員を監

督する。

⑤　副園長は，園長を助け，命を受けて園務を
つかさどる。

⑥　教頭は，園長（副園長を置く幼稚園にあつ
ては，園長及び副園長）を助け，園務を整理し，
及び必要に応じ幼児の保育をつかさどる。

⑦　主幹教諭は，園長（副園長を置く幼稚園に
あつては，園長及び副園長）及び教頭を助け，
命を受けて園務の一部を整理し，並びに幼児の
保育をつかさどる。

⑧　指導教諭は，幼児の保育をつかさどり，並
びに教諭その他の職員に対して，保育の改善及
び充実のために必要な指導及び助言を行う。

⑨　教諭は，幼児の保育をつかさどる。

〔小学校の目的〕

第29条　小学校は，心身の発達に応じて，義務
教育として行われる普通教育のうち基礎的なも
のを施すことを目的とする。

〔小学校教育の目標〕

第30条　小学校における教育は，前条に規定す
る目的を実現するために必要な程度において第
21条各号に掲げる目標を達成するよう行われる
ものとする。

②　前項の場合においては，生涯にわたり学習
する基盤が培われるよう，基礎的な知識及び技
能を習得させるとともに，これらを活用して課
題を解決するために必要な思考力，判断力，表
現力その他の能力をはぐくみ，主体的に学習に
取り組む態度を養うことに，特に意を用いなけ
ればならない。

〔児童の体験活動の充実〕

第31条　小学校においては，前条第1項の規定
による目標の達成に資するよう，教育指導を行
うに当たり，児童の体験的な学習活動，特にボ
ランティア活動など社会奉仕体験活動，自然体
験活動その他の体験活動の充実に努めるものと
する。この場合において，社会教育関係団体そ
の他の関係団体及び関係機関との連携に十分配
慮しなければならない。

〔教育課程〕

第33条　小学校の教育課程に関する事項は，第
29条及び第30条の規定に従い，文部科学大臣が
定める。

〔教科書・教材の使用〕

第34条　小学校においては，文部科学大臣の検
定を経た教科用図書又は文部科学省が著作の名
義を有する教科用図書を使用しなければならな
い。

②　前項に規定する教科用図書（以下この条に
おいて「教科用図書」という。）の内容を文部
科学大臣の定めるところにより記録した電磁的
記録（電子的方式，磁気的方式その他人の知覚
によつては認識することができない方式で作ら
れる記録であつて，電子計算機による情報処理
の用に供されるものをいう。）である教材があ
る場合には，同項の規定にかかわらず，文部科
学大臣の定めるところにより，児童の教育の充
実を図るため必要があると認められる教育課程
の一部において，教科用図書に代えて当該教材
を使用することができる。

③　前項に規定する場合において，視覚障害，
発達障害その他の文部科学大臣の定める事由に
より教科用図書を使用して学習することが困難
な児童に対し，教科用図書に用いられた文字，
図形等の拡大又は音声への変換その他の同項に
規定する教材を電子計算機において用いること
により可能となる方法で指導することにより当
該児童の学習上の困難の程度を低減させる必要
があると認められるときは，文部科学大臣の定
めるところにより，教育課程の全部又は一部に
おいて，教科用図書に代えて当該教材を使用す
ることができる。

④　教科用図書及び第2項に規定する教材以外
の教材で，有益適切なものは，これを使用する
ことができる。

⑤　第一項の検定の申請に係る教科用図書に関
し調査審議させるための審議会等（国家行政組
織法（昭和23年法律第120号）第8条に規定す
る機関をいう。以下同じ。）については，政令
で定める。

〔児童の出席停止〕

第35条　市町村の教育委員会は，次に掲げる行
為の一又は二以上を繰り返し行う等性行不良で
あつて他の児童の教育に妨げがあると認める児
童があるときは，その保護者に対して，児童の
出席停止を命ずることができる。

一　他の児童に傷害，心身の苦痛又は財産上の
　　損失を与える行為

二　職員に傷害又は心身の苦痛を与える行為

三　施設又は設備を損壊する行為

四　授業その他の教育活動の実施を妨げる行為

②　市町村の教育委員会は，前項の規定により
出席停止を命ずる場合には，あらかじめ保護者
の意見を聴取するとともに，理由及び期間を記
載した文書を交付しなければならない。

③　前項に規定するもののほか，出席停止の命

令の手続に関し必要な事項は，教育委員会規則で定めるものとする。

④　市町村の教育委員会は，出席停止の命令に係る児童の出席停止の期間における学習に対する支援その他の教育上必要な措置を講ずるものとする。

〔職員〕

第37条　小学校には，校長，教頭，教諭，養護教諭及び事務職員を置かなければならない。

④　校長は，校務をつかさどり，所属職員を監督する。

⑤　副校長は，校長を助け，命を受けて校務をつかさどる。

⑦　教頭は，校長（副校長を置く小学校にあつては，校長及び副校長）を助け，校務を整理し，及び必要に応じ児童の教育をつかさどる。

⑨　主幹教諭は，校長（副校長を置く小学校にあつては，校長及び副校長）及び教頭を助け，命を受けて校務の一部を整理し，並びに児童の教育をつかさどる。

⑩　指導教諭は，児童の教育をつかさどり，並びに教諭その他の職員に対して，教育指導の改善及び充実のために必要な指導及び助言を行う。

⑪　教諭は，児童の教育をつかさどる。

⑮　助教諭は，教諭の職務を助ける。

⑯　講師は，教諭又は助教諭に準ずる職務に従事する。

〔小学校の設置義務〕

第38条　市町村は，その区域内にある学齢児童を就学させるに必要な小学校を設置しなければならない。ただし，教育上有益かつ適切であると認めるときは，義務教育学校の設置をもつてこれに代えることができる。

〔学校評価〕

第42条　小学校は，文部科学大臣の定めるところにより当該小学校の教育活動その他の学校運営の状況について評価を行い，その結果に基づき学校運営の改善を図るため必要な措置を講ずることにより，その教育水準の向上に努めなければならない。

〔中学校の目的〕

第45条　中学校は，小学校における教育の基礎の上に，心身の発達に応じて，義務教育として行われる普通教育を施すことを目的とする。

〔中学校教育の目標〕

第46条　中学校における教育は，前条に規定する目的を実現するため，第21条各号に掲げる目標を達成するよう行われるものとする。

〔義務教育学校の目的〕

第49条の2　義務教育学校は，心身の発達に応じて，義務教育として行われる普通教育を基礎的なものから一貫して施すことを目的とする。

〔義務教育学校の目標〕

第49条の3　義務教育学校における教育は，前条に規定する目的を実現するため，第21条各号に掲げる目標を達成するよう行われるものとする。

〔高等学校の目的〕

第50条　高等学校は，中学校における教育の基礎の上に，心身の発達及び進路に応じて，高度な普通教育及び専門教育を施すことを目的とする。

〔高等学校教育の目標〕

第51条　高等学校における教育は，前条に規定する目的を実現するため，次に掲げる目標を達成するよう行われるものとする。

一　義務教育として行われる普通教育の成果を更に発展拡充させて，豊かな人間性，創造性及び健やかな身体を養い，国家及び社会の形成者として必要な資質を養うこと。

二　社会において果たさなければならない使命の自覚に基づき，個性に応じて将来の進路を決定させ，一般的な教養を高め，専門的な知識，技術及び技能を習得させること。

三　個性の確立に努めるとともに，社会について，広く深い理解と健全な批判力を養い，社会の発展に寄与する態度を養うこと。

〔中等教育学校の目的〕

第63条　中等教育学校は，小学校における教育の基礎の上に，心身の発達及び進路に応じて，義務教育として行われる普通教育並びに高度な普通教育及び専門教育を一貫して施すことを目的とする。

〔中等教育学校の目標〕

第64条　中等教育学校における教育は，前条に規定する目的を実現するため，次に掲げる目標を達成するよう行われるものとする。

一　豊かな人間性，創造性及び健やかな身体を養い，国家及び社会の形成者として必要な資質を養うこと。

二　社会において果たさなければならない使命の自覚に基づき，個性に応じて将来の進路を決定させ，一般的な教養を高め，専門的な知識，技術及び技能を習得させること。

三　個性の確立に努めるとともに，社会について，広く深い理解と健全な批判力を養い，社

会の発展に寄与する態度を養うこと。

〔特別支援学校の目的〕

第72条 特別支援学校は，視覚障害者，聴覚障害者，知的障害者，肢体不自由者又は病弱者（身体虚弱者を含む。以下同じ。）に対して，幼稚園，小学校，中学校又は高等学校に準ずる教育を施すとともに，障害による学習上又は生活上の困難を克服し自立を図るために必要な知識技能を授けることを目的とする。

〔障害の程度〕

第75条 第72条に規定する視覚障害者，聴覚障害者，知的障害者，肢体不自由者又は病弱者の障害の程度は，政令で定める。

〔寄宿舎の設置〕

第78条 特別支援学校には，寄宿舎を設けなければならない。ただし，特別の事情のあるときは，これを設けないことができる。

〔特別支援学校の設置義務〕

第80条 都道府県は，その区域内にある学齢児童及び学齢生徒のうち，視覚障害者，聴覚障害者，知的障害者，肢体不自由者又は病弱者で，その障害が第75条の政令で定める程度のものを就学させるに必要な特別支援学校を設置しなければならない。

〔特別支援学級〕

第81条 幼稚園，小学校，中学校，義務教育学校，高等学校及び中等教育学校においては，次項各号のいずれかに該当する幼児，児童及び生徒その他教育上特別の支援を必要とする幼児，児童及び生徒に対し，文部科学大臣の定めるところにより，障害による学習上又は生活上の困難を克服するための教育を行うものとする。

② 小学校，中学校，義務教育学校，高等学校及び中等教育学校には，次の各号のいずれかに該当する児童及び生徒のために，特別支援学級を置くことができる。

一　知的障害者

二　肢体不自由者

三　身体虚弱者

四　弱視者

五　難聴者

六　その他障害のある者で，特別支援学級において教育を行うことが適当なもの

③ 前項に規定する学校においては，疾病により療養中の児童及び生徒に対して，特別支援学級を設け，又は教員を派遣して，教育を行うことができる。

〔専修学校の目的〕

第124条 第1条に掲げるもの以外の教育施設で，職業若しくは実際生活に必要な能力を育成し，又は教養の向上を図ることを目的として次の各号に該当する組織的な教育を行うもの（当該教育を行うにつき他の法律に特別の規定があるもの及び我が国に居住する外国人を専ら対象とするものを除く。）は，専修学校とする。

一　修業年限が1年以上であること。

二　授業時数が文部科学大臣の定める授業時数以上であること。

三　教育を受ける者が常時40人以上であること。

〔設置者〕

第127条 専修学校は，国及び地方公共団体のほか，次に該当する者でなければ，設置することができない。

一　専修学校を経営するために必要な経済的基礎を有すること。

二　設置者（設置者が法人である場合にあつては，その経営を担当する当該法人の役員とする。次号において同じ。）が専修学校を経営するために必要な知識又は経験を有すること。

三　設置者が社会的信望を有すること。

〔各種学校〕

第134条 第1条に掲げるもの以外のもので，学校教育に類する教育を行うもの（当該教育を行うにつき他の法律に特別の規定があるもの及び第124条に規定する専修学校の教育を行うものを除く。）は，各種学校とする。

〔社会教育施設の附置・目的外利用〕

第137条 学校教育上支障のない限り，学校には，社会教育に関する施設を附置し，又は学校の施設を社会教育その他公共のために，利用させることができる。

附則

第6条 私立の幼稚園は，第2条第1項の規定にかかわらず，当分の間，学校法人によつて設置されることを要しない。

第9条 高等学校，中等教育学校の後期課程及び特別支援学校並びに特別支援学級においては，当分の間，第34条第1項（第49条，第49条の8，第62条，第70条第1項及び第82条において準用する場合を含む。）の規定にかかわらず，文部科学大臣の定めるところにより，第34条第1項に規定する教科用図書以外の教科用図書を使用することができる。

② 第34条第2項及び第3項の規定は，前項の規定により使用する教科用図書について準用する。

5. 学校教育法施行令（抄）
昭和28年政令第340号

第1章　就学義務
第1節　学齢簿
（学齢簿の編製）

第1条　市（特別区を含む。以下同じ。）町村の教育委員会は，当該市町村の区域内に住所を有する学齢児童及び学齢生徒（それぞれ学校教育法（以下「法」という。）第18条に規定する学齢児童及び学齢生徒をいう。以下同じ。）について，学齢簿を編製しなければならない。

2　前項の規定による学齢簿の編製は，当該市町村の住民基本台帳に基づいて行なうものとする。

（入学期日等の通知，学校の指定）

第5条　市町村の教育委員会は，就学予定者（法17条第1項又は第二項の規定により，翌学年の初めから小学校，中学校，義務教育学校，中等教育学校又は特別支援学校に就学させるべき者をいう。以下同じ。）のうち，認定特別支援学校就学者（視覚障害者，聴覚障害者，知的障害者，肢体不自由者又は病弱者（身体虚弱者を含む。）で，その障害が，第22条の3の表に規定する程度のもの（以下「視覚障害者等」という。）のうち，当該市町村の教育委員会が，その者の障害の状態，その者の教育上必要な支援の内容，地域における教育の体制の整備の状況その他の事情を勘案して，その住所の存する都道府県の設置する特別支援学校に就学させることが適当であると認める者をいう。以下同じ。）以外の者について，その保護者に対し，翌学年の初めから二月前までに，小学校，中学校又は義務教育学校の入学期日を通知しなければならない。

2　市町村の教育委員会は，当該市町村の設置する小学校及び義務教育学校の数の合計数が二以上である場合又は当該市町村の設置する中学校（法第71条の規定により高等学校における教育と一貫した教育を施すもの（以下「併設型中学校」という。）を除く。以下この項，次条第七号，第6条の3第1項，第7条及び第8条において同じ。）及び義務教育学校の数の合計数が二以上である場合においては，前項の通知において当該就学予定者の就学すべき小学校，中学校又は義務教育学校を指定しなければならな

い。

（就学学校の変更）

第8条　市町村の教育委員会は，第5条第2項（第6条において準用する場合を含む。）の場合において，相当と認めるときは，保護者の申立てにより，その指定した小学校，中学校又は義務教育学校を変更することができる。この場合においては，速やかに，その保護者及び前条の通知をした小学校，中学校又は義務教育学校の校長に対し，その旨を通知するとともに，新たに指定した小学校，中学校又は義務教育学校の校長に対し，同条の通知をしなければならない。

（区域外就学等）

第9条　児童生徒等をその住所の存する市町村の設置する小学校，中学校（併設型中学校を除く。）又は義務教育学校以外の小学校，中学校，義務教育学校又は中等教育学校に就学させようとする場合には，その保護者は，就学させようとする小学校，中学校，義務教育学校又は中等教育学校が市町村又は都道府県の設置するものであるときは当該市町村又は都道府県の教育委員会の，その他のものであるときは当該小学校，中学校，義務教育学校又は中等教育学校における就学を承認する権限を有する者の承諾を証する書面を添え，その旨をその児童生徒等の住所の存する市町村の教育委員会に届け出なければならない。

2　市町村の教育委員会は，前項の承諾（当該市町村の設置する小学校，中学校（併設型中学校を除く。）又は義務教育学校への就学に係るものに限る。）を与えようとする場合には，あらかじめ，児童生徒等の住所の存する市町村の教育委員会に協議するものとする。

第3節　特別支援学校
（特別支援学校の入学期日等の通知，学校の指定）

第14条　都道府県の教育委員会は，第11条第1項（第11条の2，第11条の3，第12条第2項及び第12条の2第2項において準用する場合を含む。）の通知を受けた児童生徒等及び特別支援学校の新設，廃止等によりその就学させるべき特別支援学校を変更する必要を生じた児童生徒等について，その保護者に対し，第11条第1項（第11条の2において準用する場合を含む。）の通知を受けた児童生徒等にあっては翌学年の初めから二月前までに，その他の児童生徒等にあつては速やかに特別支援学校の入学期日を通知しなければならない。

2　都道府県の教育委員会は，当該都道府県の設置する特別支援学校が２校以上ある場合においては，前項の通知において当該児童生徒等を就学させるべき特別支援学校を指定しなければならない。

第４節　督促等

（長期欠席者等の教育委員会への通知）

第20条　小学校，中学校，義務教育学校，中等教育学校及び特別支援学校の校長は，当該学校に在学する学齢児童又は学齢生徒が，休業日を除き引き続き七日間出席せず，その他その出席状況が良好でない場合において，その出席させないことについて保護者に正当な事由がないと認められるときは，速やかに，その旨を当該学齢児童又は学齢生徒の住所の存する市町村の教育委員会に通知しなければならない。

（教育委員会の行う出席の督促等）

第21条　市町村の教育委員会は，前条の通知を受けたときその他当該市町村に住所を有する学齢児童又は学齢生徒の保護者が法第17条第１項又は第２項に規定する義務を怠つていると認められるときは，その保護者に対して，当該学齢児童又は学齢生徒の出席を督促しなければならない。

第２章　視覚障害者等の障害の程度

第22条の３　法第75条の政令で定める視覚障害者，聴覚障害者，知的障害者，肢体不自由者又は病弱者の障害の程度は，次の表に掲げるとおりとする。

区分	障害の程度
視覚障害者	両眼の視力がおおむね〇・三未満のもの又は視力以外の視機能障害が高度のもののうち，拡大鏡の使用によつても通常の文字，図形等の視覚による認識が不可能又は著しく困難な程度のもの
聴覚障害者	両耳の聴力レベルがおおむね六〇デシベル以上のもののうち，補聴器等の使用によつても通常の話声を解することが不可能又は著しく困難な程度のもの
知的障害者	一　知的発達の遅滞があり，他人との意思疎通が困難で日常生活を営むのに頻繁に援助を必要とする程度のもの 二　知的発達の遅滞の程度が前号に掲げる程度に達しないもののうち，社会生活への適応が著しく困難なもの
肢体不自由者	一　肢体不自由の状態が補装具の使用によつても歩行，筆記等日常生活における基本的な動作が不可能又は困難な程度のもの 二　肢体不自由の状態が前号に掲げる程度に達しないもののうち，常時の医学的観察指導を必要とする程度のもの
病弱者	一　慢性の呼吸器疾患，腎臓疾患及び神経疾患，悪性新生物その他の疾患の状態が継続して医療又は生活規制を必要とする程度のもの 二　身体虚弱の状態が継続して生活規制を必要とする程度のもの

備考

一　視力の測定は，万国式試視力表によるものとし，屈折異常があるものについては，矯正視力によつて測定する。

二　聴力の測定は，日本工業規格によるオージオメータによる。

第３章　認可，届出等

第１節　認可及び届出等

（市町村立小中学校等の設置廃止等についての届出）

第25条　市町村の教育委員会又は市町村が単独で若しくは他の市町村と共同して設立する公立大学法人の理事長は，当該市町村又は公立大学法人の設置する小学校，中学校又は義務教育学校（第五号の場合にあつては，特別支援学校の小学部及び中学部を含む。）について次に掲げる事由があるときは，その旨を都道府県の教育委員会に届け出なければならない。

一　設置し，又は廃止しようとするとき。

二　新たに設置者となり，又は設置者たることをやめようとするとき。

三　名称又は位置を変更しようとするとき。

四　分校を設置し，又は廃止しようとするとき。

五　二部授業を行おうとするとき。

第２節　学期，休業日及び学校廃止後の書類の保存

（学期及び休業日）

第29条　公立の学校（大学を除く。以下この条において同じ。）の学期並びに夏季，冬季，学年末，農繁期等における休業日又は家庭及び地域における体験的な学習活動その他の学習活動のための休業日（次項において「体験的な学習活動等休業日」という。）は，市町村又は都道府

県の設置する学校にあつては当該市町村又は都道府県の教育委員会が，公立大学法人の設置する学校にあつては当該公立大学法人の理事長が定める。

２　市町村又は都道府県の教育委員会は，体験的学習活動等休業日を定めるに当たつては，家庭及び地域における幼児，児童，生徒又は学生の体験的な学習活動その他の学習活動の体験的学習活動等休業日における円滑な実施及び充実を図るため，休業日の時期を適切に分散させて定めることその他の必要な措置を講ずるよう努めるものとする。

（学校廃止後の書類の保存）

第31条　公立又は私立の学校（私立の大学及び高等専門学校を除く。）が廃止されたときは，市町村又は都道府県の設置する学校（大学を除く。）については当該学校を設置していた市町村又は都道府県の教育委員会が，市町村又は都道府県の設置する大学については当該大学を設置していた市町村又は都道府県の長が，公立大学法人の設置する学校については当該学校を設置していた公立大学法人の設立団体（地方独立行政法人法第６条第３項に規定する設立団体をいう。）の長が，私立の学校については当該学校の所在していた都道府県の知事が，文部科学省令で定めるところにより，それぞれ当該学校に在学し，又はこれを卒業した者の学習及び健康の状況を記録した書類を保存しなければならない。

6.　学校教育法施行規則（抄）
昭和22年文部省令第11号

第１章　総則

第１節　設置廃止等

〔学校施設設備と教育環境〕

第１条　学校には，その学校の目的を実現するために必要な校地，校舎，校具，運動場，図書館又は図書室，保健室その他の設備を設けなければならない。

②　学校の位置は，教育上適切な環境に，これを定めなければならない。

〔二部授業実施の届出〕

第９条　二部授業を行うことについての届出は，届出書に，その事由，期間及び実施方法を記載した書類を添えてしなければならない。

第３節　管理

〔指導要録〕

第24条　校長は，その学校に在学する児童等の指導要録（学校教育法施行令第31条に規定する児童等の学習及び健康の状況を記録した書類の原本をいう。以下同じ。）を作成しなければならない。

②　校長は，児童等が進学した場合においては，その作成に係る当該児童等の指導要録の抄本又は写しを作成し，これを進学先の校長に送付しなければならない。

③　校長は，児童等が転学した場合においては，その作成に係る当該児童等の指導要録の写しを作成し，その写し（転学してきた児童等については転学により送付を受けた指導要録（就学前の子どもに関する教育，保育等の総合的な提供の推進に関する法律施行令（平成26年政令第203号）第８条に規定する園児の学習及び健康の状況を記録した書類の原本を含む。）の写しを含む。）及び前項の抄本又は写しを転学先の校長，保育所の長又は認定こども園の長に送付しなければならない。

〔出席簿〕

第25条　校長（学長を除く。）は，当該学校に在学する児童等について出席簿を作成しなければならない。

〔懲戒〕

第26条　校長及び教員が児童等に懲戒を加えるに当つては，児童等の心身の発達に応ずる等教育上必要な配慮をしなければならない。

②　懲戒のうち，退学，停学及び訓告の処分は，校長（大学にあつては，学長の委任を受けた学部長を含む。）が行う。

③　前項の退学は，市町村立の小学校，中学校（学校教育法第71条の規定により高等学校における教育と一貫した教育を施すもの（以下「併設型中学校」という。）を除く。）若しくは，義務教育学校又は公立の特別支援学校に在学する学齢児童又は学齢生徒を除き，次の各号のいずれかに該当する児童等に対して行うことができる。

一　性行不良で改善の見込がないと認められる者

二　学力劣等で成業の見込がないと認められる者

三　正当の理由がなくて出席常でない者

四　学校の秩序を乱し，その他学生又は生徒としての本分に反した者

④　第２項の停学は，学齢児童又は学齢生徒に

対しては，行うことができない。

⑤　学長は，学生に対する第二項の退学，停学
及び訓告の処分の手続を定めなければならない。

〔備付表簿，その保存期間〕

第28条　学校において備えなければならない表
簿は，概ね次のとおりとする。

一　学校に関係のある法令

二　学則，日課表，教科用図書配当表，学校医
　執務記録簿，学校歯科医執務記録簿，学校薬
　剤師執務記録簿及び学校日誌

三　職員の名簿，履歴書，出勤簿並びに担任学
　級，担任の教科又は科目及び時間表

四　指導要録，その写し及び抄本並びに出席簿
　及び健康診断に関する表簿

五　入学者の選抜及び成績考査に関する表簿

六　資産原簿，出納簿及び経費の予算決算につ
　いての帳簿並びに図書機械器具，標本，模型
　等の教具の目録

七　往復文書処理簿

②　前項の表簿（第24条第２項の抄本又は写し
を除く。）は，別に定めるもののほか，５年間保
存しなければならない。ただし，指導要録及び
その写しのうち入学，卒業等の学籍に関する記
録については，その保存期間は，20年間とする。

第２章　義務教育

〔保護者の意見の聴取〕

第32条　市町村の教育委員会は，学校教育法施
行令第５条第２項（同令第６条において準用す
る場合を含む。次項において同じ。）の規定に
より就学予定者の就学すべき小学校，中学校又
は義務教育学校（次項において「就学校」とい
う。）を指定する場合には，あらかじめ，その
保護者の意見を聴取することができる。この場
合においては，意見の聴取の手続に関し必要な
事項を定め，公表するものとする。

第４章　小学校

第１節　設備編制

〔小学校の設置基準〕

第40条　小学校の設備，編制その他設置に関す
る事項は，この節に定めるもののほか，小学校
設置基準（平成14年文部科学省令第14号）の定
めるところによる。

〔学級数〕

第41条　小学校の学級数は，12学級以上18学級
以下を標準とする。ただし，地域の実態その他に
より特別の事情のあるときは，この限りでない。

〔教務主任・学年主任〕

第44条　小学校には，教務主任及び学年主任を
置くものとする。

２　前項の規定にかかわらず，第４項に規定す
る教務主任の担当する校務を整理する主幹教諭
を置くときその他特別の事情のあるときは教務
主任を，第５項に規定する学年主任の担当する
校務を整理する主幹教諭を置くときその他特別
の事情のあるときは学年主任を，それぞれ置か
ないことができる。

３　教務主任及び学年主任は，指導教諭又は教
諭をもつて，これに充てる。

４　教務主任は，校長の監督を受け，教育計画
の立案その他の教務に関する事項について連絡
調整及び指導，助言に当たる。

５　学年主任は，校長の監督を受け，当該学年
の教育活動に関する事項について連絡調整及び
指導，助言に当たる。

〔職員会議の設置〕

第48条　小学校には，設置者の定めるところに
より，校長の職務の円滑な執行に資するため，
職員会議を置くことができる。

２　職員会議は，校長が主宰する。

〔学校評議員の設置・運営参加〕

第49条　小学校には，設置者の定めるところに
より，学校評議員を置くことができる。

２　学校評議員は，校長の求めに応じ，学校運
営に関し意見を述べることができる。

３　学校評議員は，当該小学校の職員以外の者
で教育に関する理解及び識見を有するもののう
ちから，校長の推薦により，当該小学校の設置
者が委嘱する。

第２節　教育課程

〔教育課程の編成〕

第50条　小学校の教育課程は，国語，社会，算
数，理科，生活，音楽，図画工作，家庭，体育
及び外国語の各教科（以下この節において「各
教科」という。），特別の教科である道徳，外国
語活動，総合的な学習の時間並びに特別活動に
よつて編成するものとする。

２　私立の小学校の教育課程を編成する場合は，
前項の規定にかかわらず，宗教を加えることが
できる。この場合においては，宗教をもつて前項
の特別の教科である道徳に代えることができる。

〔授業時数〕

第51条　小学校（第52条の２第２項に規定する
中学校連携型小学校及び第79条の９第２項に規
定する中学校併設型小学校を除く。）の各学年

における各教科，特別の教科である道徳，外国語活動，総合的な学習の時間及び特別活動のそれぞれの授業時数並びに各学年におけるこれらの総授業時数は，別表第一に定める授業時数を標準とする。

別表第一　（第51条関係）

	第1学年	第2学年	第3学年	第4学年	第5学年	第6学年
国　語	306	315	245	245	175	175
社　会	－	－	70	90	100	105
算　数	136	175	175	175	175	175
理　科	－	－	90	105	105	105
生　活	102	105	－	－	－	－
音　楽	68	70	60	60	50	50
図画工作	68	70	60	60	50	50
家　庭	－	－	－	－	60	55
体　育	102	105	105	105	90	90
特別の教科道徳	34	35	35	35	35	35
特別活動	34	35	35	35	35	35
総合的な学習の時間	－	－	70	70	70	70
外国語活動	－	－	35	35	－	－
外国語	－	－	－	－	70	70
総授業時数	850	910	980	1015	1015	1015

〔教育課程の基準〕

第52条　小学校の教育課程については，この節に定めるもののほか，教育課程の基準として文部科学大臣が別に公示する小学校学習指導要領によるものとする。

第3節　学年及び授業日

〔学年〕

第59条　小学校の学年は，4月1日に始まり，翌年3月31日に終わる。

〔授業終始の時刻〕

第60条　授業終始の時刻は，校長が定める。

〔公立小学校における休業日〕

第61条　公立小学校における休業日は，次のとおりとする。ただし，第三号に掲げる日を除き，当該学校を設置する地方公共団体の教育委員会（公立大学法人の設置する小学校にあつては，当該公立大学法人の理事長。第三号において同じ。）が必要と認める場合は，この限りでない。

一　国民の祝日に関する法律（昭和23年法律第178号）に規定する日

二　日曜日及び土曜日

三　学校教育法施行令第29条第1項の規定により教育委員会が定める日

〔非常変災等における臨時休業〕

第63条　非常変災その他急迫の事情があるときは，校長は，臨時に授業を行わないことができる。この場合において，公立小学校についてはこの旨を当該学校を設置する地方公共団体の教育委員会（公立大学法人の設置する小学校にあつては，当該公立大学法人の理事長）に報告しなければならない。

第4節　職員

〔医療的ケア看護職員〕

第65条の2　医療的ケア看護職員は，小学校における日常生活及び社会生活を営むために恒常的に医療的ケア（人工呼吸器による呼吸管理，喀痰（かくたん）吸引その他の医療行為をいう。）を受けることが不可欠である児童の療養上の世話又は診療の補助に従事する。

〔スクールカウンセラー〕

第65条の3　スクールカウンセラーは，小学校における児童の心理に関する支援に従事する。

〔スクールソーシャルワーカー〕

第65条の4　スクールソーシャルワーカーは，小学校における児童の福祉に関する支援に従事する。

〔情報通信技術支援員〕

第65条の5　情報通信技術支援員は，教育活動その他の学校運営における情報通信技術の活用に関する支援に従事する。

〔特別支援教育支援員〕

第65条の6　特別支援教育支援員は，教育上特別の支援を必要とする児童の学習上又は生活上必要な支援に従事する。

〔教員業務支援員〕

第65条の7　教員業務支援員は，教員の業務の円滑な実施に必要な支援に従事する。

第5章　中学校

〔生徒指導主事〕

第70条　中学校には，生徒指導主事を置くもの

とする。

2 前項の規定にかかわらず，第4項に規定する生徒指導主事の担当する校務を整理する主幹教諭を置くときその他特別の事情のあるときは，生徒指導主事を置かないことができる。

3 生徒指導主事は，指導教諭又は教諭をもつて，これに充てる。

4 生徒指導主事は，校長の監督を受け，生徒指導に関する事項をつかさどり，当該事項について連絡調整及び指導，助言に当たる。

〔進路指導主事〕

第71条 中学校には，進路指導主事を置くものとする。

2 前項の規定にかかわらず，第3項に規定する進路指導主事の担当する校務を整理する主幹教諭を置くときは，進路指導主事を置かないことができる。

3 進路指導主事は，指導教諭又は教諭をもつて，これに充てる。校長の監督を受け，生徒の職業選択の指導その他の進路の指導に関する事項をつかさどり，当該事項について連絡調整及び指導，助言に当たる。

〔教育課程〕

第72条 中学校の教育課程は，国語，社会，数学，理科，音楽，美術，保健体育，技術・家庭及び外国語の各教科（以下本章及び第7章中「各教科」という。），特別の教科である道徳，総合的な学習の時間並びに特別活動によつて編成するものとする。

第78条の2 部活動指導員は，中学校におけるスポーツ，文化，科学等に関する教育活動（中学校の教育課程として行われるものを除く。）に係る技術的な指導に従事する。

第6章 高等学校

第1節 設備，編制，学科及び教育課程
〔教育課程の編成〕

第83条 高等学校の教育課程は，別表第三に定める各教科に属する科目，総合的な探究の時間及び特別活動によつて編成するものとする。

〔教科用図書〕

第89条 高等学校においては，文部科学大臣の検定を経た教科用図書又は文部科学省が著作の名義を有する教科用図書のない場合には，当該高等学校の設置者の定めるところにより，他の適切な教科用図書を使用することができる。

第8章 特別支援教育

〔教育支援計画〕

第134条の2 校長は，特別支援学校に在学する児童等について個別の教育支援計画（学校と医療，保健，福祉，労働等に関する業務を行う関係機関及び民間団体（次項において「関係機関等」という。）との連携の下に行う当該児童等に対する長期的な支援に関する計画をいう。）を作成しなければならない。

2 校長は，前項の規定により個別の教育支援計画を作成するに当たつては，当該児童等又はその保護者の意向を踏まえつつ，あらかじめ，関係機関等と当該児童等の支援に関する必要な情報の共有を図らなければならない。

〔教育課程〕

第140条 小学校，中学校，義務教育学校，高等学校又は中等教育学校において，次の各号のいずれかに該当する児童又は生徒（特別支援学級の児童及び生徒を除く。）のうち当該障害に応じた特別の指導を行う必要があるものを教育する場合には，文部科学大臣が別に定めるところにより，第50条第1項（第79条の6第1項において準用する場合を含む。），第51条，第52条（第79条の6第1項において準用する場合を含む。），第52の3，第72条（第79条の6第2項及び第108条第1項において準用する場合を含む。），第73条，第74条（第79条の6第2項及び第108条第1項において準用する場合を含む。），第74条の3，第76条，第79条の5（第79条の12において準用する場合を含む。）及び第107条（第117条において準用する場合を含む。）の規定にかかわらず，特別の教育課程によることができる。

一 言語障害者

二 自閉症者

三 情緒障害者

四 弱視者

五 難聴者

六 学習障害者

七 注意欠陥多動性障害者

八 その他障害のある者で，この条の規定により特別の教育課程による教育を行うことが適当なもの

〔他の小中高等学校の授業の取扱い〕

第141条 前条の規定により特別の教育課程による場合においては，校長は，児童又は生徒が，当該小学校，中学校，義務教育学校又は中等教育学校の設置者の定めるところにより他の小学校，中学校，義務教育学校，高等学校，中等教

育学校又は特別支援学校の小学部若しくは中学部若しくは高等部において受けた授業を，当該小学校，中学校，義務教育学校，高等学校又は中等教育学校において受けた当該特別の教育課程に係る授業とみなすことができる。

---

7. 公立義務教育諸学校の学級編制及び教職員定数の標準に関する法律（抄）
昭和33年法律第116号

（学級編制の標準）
第3条 公立の義務教育諸学校の学級は，同学年の児童又は生徒で編制するものとする。ただし，当該義務教育諸学校の児童又は生徒の数が著しく少ないかその他特別の事情がある場合においては，政令で定めるところにより，数学年の児童又は生徒を一学級に編制することができる。
2　各都道府県ごとの，都道府県又は市（地方自治法（昭和22年法律第67号）第252条の19第1項の指定都市（以下単に「指定都市」という。）を除き，特別区を含む。第8条第3号並びに第8条の2第一号及び第二号を除き，以下同じ。）町村の設置する小学校（義務教育学校の前期課程を含む。次条第2項において同じ。）又は中学校（義務教育学校の後期課程及び中等教育学校の前期課程を含む。同項において同じ。）の一学級の児童又は生徒の数の基準は，次の表の上欄に掲げる学校の種類及び同表の中欄に掲げる学級編制の区分に応じ，同表の下欄に掲げる数を標準として，都道府県の教育委員会が定める。ただし，都道府県の教育委員会は，当該都道府県における児童又は生徒の実態を考慮して特に必要があると認める場合については，この項本文の規定により定める数を下回る数を，当該場合に係る一学級の児童又は生徒の数の基準として定めることができる。
3　各都道府県ごとの，都道府県又は市町村の設置する特別支援学校の小学部又は中学部の一学級の児童又は生徒の数の基準は，6人（文部科学大臣が定める障害を二以上併せ有する児童又は生徒で学級を編制する場合にあつては，3人）を標準として，都道府県の教育委員会が定める。ただし，都道府県の教育委員会は，当該都道府県における児童又は生徒の実態を考慮して特に必要があると認める場合については，この項本文の規定により定める数を下回る数を，当該場合に係る一学級の児童又は生徒の数の基準として定めることができる。

学校の種類	学級編制の区分	一学級の児童又は生徒の数
小学校（義務教育学校の前期課程を含む。次条第2項において同じ。）	同学年の児童で編制する学級	35人
	二の学年の児童で編制する学級	16人（第一学年の児童を含む学級にあつては，8人）
	学校教育法第81条第2項及び第3項に規定する特別支援学級（以下この表及び第7条第1項第五号において単に「特別支援学級」という。）	8人
中学校（義務教育学校の後期課程及び中等教育学校の前期課程を含む。同項において同じ。）	同学年の生徒で編制する学級	40人
	二の学年の生徒で編制する学級	8人
	特別支援学級	8人

（経過措置）
第2条 令和7年3月31日までの間におけるこの法律による改正後の公立義務教育諸学校の学級編制及び教職員定数の標準に関する法律第3条第2項の規定の適用については，同項の表小学校（義務教育学校の前期課程を含む。次条第2項において同じ。）の項中「35人」とあるのは，「35人（児童の数の推移等を考慮し，第2学年から第6学年まで段階的に35人とすることを旨として，毎年度，政令で定める学年及び文部科学大臣が定める特別の事情がある小学校にあつては，40人）」とする。
（②③は省略）

---

8. 学校保健安全法（抄）
昭和33年法律第56号

第1章　総則

（国及び地方公共団体の責務）

第3条　国及び地方公共団体は，相互に連携を図り，各学校において保健及び安全に係る取組が確実かつ効果的に実施されるようにするため，学校における保健及び安全に関する最新の知見及び事例を踏まえつつ，財政上の措置その他の必要な施策を講ずるものとする。

2　国は，各学校における安全に係る取組を総合的かつ効果的に推進するため，学校安全の推進に関する計画の策定その他所要の措置を講ずるものとする。

3　地方公共団体は，国が講ずる前項の措置に準じた措置を講ずるように努めなければならない。

第2章　学校保健

第1節　学校の管理運営等

（学校保健計画の策定等）

第5条　学校においては，児童生徒等及び職員の心身の健康の保持増進を図るため，児童生徒等及び職員の健康診断，環境衛生検査，児童生徒等に対する指導その他保健に関する事項について計画を策定し，これを実施しなければならない。

第3節　健康診断

（就学時の健康診断）

第11条　市（特別区を含む。以下同じ。）町村の教育委員会は，学校教育法第17条第1項の規定により翌学年の初めから同項に規定する学校に就学させるべき者で，当該市町村の区域内に住所を有するものの就学に当たつて，その健康診断を行わなければならない。

（児童生徒等の健康診断）

第13条　学校においては，毎学年定期に，児童生徒等（通信による教育を受ける学生を除く。）の健康診断を行わなければならない。

2　学校においては，必要があるときは，臨時に，児童生徒等の健康診断を行うものとする。

（職員の健康診断）

第15条　学校の設置者は，毎学年定期に，学校の職員の健康診断を行わなければならない。

第4節　感染症の予防

（出席停止）

第19条　校長は，感染症にかかつており，かかつている疑いがあり，又はかかるおそれのある児童生徒等があるときは，政令で定めるところにより，出席を停止させることができる。

（臨時休業）

第20条　学校の設置者は，感染症の予防上必要

があるときは，臨時に，学校の全部又は一部の休業を行うことができる。

第3章　学校安全

（学校安全計画の策定等）

第27条　学校においては，児童生徒等の安全の確保を図るため，当該学校の施設及び設備の安全点検，児童生徒等に対する通学を含めた学校生活その他の日常生活における安全に関する指導，職員の研修その他学校における安全に関する事項について計画を策定し，これを実施しなければならない。

（危険等発生時対処要領の作成等）

第29条　学校においては，児童生徒等の安全の確保を図るため，当該学校の実情に応じて，危険等発生時において当該学校の職員がとるべき措置の具体的内容及び手順を定めた対処要領（次項において「危険等発生時対処要領」という。）を作成するものとする。

2　校長は，危険等発生時対処要領の職員に対する周知，訓練の実施その他の危険等発生時において職員が適切に対処するために必要な措置を講ずるものとする。

3　学校においては，事故等により児童生徒等に危害が生じた場合において，当該児童生徒等及び当該事故等により心理的外傷その他の心身の健康に対する影響を受けた児童生徒等その他の関係者の心身の健康を回復させるため，これらの者に対して必要な支援を行うものとする。この場合においては，第十条の規定を準用する。

9.　いじめ防止対策推進法（抄）
平成25年法律第71号

第1章　総則

（定義）

第2条　この法律において「いじめ」とは，児童等に対して，当該児童等が在籍する学校に在籍している等当該児童等と一定の人的関係にある他の児童等が行う心理的又は物理的な影響を与える行為（インターネットを通じて行われるものを含む。）であって，当該行為の対象となった児童等が心身の苦痛を感じているものをいう。

2　この法律において「学校」とは，学校教育法（昭和22年法律第26号）第1条に規定する小学校，中学校，義務教育学校，高等学校，中等

教育学校及び特別支援学校（幼稚部を除く。）をいう。

3　この法律において「児童等」とは，学校に在籍する児童又は生徒をいう。

4　この法律において「保護者」とは，親権を行う者（親権を行う者のないときは，未成年後見人）をいう。

（いじめの禁止）

第4条　児童等は，いじめを行ってはならない。

第2章　いじめ防止基本方針等

（いじめ防止基本方針）

第11条　文部科学大臣は，関係行政機関の長と連携協力して，いじめの防止等のための対策を総合的かつ効果的に推進するための基本的な方針（以下「いじめ防止基本方針」という。）を定めるものとする。

2　いじめ防止基本方針においては，次に掲げる事項を定めるものとする。

一　いじめの防止等のための対策の基本的な方向に関する事項

二　いじめの防止等のための対策の内容に関する事項

三　その他いじめの防止等のための対策に関する重要事項

（学校いじめ防止基本方針）

第13条　学校は，いじめ防止基本方針又は地方いじめ防止基本方針を参酌し，その学校の実情に応じ，当該学校におけるいじめの防止等のための対策に関する基本的な方針を定めるものとする。

第3章　基本的施策

（いじめの早期発見のための措置）

第16条　学校の設置者及びその設置する学校は，当該学校におけるいじめを早期に発見するため，当該学校に在籍する児童等に対する定期的な調査その他の必要な措置を講ずるものとする。

2　国及び地方公共団体は，いじめに関する通報及び相談を受け付けるための体制の整備に必要な施策を講ずるものとする。

3　学校の設置者及びその設置する学校は，当該学校に在籍する児童等及びその保護者並びに当該学校の教職員がいじめに係る相談を行うことができる体制（次項において「相談体制」という。）を整備するものとする。

第4章　いじめの防止等に関する措置

（学校におけるいじめの防止等の対策のための組織）

第22条　学校は，当該学校におけるいじめの防止等に関する措置を実効的に行うため，当該学校の複数の教職員，心理，福祉等に関する専門的な知識を有する者その他の関係者により構成されるいじめの防止等の対策のための組織を置くものとする。

（校長及び教員による懲戒）

第25条　校長及び教員は，当該学校に在籍する児童等がいじめを行っている場合であって教育上必要があると認めるときは，学校教育法第11条の規定に基づき，適切に，当該児童等に対して懲戒を加えるものとする。

（出席停止制度の適切な運用等）

第26条　市町村の教育委員会は，いじめを行った児童等の保護者に対して学校教育法第35条第1項（同法第49条において準用する場合を含む。）の規定に基づき当該児童等の出席停止を命ずる等，いじめを受けた児童等その他の児童等が安心して教育を受けられるようにするために必要な措置を速やかに講ずるものとする。

第5章　重大事項への対処

（学校の設置者又はその設置する学校による対処）

第28条　学校の設置者又はその設置する学校は，次に掲げる場合には，その事態（以下「重大事態」という。）に対処し，及び当該重大事態と同種の事態の発生の防止に資するため，速やかに，当該学校の設置者又はその設置する学校の下に組織を設け，質問票の使用その他の適切な方法により当該重大事態に係る事実関係を明確にするための調査を行うものとする。

一　いじめにより当該学校に在籍する児童等の生命，心身又は財産に重大な被害が生じた疑いがあると認めるとき。

二　いじめにより当該学校に在籍する児童等が相当の期間学校を欠席することを余儀なくされている疑いがあると認めるとき。

2　学校の設置者又はその設置する学校は，前項の規定による調査を行ったときは，当該調査に係るいじめを受けた児童等及びその保護者に対し，当該調査に係る重大事態の事実関係等その他の必要な情報を適切に提供するものとする。

3　第1項の規定により学校が調査を行う場合においては，当該学校の設置者は，同項の規定による調査及び前項の規定による情報の提供に

ついて必要な指導及び支援を行うものとする。

10.　地方公務員法（抄）
昭和25年法律第261号

第1章　総則

（一般職に属する地方公務員及び特別職に属する地方公務員）

第3条　地方公務員（地方公共団体及び特定地方独立行政法人（地方独立行政法人法（平成15年法律第118号）第2条第2項に規定する特定地方独立行政法人をいう。以下同じ。）の全ての公務員をいう。以下同じ。）の職は、一般職と特別職とに分ける。

2　一般職は、特別職に属する職以外の一切の職とする。

3　特別職は、次に掲げる職とする。

一　就任について公選又は地方公共団体の議会の選挙、議決若しくは同意によることを必要とする職

第2節　任用

（欠格条項）

第16条　次の各号のいずれかに該当する者は、条例で定める場合を除くほか、職員となり、又は競争試験若しくは選考を受けることができない。

一　禁錮以上の刑に処せられ、その執行を終わるまで又はその執行を受けることがなくなるまでの者

二　当該地方公共団体において懲戒免職の処分を受け、当該処分の日から2年を経過しない者

三　人事委員会又は公平委員会の委員の職にあつて、第60条から第63条までに規定する罪を犯し、刑に処せられた者

四　日本国憲法施行の日以後において、日本国憲法又はその下に成立した政府を暴力で破壊することを主張する政党その他の団体を結成し、又はこれに加入した者

第5節　分限及び懲戒

（分限及び懲戒の基準）

第27条　すべて職員の分限及び懲戒については、公正でなければならない。

2　職員は、この法律で定める事由による場合でなければ、その意に反して、降任され、若しくは免職されず、この法律又は条例で定める事由による場合でなければ、その意に反して、休職されず、又、条例で定める事由による場合でなければ、その意に反して降給されることがない。

3　職員は、この法律で定める事由による場合でなければ、懲戒処分を受けることがない。

（降任、免職、休職等）

第28条　職員が、次の各号に掲げる場合のいずれかに該当するときは、その意に反して、これを降任し、又は免職することができる。

一　人事評価又は勤務の状況を示す事実に照らして、勤務実績がよくない場合

二　心身の故障のため、職務の遂行に支障があり、又はこれに堪えない場合

三　前二号に規定する場合のほか、その職に必要な適格性を欠く場合

四　職制若しくは定数の改廃又は予算の減少により廃職又は過員を生じた場合

2　職員が、次の各号に掲げる場合のいずれかに該当するときは、その意に反して、これを休職することができる。

一　心身の故障のため、長期の休養を要する場合

二　刑事事件に関し起訴された場合

3　職員の意に反する降任、免職、休職及び降給の手続及び効果は、法律に特別の定めがある場合を除くほか、条例で定めなければならない。

4　職員は、第十六条各号（第二号を除く。）のいずれかに該当するに至つたときは、条例に特別の定めがある場合を除くほか、その職を失う。

（懲戒）

第29条　職員が次の各号の一に該当する場合においては、これに対し懲戒処分として戒告、減給、停職又は免職の処分をすることができる。

一　この法律若しくは第57条に規定する特例を定めた法律又はこれに基く条例、地方公共団体の規則若しくは地方公共団体の機関の定める規程に違反した場合

二　職務上の義務に違反し、又は職務を怠つた場合

三　全体の奉仕者たるにふさわしくない非行のあつた場合

第6節　服務

（服務の根本基準）

第30条　すべて職員は、全体の奉仕者として公共の利益のために勤務し、且つ、職務の遂行に当つては、全力を挙げてこれに専念しなければならない。

（服務の宣誓）

第31条　職員は，条例の定めるところにより，服務の宣誓をしなければならない。

（法令等及び上司の職務上の命令に従う義務）

第32条　職員は，その職務を遂行するに当つて，法令，条例，地方公共団体の規則及び地方公共団体の機関の定める規程に従い，且つ，上司の職務上の命令に忠実に従わなければならない。

（信用失墜行為の禁止）

第33条　職員は，その職の信用を傷つけ，又は職員の職全体の不名誉となるような行為をしてはならない。

（秘密を守る義務）

第34条　職員は，職務上知り得た秘密を漏らしてはならない。その職を退いた後も，また，同様とする。

（職務に専念する義務）

第35条　職員は，法律又は条例に特別の定がある場合を除く外，その勤務時間及び職務上の注意力のすべてをその職責遂行のために用い，当該地方公共団体がなすべき責を有する職務にのみ従事しなければならない。

（政治的行為の制限）

第36条　職員は，政党その他の政治的団体の結成に関与し，若しくはこれらの団体の役員となつてはならず，又はこれらの団体の構成員となるように，若しくはならないように勧誘運動をしてはならない。

２　職員は，特定の政党その他の政治的団体又は特定の内閣若しくは地方公共団体の執行機関を支持し，又はこれに反対する目的をもつて，あるいは公の選挙又は投票において特定の人又は事件を支持し，又はこれに反対する目的をもつて，次に掲げる政治的行為をしてはならない。ただし，当該職員の属する地方公共団体の区域（当該職員が都道府県の支庁若しくは地方事務所又は地方自治法第252条の19第１項の指定都市の区若しくは総合区に勤務する者であるときは，当該支庁若しくは地方事務所又は区若しくは総合区の所管区域）外において，第一号から第三号まで及び第五号に掲げる政治的行為をすることができる。

一　公の選挙又は投票において投票をするように，又はしないように勧誘運動をすること。

二　署名運動を企画し，又は主宰する等これに積極的に関与すること。

三　寄附金その他の金品の募集に関与すること。

四　文書又は図画を地方公共団体又は特定地方

独立行政法人の庁舎（特定地方独立行政法人にあつては，事務所。以下この号において同じ。），施設等に掲示し，又は掲示させ，その他地方公共団体又は特定地方独立行政法人の庁舎，施設，資材又は資金を利用し，又は利用させること。

五　前各号に定めるものを除く外，条例で定める政治的行為

（争議行為等の禁止）

第37条　職員は，地方公共団体の機関が代表する使用者としての住民に対して同盟罷業，怠業その他の争議行為をし，又は地方公共団体の機関の活動能率を低下させる怠業的行為をしてはならない。又，何人も，このような違法な行為を企て，又はその遂行を共謀し，そそのかし，若しくはあおつてはならない。

（営利企業への従事等の制限）

第38条　職員は，任命権者の許可を受けなければ，商業，工業又は金融業その他営利を目的とする私企業（以下この項及び次条第１項において「営利企業」という。）を営むことを目的とする会社その他の団体の役員その他人事委員会規則（人事委員会を置かない地方公共団体においては，地方公共団体の規則）で定める地位を兼ね，若しくは自ら営利企業を営み，又は報酬を得ていかなる事業若しくは事務にも従事してはならない。ただし，非常勤職員（短時間勤務の職を占める職員及び第22条の２第１項第二号に掲げる職員を除く。）については，この限りでない。

２　人事委員会は，人事委員会規則により前項の場合における任命権者の許可の基準を定めることができる。

第７節　研修

（研修）

第39条　職員には，その勤務能率の発揮及び増進のために，研修を受ける機会が与えられなければならない。

11.　教育公務員特例法（抄）
昭和24年法律第１号

第１章　総則

（定義）

第２条　この法律において「教育公務員」とは，地方公務員のうち，学校（学校教育法（昭和22年法律第26号）第１条に規定する学校及び就学

前の子どもに関する教育，保育等の総合的な提供の推進に関する法律（平成18年法律第77号）第2条第7項に規定する幼保連携型認定こども園（以下「幼保連携型認定こども園」という。）をいう。以下同じ。）であつて地方公共団体が設置するもの（以下「公立学校」という。）の学長，校長（園長を含む。以下同じ。），教員及び部局長並びに教育委員会の専門的教育職員をいう。

2　この法律において「教員」とは，公立学校の教授，准教授，助教，副校長（副園長を含む。以下同じ。），教頭，主幹教諭（幼保連携型認定こども園の主幹養護教諭及び主幹栄養教諭を含む。以下同じ。），指導教諭，教諭，助教諭，養護教諭，養護助教諭，栄養教諭，主幹保育教諭，指導保育教諭，保育教諭，助保育教諭及び講師をいう。

5　この法律で「専門的教育職員」とは，指導主事及び社会教育主事をいう。

第3章　服務

（兼職及び他の事業等の従事）

第17条　教育公務員は，教育に関する他の職を兼ね，又は教育に関する他の事業若しくは事務に従事することが本務の遂行に支障がないと任命権者（地方教育行政の組織及び運営に関する法律第37条第1項に規定する県費負担教職員については，市町村（特別区を含む。以下同じ。）の教育委員会。第23条第2項及び第24条第2項において同じ。）において認める場合には，給与を受け，又は受けないで，その職を兼ね，又はその事業若しくは事務に従事することができる。

3　第1項の場合においては，地方公務員法第38条第2項の規定により人事委員会が定める許可の基準によることを要しない。

（公立学校の教育公務員の政治的行為の制限）

第18条　公立学校の教育公務員の政治的行為の制限については，当分の間，地方公務員法第36条の規定にかかわらず，国家公務員の例による。

2　前項の規定は，政治的行為の制限に違反した者の処罰につき国家公務員法（昭和22年法律第120号）第110条第1項の例による趣旨を含むものと解してはならない。

第4章　研修

（研修実施者及び指導助言者）

第20条　この章において「研修実施者」とは，次の各号に掲げる者の区分に応じ当該各号に定める者をいう。

一　市町村が設置する中等教育学校（後期課程に学校教育法第4条第1項に規定する定時制の課程のみを置くものを除く。次号において同じ。）の校長及び教員のうち県費負担教職員である者　当該市町村の教育委員会

二　地方自治法第252条の22第1項の中核市（以下この号及び次項第二号において「中核市」という。）が設置する小学校等（中等教育学校を除く。）の校長及び教員のうち県費負担教職員である者　当該中核市の教育委員会

三　前二号に掲げる者以外の教育公務員　当該教育公務員の任命権者

2　この章において「指導助言者」とは，次の各号に掲げる者の区分に応じ当該各号に定める者をいう。

一　前項第一号に掲げる者　同号に定める市町村の教育委員会

二　前項第二号に掲げる者　同号に定める中核市の教育委員会

三　公立の小学校等の校長及び教員のうち県費負担教職員である者（前二号に掲げる者を除く。）　当該校長及び教員の属する市町村の教育委員会

四　公立の小学校等の校長及び教員のうち県費負担教職員以外の者　当該校長及び教員の任命権者

（研修）

第21条　教育公務員は，その職責を遂行するために，絶えず研究と修養に努めなければならない。

（研修の機会）

第22条　教育公務員には，研修を受ける機会が与えられなければならない。

2　教員は，授業に支障のない限り，本属長の承認を受けて，勤務場所を離れて研修を行うことができる。

3　教育公務員は，任命権者（第20条第1項第一号に掲げる者については，同号に定める市町村の教育委員会。以下この章において同じ。）の定めるところにより，現職のままで，長期にわたる研修を受けることができる。

（校長及び教員としての資質の向上に関する指標の策定に関する指針）

第22条の2　文部科学大臣は，公立の小学校等の校長及び教員の計画的かつ効果的な資質の向

上を図るため，次条第一項に規定する指標の策定に関する指針（以下この条および次条第一項において「指針」という。）を定めなければならない。

2　指針においては，次に掲げる事項を定めるものとする。

一　公立の小学校等の校長及び教員の資質の向上に関する基本的な事項

二　次条第一項に規定する指標の内容に関する事項

三　その他公立の小学校等の校長及び教員の資質の向上を図るに際し配慮すべき事項

3　文部科学大臣は，指針を定め，又はこれを変更したときは，遅滞なく，これを公表しなければならない。

（校長及び教員としての資質の向上に関する指標）

第22条の3　公立の小学校等の校長及び教員の任命権者は，指針を参酌し，その地域の実情に応じ，当該校長及び教員の職責，経験及び適性に応じて向上を図るべき校長及び教員としての資質に関する指標（以下この章において「指標」という。）を定めるものとする。

2　公立の小学校等の校長及び教員の任命権者は，指標を定め，又はこれを変更しようとするときは，あらかじめ第22条の7第1項に規定する協議会において協議するものとする。

3　公立の小学校等の校長及び教員の任命権者は，指標を定め，又はこれを変更したときは，遅滞なく，これを公表するよう努めるものとする。

4　独立行政法人教職員支援機構は，指標を策定する者に対して，当該指標の策定に関する専門的な助言を行うものとする。

（教員研修計画）

第22条の4　公立の小学校等の校長及び教員の研修実施者は，指標を踏まえ，当該校長及び教員の研修について，毎年度，体系的かつ効果的に実施するための計画（以下この条及び第22条の6第2項において「教員研修計画」という。）を定めるものとする。

②　教員研修計画においては，おおむね次に掲げる事項を定めるものとする。

一　研修実施者が実施する第23条第1項に規定する初任者研修，第24条第1項に規定する中堅教諭等資質向上研修その他の研修（以下この項及び次条第2項第一号において「研修実施者実施研修」という。）に関する基本的な方針

二　研修実施者実施研修の体系に関する事項

三　研修実施者実施研修の時期，方法及び施設に関する事項

四　研修実施者が指導助言者として行う第22条の6第2項に規定する資質の向上に関する指導助言等の方法に関して必要な事項（研修実施者が都道府県の教育委員会である場合においては，県費負担教職員について第20条第2項第三号に定める市町村の教育委員会が指導助言者として行う第22条の6第2項に規定する資質の向上に関する指導助言等に関する基本的な事項を含む）

五　前号に掲げるもののほか，研修を奨励するための方途に関する事項

六　前各号に掲げるもののほか，研修の実施に関し必要な事項として文部科学省令で定める事項

③　公立の小学校等の校長及び教員の研修実施者は，教員研修計画を定め，又はこれを変更したときは，遅滞なく，これを公表するよう努めるものとする。

（研修等に関する記録）

第22条の5　公立の小学校等の校長及び教員の任命権者は，文部科学省令で定めるところにより，当該校長及び教員ごとに，研修の受講その他の当該校長及び教員の資質の向上のための取組の状況に関する記録（以下この条及び次条第2項において「研修等に関する記録」という。）を作成しなければならない。

②　研修等に関する記録には，次に掲げる事項を記載するものとする。

一　当該校長及び教員が受講した研修実施者実施研修に関する事項

二　第26条第1項に規定する大学院修学休業により当該教員が履修した同項に規定する大学院の課程等に関する事項

三　認定講習等（教育職員免許法（昭和24年法律第147号）別表第三備考第六号の文部科学大臣の認定する講習又は通信教育をいう。次条第1項及び第3項において同じ。）のうち当該任命権者が開設したものであつて，当該校長及び教員が単位を修得したものに関する事項

四　前三号に掲げるもののほか，当該校長及び教員が行つた資質の向上のための取組のうち当該任命権者が必要と認めるものに関する事項

③　公立の小学校等の校長及び教員の任命権者が都道府県の教育委員会である場合においては，当該都道府県の教育委員会は，指導助言者（第20条第2項第二号及び第三号に定める者に限る。）に対し，当該校長及び教員の研修等に関する記録に係る情報を提供するものとする。

（資質の向上に関する指導助言等）

第22条の6　公立の小学校等の校長及び教員の指導助言者は，当該校長及び教員がその職責，経験及び適性に応じた資質の向上のための取組を行うことを促進するため，当該校長及び教員からの相談に応じ，研修，認定講習等その他の資質の向上のための機会に関する情報を提供し，又は資質の向上に関する指導及び助言を行うものとする。

②　公立の小学校等の校長及び教員の指導助言者は，前項の規定による相談への対応，情報の提供並びに指導及び助言（次項において「資質の向上に関する指導助言等」という。）を行うに当たつては，当該校長及び教員に係る指標及び教員研修計画を踏まえるとともに，当該校長及び教員の研修等に関する記録に係る情報を活用するものとする。

③　指導助言者は，資質の向上に関する指導助言等を行うため必要があると認めるときは，独立行政法人教職員支援機構，認定講習等を開設する大学その他の関係者に対し，これらの者が行う研修，認定講習等その他の資質の向上のための機会に関する情報の提供その他の必要な協力を求めることができる。

（協議会）

第22条の7　公立の小学校等の校長及び教員の任命権者は，指標の策定に関する協議並びに当該指標に基づく当該校長及び教員の資質の向上に関して必要な事項についての協議を行うための協議会（以下「協議会」という。）を組織するものとする。

2　協議会は，次に掲げる者をもつて構成する。

一　指標を策定する任命権者

二　公立の小学校等の校長及び教員の研修に協力する大学その他の当該校長及び教員の資質の向上に関係する大学として文部科学省令で定める者

三　その他当該任命権者が必要と認める者

3　協議会において協議が調つた事項については，協議会の構成員は，その協議の結果を尊重しなければならない。

4　前三項に定めるもののほか，協議会の運営に関し必要な事項は，協議会が定める。

（初任者研修）

第23条　公立の小学校等の教諭等の研修実施者は，当該教諭等（臨時的に任用された者その他の政令で定める者を除く）に対して，その採用（現に教諭等の職以外の職に任命されている者を教諭等の職に任命する場合を含む。）の日から一年間の教諭又は保育教諭の職務の遂行に必要な事項に関する実践的な研修（次項において「初任者研修」という。）を実施しなければならない。

②　指導助言者は，初任者研修を受ける者（次項において「初任者」という。）の所属する学校の副校長，教頭，主幹教諭（養護又は栄養の指導及び管理をつかさどる主幹教諭を除く。），指導教諭，教諭，主幹保育教諭，指導保育教諭，保育教諭又は講師のうちから，指導教員を命じるものとする。

3　指導教員は，初任者に対して教諭又は保育教諭の職務の遂行に必要な事項について指導及び助言を行うものとする。

（中堅教諭等資質向上研修）

第24条　公立の小学校等の教諭等（臨時的に任用された者その他の政令で定める者を除く。以下この項において同じ。）の研修実施者は，当該教諭等に対して，個々の能力，適性等に応じて，公立の小学校等における教育に関し相当の経験を有し，その教育活動その他の学校運営の円滑かつ効果的な実施において中核的な役割を果たすことが期待される中堅教諭等としての職務を遂行する上で必要とされる資質の向上を図るために必要な事項に関する研修（次項において「中堅教諭等資質向上研修」という。）を実施しなければならない。

②　指導助言者は，中堅教諭等資質向上研修を実施するに当たり，中堅教諭等資質向上研修を受ける者の能力，適性等について評価を行い，その結果に基づき，当該者ごとに中堅教諭等資質向上研修に関する計画書を作成しなければならない。

（指導改善研修）

第25条　公立の小学校等の教諭等の任命権者は，児童，生徒又は幼児（以下「児童等」という。）に対する指導が不適切であると認定した教諭等に対して，その能力，適性等に応じて，当該指導の改善を図るために必要な事項に関する研修（以下この条において「指導改善研修」という。）を実施しなければならない。

2 指導改善研修の期間は，1年を超えてはならない。ただし，特に必要があると認めるときは，任命権者は，指導改善研修を開始した日から引き続き2年を超えない範囲内で，これを延長することができる。

3 任命権者は，指導改善研修を実施するに当たり，指導改善研修を受ける者の能力，適性等に応じて，その者ごとに指導改善研修に関する計画書を作成しなければならない。

4 任命権者は，指導改善研修の終了時において，指導改善研修を受けた者の児童等に対する指導の改善の程度に関する認定を行わなければならない。

（指導改善研修後の措置）

第25条の2 任命権者は，前条第4項の認定において指導の改善が不十分でなお児童等に対する指導を適切に行うことができないと認める教諭等に対して，免職その他の必要な措置を講ずるものとする。

---

12. 児童虐待の防止等に関する法律（抄）
平成12年法律第82号

（児童虐待の定義）

第2条 この法律において，「児童虐待」とは，保護者（親権を行う者，未成年後見人その他の者で，児童を現に監護するものをいう。以下同じ。）がその監護する児童（18歳に満たない者をいう。以下同じ。）について行う次に掲げる行為をいう。

一 児童の身体に外傷が生じ，又は生じるおそれのある暴行を加えること。

二 児童にわいせつな行為をすること又は児童をしてわいせつな行為をさせること。

三 児童の心身の正常な発達を妨げるような著しい減食又は長時間の放置，保護者以外の同居人による前二号又は次号に掲げる行為と同様の行為の放置その他の保護者としての監護を著しく怠ること。

四 児童に対する著しい暴言又は著しく拒絶的な対応，児童が同居する家庭における配偶者に対する暴力（配偶者（婚姻の届出をしていないが，事実上婚姻関係と同様の事情にある者を含む。）の身体に対する不法な攻撃であって生命又は身体に危害を及ぼすもの及びこれに準ずる心身に有害な影響を及ぼす言動をいう。）その他の児童に著しい心理的外傷を与える言動を行うこと。

（児童に対する虐待の禁止）

第3条 何人も，児童に対し，虐待をしてはならない。

（児童虐待の早期発見等）

第5条 学校，児童福祉施設，病院，都道府県警察，婦人相談所，教育委員会，配偶者暴力相談支援センターその他児童の福祉に業務上関係のある団体及び学校の教職員，児童福祉施設の職員，医師，歯科医師，保健師，助産師，看護師，弁護士，警察官，婦人相談員その他児童の福祉に職務上関係のある者は，児童虐待を発見しやすい立場にあることを自覚し，児童虐待の早期発見に努めなければならない。

2 前項に規定する者は，児童虐待の予防その他の児童虐待の防止並びに児童虐待を受けた児童の保護及び自立の支援に関する国及び地方公共団体の施策に協力するよう努めなければならない。

5 学校及び児童福祉施設は，児童及び保護者に対して，児童虐待の防止のための教育又は啓発に努めなければならない。

（児童虐待に係る通告）

第6条 児童虐待を受けたと思われる児童を発見した者は，速やかに，これを市町村，都道府県の設置する福祉事務所若しくは児童相談所又は児童委員を介して市町村，都道府県の設置する福祉事務所若しくは児童相談所に通告しなければならない。

2 前項の規定による通告は，児童福祉法第25条第1項の規定による通告とみなして，同法の規定を適用する。

3 刑法（明治40年法律第45号）の秘密漏示罪の規定その他の守秘義務に関する法律の規定は，第1項の規定による通告をする義務の遵守を妨げるものと解釈してはならない。

（通告又は送致を受けた場合の措置）

第8条 市町村又は都道府県の設置する福祉事務所が第6条第1項の規定による通告を受けたときは，市町村又は福祉事務所の長は，必要に応じ近隣住民，学校の教職員，児童福祉施設の職員その他の者の協力を得つつ，当該児童との面会その他の当該児童の安全の確認を行うための措置を講ずるとともに，必要に応じ次に掲げる措置を採るものとする。

一 児童福祉法第25条の7第1項第一号若しくは第2項第一号又は第25条の8第一号の規定により当該児童を児童相談所に送致すること。

二 当該児童のうち次条第1項の規定による出

頭の求め及び調査若しくは質問，第9条第1
項の規定による立入り及び調査若しくは質問
又は児童福祉法第33条第1項若しくは第2項
の規定による一時保護の実施が適当であると
認めるものを都道府県知事又は児童相談所長
へ通知すること。

2　児童相談所が第6条第1項の規定による通
告又は児童福祉法第25条の7第1項第一号若
しくは第2項第一号若しくは第25条の8第一号の
規定による送致を受けたときは，児童相談所長
は，必要に応じ近隣住民，学校の教職員，児童
福祉施設の職員その他の者の協力を得つつ，当
該児童との面会その他の当該児童の安全の確認
を行うための措置を講ずるとともに，必要に応
じ次に掲げる措置を採るものとする。

一　児童福祉法第33条第1項の規定により当該
　児童の一時保護を行い，又は適当な者に委託
　して，当該一時保護を行わせること。

二　児童福祉法第26条第1項第三号の規定によ
　り当該児童のうち第6条第1項の規定による
　通告を受けたものを市町村に送致すること。

三　当該児童のうち児童福祉法第25条の8第三
　号に規定する保育の利用等（以下この号にお
　いて「保育の利用等」という。）が適当であ
　ると認めるものをその保育の利用等に係る都
　道府県又は市町村の長へ報告し，又は通知す
　ること。

四　当該児童のうち児童福祉法第6条の3第2
　項に規定する放課後児童健全育成事業，同条
　第3項に規定する子育て短期支援事業，同条
　第5項に規定する養育支援訪問事業，同条
　第6項に規定する地域子育て支援拠点事業，同
　条第14項に規定する子育て援助活動支援事業，
　子ども・子育て支援法（平成24年法律第65
　号）第59条第一号に掲げる事業その他市町村
　が実施する児童の健全な育成に資する事業の
　実施が適当であると認めるものをその事業の
　実施に係る市町村の長へ通知すること。

3　前二項の児童の安全の確認を行うための措
置，市町村若しくは児童相談所への送致又は一
時保護を行う者は，速やかにこれを行うものと
する。

（親権の行使に関する配慮等）

第14条　児童の親権を行う者は，児童のしつけ
に際して，民法（明治29年法律第89号）第820
条の規定による監護及び教育に必要な範囲を超
えて当該児童を懲戒してはならず，当該児童の
親権の適切な行使に配慮しなければならない。

2　児童の親権を行う者は，児童虐待に係る暴
行罪，傷害罪その他の犯罪について，当該児童
の親権を行う者であることを理由として，その
責めを免れることはない。

13.　小学校学習指導要領（抄）
（平成29年3月告示）

第1章　総　則

第1　小学校教育の基本と教育課程の役割

1　各学校においては，教育基本法及び学校教
育法その他の法令並びにこの章以下に示すとこ
ろに従い，児童の人間として調和のとれた育成
を目指し，児童の心身の発達の段階や特性及び
学校や地域の実態を十分考慮して，適切な教育
課程を編成するものとし，これらに掲げる目標
を達成するよう教育を行うものとする。

2　学校の教育活動を進めるに当たっては，各
学校において，第3の1に示す主体的・対話的
で深い学びの実現に向けた授業改善を通して，
創意工夫を生かした特色ある教育活動を展開す
る中で，次の(1)から(3)までに掲げる事項の実現
を図り，児童に生きる力を育むことを目指すも
のとする。

(1)　基礎的・基本的な知識及び技能を確実に習
得させ，これらを活用して課題を解決するため
に必要な思考力，判断力，表現力等を育むとと
もに，主体的に学習に取り組む態度を養い，個
性を生かし多様な人々との協働を促す教育の充
実に努めること。その際，児童の発達の段階を
考慮して，児童の言語活動など，学習の基盤を
つくる活動を充実するとともに，家庭との連携
を図りながら，児童の学習習慣が確立するよう
配慮すること。

(2)　道徳教育や体験活動，多様な表現や鑑賞の
活動等を通して，豊かな心や創造性の涵養を目
指した教育の充実に努めること。学校における
道徳教育は，特別の教科である道徳（以下「道
徳科」という。）を要として学校の教育活動全
体を通じて行うものであり，道徳科はもとより，
各教科，外国語活動，総合的な学習の時間及び
特別活動のそれぞれの特質に応じて，児童の発
達の段階を考慮して，適切な指導を行うこと。

　道徳教育は，教育基本法及び学校教育法に定
められた教育の根本精神に基づき，自己の生き
方を考え，主体的な判断の下に行動し，自立し
た人間として他者と共によりよく生きるための
基盤となる道徳性を養うことを目標とすること。

道徳教育を進めるに当たっては，人間尊重の精神と生命に対する畏敬の念を家庭，学校，その他社会における具体的な生活の中に生かし，豊かな心をもち，伝統と文化を尊重し，それらを育んできた我が国と郷土を愛し，個性豊かな文化の創造を図るとともに，平和で民主的な国家及び社会の形成者として，公共の精神を尊び，社会及び国家の発展に努め，他国を尊重し，国際社会の平和と発展や環境の保全に貢献し未来を拓く主体性のある日本人の育成に資することとなる特に留意すること。

(3) 学校における体育・健康に関する指導を，児童の発達の段階を考慮して，学校の教育活動全体を通じて適切に行うことにより，健康で安全な生活と豊かなスポーツライフの実現を目指した教育の充実に努めること。特に，学校における食育の推進並びに体力の向上に関する指導，安全に関する指導及び心身の健康の保持増進に関する指導については，体育科，家庭科及び特別活動の時間はもとより，各教科，道徳科，外国語活動及び総合的な学習の時間などにおいてもそれぞれの特質に応じて適切に行うよう努めること。また，それらの指導を通して，家庭や地域社会との連携を図りながら，日常生活において適切な体育・健康に関する活動の実践を促し，生涯を通じて健康・安全で活力ある生活を送るための基礎が培われるよう配慮すること。

3 2の(1)から(3)までに掲げる事項の実現を図り，豊かな創造性を備え持続可能な社会の創り手となることが期待される児童に，生きる力を育むことを目指すに当たっては，学校教育全体並びに各教科，道徳科，外国語活動，総合的な学習の時間及び特別活動（以下「各教科等」という。ただし，第2の3の(2)のア及びウにおいて，特別活動については学級活動（学校給食に係るものを除く。）に限る。）の指導を通してどのような資質・能力の育成を目指すのかを明確にしながら，教育活動の充実を図るものとする。その際，児童の発達の段階や特性等を踏まえつつ，次に掲げることが偏りなく実現できるようにするものとする。

(1) 知識及び技能が習得されるようにすること。
(2) 思考力，判断力，表現力等を育成すること。
(3) 学びに向かう力，人間性等を涵養すること。

4 各学校においては，児童や学校，地域の実態を適切に把握し，教育の目的や目標の実現に必要な教育の内容等を教科等横断的な視点で組み立てていくこと，教育課程の実施状況を評価してその改善を図っていくこと，教育課程の実施に必要な人的又は物的な体制を確保するとともにその改善を図っていくことなどを通して，教育課程に基づき組織的かつ計画的に各学校の教育活動の質の向上を図っていくこと（以下「カリキュラム・マネジメント」という。）に努めるものとする。

第2 教育課程の編成

1 各学校の教育目標と教育課程の編成

教育課程の編成に当たっては，学校教育全体や各教科等における指導を通して育成を目指す資質・能力を踏まえつつ，各学校の教育目標を明確にするとともに，教育課程の編成についての基本的な方針が家庭や地域とも共有されるよう努めるものとする。その際，第5章総合的な学習の時間の第2の1に基づき定められる目標との関連を図るものとする。

2 教科等横断的な視点に立った資質・能力の育成

(1) 各学校においては，児童の発達の段階を考慮し，言語能力，情報活用能力（情報モラルを含む。），問題発見・解決能力等の学習の基盤となる資質・能力を育成していくことができるよう，各教科等の特質を生かし，教科等横断的な視点から教育課程の編成を図るものとする。

(2) 各学校においては，児童や学校，地域の実態及び児童の発達の段階を考慮し，豊かな人生の実現や災害等を乗り越えて次代の社会を形成することに向けた現代的な諸課題に対応して求められる資質・能力を，教科等横断的な視点で育成していくことができるよう，各学校の特色を生かした教育課程の編成を図るものとする。

3 教育課程の編成における共通的事項

(1) 内容等の取扱い

ア 第2章以下に示す各教科，道徳科，外国語活動及び特別活動の内容に関する事項は，特に示す場合を除き，いずれの学校においても取り扱わなければならない。

イ 学校において特に必要がある場合には，第2章以下に示していない内容を加えて指導することができる。また，第2章以下に示す内容の取扱いのうち内容の範囲や程度等を示す事項は，全ての児童に対して指導するものとする内容の範囲や程度等を示したものであり，学校において特に必要がある場合には，この事項にかかわらず加えて指導することができる。ただし，これらの場合には，第2章以下に示す各教科，道徳科，外国語活動及び特別活動の目標や内容の

趣旨を逸脱したり，児童の負担過重となったりすることのないようにしなければならない。

ウ　第2章以下に示す各教科，道徳科，外国語活動及び特別活動の内容に掲げる事項の順序は，特に示す場合を除き，指導の順序を示すものではないので，学校においては，その取扱いについて適切な工夫を加えるものとする。

エ　学年の内容を2学年まとめて示した教科及び外国語活動の内容は，2学年間かけて指導する事項を示したものである。各学校においては，これらの事項を児童や学校，地域の実態に応じ，2学年間を見通して計画的に指導することとし，特に示す場合を除き，いずれの学年に分けて，又はいずれの学年においても指導するものとする。

オ　学校において2以上の学年の児童で編制する学級について特に必要がある場合には，各教科及び道徳科の目標の達成に支障のない範囲内で，各教科及び道徳科の目標及び内容について学年別の順序によらないことができる。

カ　道徳科を要として学校の教育活動全体を通じて行う道徳教育の内容は，第3章特別の教科道徳の第2に示す内容とし，その実施に当たっては，第6に示す道徳教育に関する配慮事項を踏まえるものとする。

(2)　授業時数等の取扱い

ア　各教科等の授業は，年間35週（第1学年については34週）以上にわたって行うよう計画し，週当たりの授業時数が児童の負担過重にならないようにするものとする。ただし，各教科等や学習活動の特質に応じ効果的な場合には，夏季，冬季，学年末等の休業日の期間に授業日を設定する場合を含め，これらの授業を特定の期間に行うことができる。

イ　特別活動の授業のうち，児童会活動，クラブ活動及び学校行事については，それらの内容に応じ，年間，学期ごと，月ごとなどに適切な授業時数を充てるものとする。

ウ　各学校の時間割については，次の事項を踏まえ適切に編成するものとする。

(ア)　各教科等のそれぞれの授業の1単位時間は，各学校において，各教科等の年間授業時数を確保しつつ，児童の発達の段階及び各教科等や学習活動の特質を考慮して適切に定めること。

(イ)　各教科等の特質に応じ，10分から15分程度の短い時間を活用して特定の教科等の指導を行う場合において，教師が，単元や題材など内容や時間のまとまりを見通した中で，その指導

内容の決定や指導の成果の把握と活用等を責任を持って行う体制が整備されているときは，その時間を当該教科等の年間授業時数に含めることができること。

(ウ)　給食，休憩などの時間については，各学校において工夫を加え，適切に定めること。

(エ)　各学校において，児童や学校，地域の実態，各教科等や学習活動の特質等に応じて，創意工夫を生かした時間割を弾力的に編成できること。

エ　総合的な学習の時間における学習活動により，特別活動の学校行事に掲げる各行事の実施と同様の成果が期待できる場合においては，総合的な学習の時間における学習活動をもって相当する特別活動の学校行事に掲げる各行事の実施に替えることができる。

(3)　指導計画の作成等に当たっての配慮事項

各学校においては，次の事項に配慮しながら，学校の創意工夫を生かし，全体として，調和のとれた具体的な指導計画を作成するものとする。

ア　各教科等の指導内容については，(1)のアを踏まえつつ，単元や題材など内容や時間のまとまりを見通しながら，そのまとめ方や重点の置き方に適切な工夫を加え，第3の1に示す主体的・対話的で深い学びの実現に向けた授業改善を通して資質・能力を育む効果的な指導ができるようにすること。

イ　各教科等及び各学年相互間の関連を図り，系統的，発展的な指導ができるようにすること。

ウ　学年の内容を2学年まとめて示した教科及び外国語活動については，当該学年間を見通して，児童や学校，地域の実態に応じ，児童の発達の段階を考慮しつつ，効果的，段階的に指導するようにすること。

エ　児童の実態等を考慮し，指導の効果を高めるため，児童の発達の段階や指導内容の関連性等を踏まえつつ，合科的・関連的な指導を進めること。

4　学校段階等間の接続

教育課程の編成に当たっては，次の事項に配慮しながら，学校段階等間の接続を図るものとする。

(1)　幼児期の終わりまでに育ってほしい姿を踏まえた指導を工夫することにより，幼稚園教育要領等に基づく幼児期の教育を通して育まれた資質・能力を踏まえて教育活動を実施し，児童が主体的に自己を発揮しながら学びに向かうことが可能となるようにすること。また，低学年

における教育全体において，例えば生活科において育成する自立し生活を豊かにしていくための資質・能力が，他教科等の学習においても生かされるようにするなど，教科等間の関連を積極的に図り，幼児期の教育及び中学年以降の教育との円滑な接続が図られるよう工夫すること。特に，小学校入学当初においては，幼児期において自発的な活動としての遊びを通して育まれてきたことが，各教科等における学習に円滑に接続されるよう，生活科を中心に，合科的・関連的な指導や弾力的な時間割の設定など，指導の工夫や指導計画の作成を行うこと。

(2) 中学校学習指導要領及び高等学校学習指導要領を踏まえ，中学校教育及びその後の教育との円滑な接続が図られるよう工夫すること。特に，義務教育学校，中学校連携型小学校及び中学校併設型小学校においては，義務教育9年間を見通した計画的かつ継続的な教育課程を編成すること。

第3　教育課程の実施と学習評価

1　主体的・対話的で深い学びの実現に向けた授業改善

各教科等の指導に当たっては，次の事項に配慮するものとする。

(1) 第1の3の(1)から(3)までに示すことが偏りなく実現されるよう，単元や題材など内容や時間のまとまりを見通しながら，児童の主体的・対話的で深い学びの実現に向けた授業改善を行うこと。特に，各教科等において身に付けた知識及び技能を活用したり，思考力，判断力，表現力等や学びに向かう力，人間性等を発揮させたりして，学習の対象となる物事を捉え思考することにより，各教科等の特質に応じた物事を捉える視点や考え方（以下「見方・考え方」という。）が鍛えられていくことに留意し，児童が各教科等の特質に応じた見方・考え方を働かせながら，知識を相互に関連付けてより深く理解したり，情報を精査して考えを形成したり，問題を見いだして解決策を考えたり，思いや考えを基に創造したりすることに向かう過程を重視した学習の充実を図ること。

(2) 第2の2の(1)に示す言語能力の育成を図るため，各学校において必要な言語環境を整えるとともに，国語科を要としつつ各教科等の特質に応じて，児童の言語活動を充実すること。あわせて，(7)に示すとおり読書活動を充実すること。

(3) 第2の2の(1)に示す情報活用能力の育成を図るため，各学校において，コンピュータや情報通信ネットワークなどの情報手段を活用するために必要な環境を整え，これらを適切に活用した学習活動の充実を図ること。また，各種の統計資料や新聞，視聴覚教材や教育機器などの教材・教具の適切な活用を図ること。あわせて，各教科等の特質に応じて，次の学習活動を計画的に実施すること。

ア　児童がコンピュータで文字を入力するなどの学習の基盤として必要となる情報手段の基本的な操作を習得するための学習活動

イ　児童がプログラミングを体験しながら，コンピュータに意図した処理を行わせるために必要な論理的思考力を身に付けるための学習活動

(4) 児童が学習の見通しを立てたり学習したことを振り返ったりする活動を，計画的に取り入れるように工夫すること。

(5) 児童が生命の有限性や自然の大切さ，主体的に挑戦してみることや多様な他者と協働することの重要性などを実感しながら理解することができるよう，各教科等の特質に応じた体験活動を重視し，家庭や地域社会と連携しつつ体系的・継続的に実施できるよう工夫すること。

(6) 児童が自ら学習課題や学習活動を選択する機会を設けるなど，児童の興味・関心を生かした自主的，自発的な学習が促されるよう工夫すること。

(7) 学校図書館を計画的に利用しその機能の活用を図り，児童の主体的・対話的で深い学びの実現に向けた授業改善に生かすとともに，児童の自主的，自発的な学習活動や読書活動を充実すること。また，地域の図書館や博物館，美術館，劇場，音楽堂等の施設の活用を積極的に図り，資料を活用した情報の収集や鑑賞等の学習活動を充実すること。

2　学習評価の充実

学習評価の実施に当たっては，次の事項に配慮するものとする。

(1) 児童のよい点や進歩の状況などを積極的に評価し，学習したことの意義や価値を実感できるようにすること。また，各教科等の目標の実現に向けた学習状況を把握する観点から，単元や題材など内容や時間のまとまりを見通しながら評価の場面や方法を工夫して，学習の過程や成果を評価し，指導の改善や学習意欲の向上を図り，資質・能力の育成に生かすようにすること。

(2) 創意工夫の中で学習評価の妥当性や信頼性

205

が高められるよう，組織的かつ計画的な取組を推進するとともに，学年や学校段階を越えて児童の学習の成果が円滑に接続されるように工夫すること。

第4　児童の発達の支援

1　児童の発達を支える指導の充実

教育課程の編成及び実施に当たっては，次の事項に配慮するものとする。

(1)　学習や生活の基盤として，教師と児童との信頼関係及び児童相互のよりよい人間関係を育てるため，日頃から学級経営の充実を図ること。また，主に集団の場面で必要な指導や援助を行うガイダンスと，個々の児童の多様な実態を踏まえ，一人一人が抱える課題に個別に対応した指導を行うカウンセリングの双方により，児童の発達を支援すること。あわせて，小学校の低学年，中学年，高学年の学年の時期の特長を生かした指導の工夫を行うこと。

(2)　児童が，自己の存在感を実感しながら，よりよい人間関係を形成し，有意義で充実した学校生活を送る中で，現在及び将来における自己実現を図っていくことができるよう，児童理解を深め，学習指導と関連付けながら，生徒指導の充実を図ること。

(3)　児童が，学ぶことと自己の将来とのつながりを見通しながら，社会的・職業的自立に向けて必要な基盤となる資質・能力を身に付けていくことができるよう，特別活動を要としつつ各教科等の特質に応じて，キャリア教育の充実を図ること。

(4)　児童が，基礎的・基本的な知識及び技能の習得も含め，学習内容を確実に身に付けることができるよう，児童や学校の実態に応じ，個別学習やグループ別学習，繰り返し学習，学習内容の習熟の程度に応じた学習，児童の興味・関心等に応じた課題学習，補充的な学習や発展的な学習などの学習活動を取り入れることや，教師間の協力による指導体制を確保することなど，指導方法や指導体制の工夫改善により，個に応じた指導の充実を図ること。その際，第3の1の(3)に示す情報手段や教材・教具の活用を図ること。

2　特別な配慮を必要とする児童への指導

(1)　障害のある児童などへの指導

ア　障害のある児童などについては，特別支援学校等の助言又は援助を活用しつつ，個々の児童の障害の状態等に応じた指導内容や指導方法の工夫を組織的かつ計画的に行うものとする。

イ　特別支援学級において実施する特別の教育課程については，次のとおり編成するものとする。

(7)　障害による学習上又は生活上の困難を克服し自立を図るため，特別支援学校小学部・中学部学習指導要領第7章に示す自立活動を取り入れること。

(イ)　児童の障害の程度や学級の実態等を考慮の上，各教科の目標や内容を下学年の教科の目標や内容に替えたり，各教科を，知的障害者である児童に対する教育を行う特別支援学校の各教科に替えたりするなどして，実態に応じた教育課程を編成すること。

ウ　障害のある児童に対して，通級による指導を行い，特別の教育課程を編成する場合には，特別支援学校小学部・中学部学習指導要領第7章に示す自立活動の内容を参考とし，具体的な目標や内容を定め，指導を行うものとする。その際，効果的な指導が行われるよう，各教科等と通級による指導との関連を図るなど，教師間の連携に努めるものとする。

エ　障害のある児童などについては，家庭，地域及び医療や福祉，保健，労働等の業務を行う関係機関との連携を図り，長期的な視点で児童への教育的支援を行うために，個別の教育支援計画を作成し活用することに努めるとともに，各教科等の指導に当たって，個々の児童の実態を的確に把握し，個別の指導計画を作成し活用することに努めるものとする。特に，特別支援学級に在籍する児童や通級による指導を受ける児童については，個々の児童の実態を的確に把握し，個別の教育支援計画や個別の指導計画を作成し，効果的に活用するものとする。

(2)　海外から帰国した児童などの学校生活への適応や，日本語の習得に困難のある児童に対する日本語指導

ア　海外から帰国した児童などについては，学校生活への適応を図るとともに，外国における生活経験を生かすなどの適切な指導を行うものとする。

イ　日本語の習得に困難のある児童については，個々の児童の実態に応じた指導内容や指導方法の工夫を組織的かつ計画的に行うものとする。特に，通級による日本語指導については，教師間の連携に努め，指導についての計画を個別に作成することなどにより，効果的な指導に努めるものとする。

(3)　不登校児童への配慮

ア　不登校児童については，保護者や関係機関と連携を図り，心理や福祉の専門家の助言又は援助を得ながら，社会的自立を目指す観点から，個々の児童の実態に応じた情報の提供その他の必要な支援を行うものとする。

イ　相当の期間小学校を欠席し引き続き欠席すると認められる児童を対象として，文部科学大臣が認める特別の教育課程を編成する場合には，児童の実態に配慮した教育課程を編成するとともに，個別学習やグループ別学習など指導方法や指導体制の工夫改善に努めるものとする。

第5　学校運営上の留意事項

1　教育課程の改善と学校評価等

ア　各学校においては，校長の方針の下に，校務分掌に基づき教職員が適切に役割を分担しつつ，相互に連携しながら，各学校の特色を生かしたカリキュラム・マネジメントを行うよう努めるものとする。また，各学校が行う学校評価については，教育課程の編成，実施，改善が教育活動や学校運営の中核となることを踏まえ，カリキュラム・マネジメントと関連付けながら実施するよう留意するものとする。

イ　教育課程の編成及び実施に当たっては，学校保健計画，学校安全計画，食に関する指導の全体計画，いじめの防止等のための対策に関する基本的な方針など，各分野における学校の全体計画等と関連付けながら，効果的な指導が行われるように留意するものとする。

2　家庭や地域社会との連携及び協働と学校間の連携

教育課程の編成及び実施に当たっては，次の事項に配慮するものとする。

ア　学校がその目的を達成するため，学校や地域の実態等に応じ，教育活動の実施に必要な人的又は物的な体制を家庭や地域の人々の協力を得ながら整えるなど，家庭や地域社会との連携及び協働を深めること。また，高齢者や異年齢の子供など，地域における世代を越えた交流の機会を設けること。

イ　他の小学校や，幼稚園，認定こども園，保育所，中学校，高等学校，特別支援学校などとの間の連携や交流を図るとともに，障害のある幼児児童生徒との交流及び共同学習の機会を設け，共に尊重し合いながら協働して生活していく態度を育むようにすること。

第6　道徳教育に関する配慮事項

道徳教育を進めるに当たっては，道徳教育の特質を踏まえ，前項までに示す事項に加え，次の事項に配慮するものとする。

1　各学校においては，第1の2の(2)に示す道徳教育の目標を踏まえ，道徳教育の全体計画を作成し，校長の方針の下に，道徳教育の推進を主に担当する教師（以下「道徳教育推進教師」という。）を中心に，全教師が協力して道徳教育を展開すること。なお，道徳教育の全体計画の作成に当たっては，児童や学校，地域の実態を考慮して，学校の道徳教育の重点目標を設定するとともに，道徳科の指導方針，第3章特別の教科道徳の第2に示す内容との関連を踏まえた各教科，外国語活動，総合的な学習の時間及び特別活動における指導の内容及び時期並びに家庭や地域社会との連携の方法を示すこと。

2　各学校においては，児童の発達の段階や特性等を踏まえ，指導内容の重点化を図ること。その際，各学年を通じて，自立心や自律性，生命を尊重する心や他者を思いやる心を育てることに留意すること。また，各学年段階においては，次の事項に留意すること。

(1)　第1学年及び第2学年においては，挨拶などの基本的な生活習慣を身に付けること，善悪を判断し，してはならないことをしないこと，社会生活上のきまりを守ること。

(2)　第3学年及び第4学年においては，善悪を判断し，正しいと判断したことを行うこと，身近な人々と協力し助け合うこと，集団や社会のきまりを守ること。

(3)　第5学年及び第6学年においては，相手の考え方や立場を理解して支え合うこと，法やきまりの意義を理解して進んで守ること，集団生活の充実に努めること，伝統と文化を尊重し，それらを育んできた我が国と郷土を愛するとともに，他国を尊重すること。

3　学校や学級内の人間関係や環境を整えるとともに，集団宿泊活動やボランティア活動，自然体験活動，地域の行事への参加などの豊かな体験を充実すること。また，道徳教育の指導内容が，児童の日常生活に生かされるようにすること。その際，いじめの防止や安全の確保等にも資することとなるよう留意すること。

4　学校の道徳教育の全体計画や道徳教育に関する諸活動などの情報を積極的に公表したり，道徳教育の充実のために家庭や地域の人々の積極的な参加や協力を得たりするなど，家庭や地域社会との共通理解を深め，相互の連携を図ること。

第2章　各教科
第3章　特別の教科　道徳
第1　目標
第2　内容
第3　指導計画の作成と内容の取扱い
第4章　外国語活動
第1　目標
第2　各言語の目標及び内容等
第3　指導計画の作成と内容の取扱い
第5章　総合的な学習の時間
第1　目標
第2　各学校において定める目標及び内容
第3　指導計画の作成と内容の取扱い

第6章　特別活動
第1　目標

　集団や社会の形成者としての見方・考え方を働かせ，様々な集団活動に自主的，実践的に取り組み，互いのよさや可能性を発揮しながら集団や自己の生活上の課題を解決することを通して，次のとおり資質・能力を育成することを目指す。
(1) 多様な他者と協働する様々な集団活動の意義や活動を行う上で必要となることについて理解し，行動の仕方を身に付けるようにする。
(2) 集団や自己の生活，人間関係の課題を見いだし，解決するために話し合い，合意形成を図ったり，意思決定したりすることができるようにする。
(3) 自主的，実践的な集団活動を通して身に付けたことを生かして，集団や社会における生活及び人間関係をよりよく形成するとともに，自己の生き方についての考えを深め，自己実現を図ろうとする態度を養う。
第2　各活動・学校行事の目標及び内容
〔学級活動〕
1　目標
　学級や学校での生活をよりよくするための課題を見いだし，解決するために話し合い，合意形成し，役割を分担して協力して実践したり，学級での話合いを生かして自己の課題の解決及び将来の生き方を描くために意思決定して実践したりすることに，自主的，実践的に取り組むことを通して，第1の目標に掲げる資質・能力を育成することを目指す。
2　内容
　1の資質・能力を育成するため，全ての学年において，次の各活動を通して，それぞれの活動の意義及び活動を行う上で必要となることについて理解し，主体的に考えて実践できるよう指導する。
(1) 学級や学校における生活づくりへの参画
ア　学級や学校における生活上の諸問題の解決
　学級や学校における生活をよりよくするための課題を見いだし，解決するために話し合い，合意形成を図り，実践すること。
イ　学級内の組織づくりや役割の自覚
　学級生活の充実や向上のため，児童が主体的に組織をつくり，役割を自覚しながら仕事を分担して，協力し合い実践すること。
ウ　学校における多様な集団の生活の向上
　児童会など学級の枠を超えた多様な集団における活動や学校行事を通して学校生活の向上を図るため，学級としての提案や取組を話し合って決めること。
(2) 日常の生活や学習への適応と自己の成長及び健康安全
ア　基本的な生活習慣の形成
　身の回りの整理や挨拶などの基本的な生活習慣を身に付け，節度ある生活にすること。
イ　よりよい人間関係の形成
　学級や学校の生活において互いのよさを見付け，違いを尊重し合い，仲よくしたり信頼し合ったりして生活すること。
ウ　心身ともに健康で安全な生活態度の形成
　現在及び生涯にわたって心身の健康を保持増進することや，事件や事故，災害等から身を守り安全に行動すること。
エ　食育の観点を踏まえた学校給食と望ましい食習慣の形成
　給食の時間を中心としながら，健康によい食事のとり方など，望ましい食習慣の形成を図るとともに，食事を通して人間関係をよりよくすること。
(3) 一人一人のキャリア形成と自己実現
ア　現在や将来に希望や目標をもって生きる意欲や態度の形成
　学級や学校での生活づくりに主体的に関わり，自己を生かそうとするとともに，希望や目標をもち，その実現に向けて日常の生活をよりよくしようとすること。
イ　社会参画意識の醸成や働くことの意義の理解
　清掃などの当番活動や係活動等の自己の役割を自覚して協働することの意義を理解し，社会の一員として役割を果たすために必要となるこ

とについて主体的に考えて行動すること。

ウ　主体的な学習態度の形成と学校図書館等の活用

　学ぶことの意義や現在及び将来の学習と自己実現とのつながりを考えたり，自主的に学習する場としての学校図書館等を活用したりしながら，学習の見通しを立て，振り返ること。

3　内容の取扱い

⑴　指導に当たっては，各学年段階で特に次の事項に配慮すること。

〔第1学年及び第2学年〕

　話合いの進め方に沿って，自分の意見を発表したり，他者の意見をよく聞いたりして，合意形成して実践することのよさを理解すること。基本的な生活習慣や，約束やきまりを守ることの大切さを理解して行動し，生活をよくするための目標を決めて実行すること。

〔第3学年及び第4学年〕

　理由を明確にして考えを伝えたり，自分と異なる意見も受け入れたりしながら，集団としての目標や活動内容について合意形成を図り，実践すること。自分のよさや役割を自覚し，よく考えて行動するなど節度ある生活を送ること。

〔第5学年及び第6学年〕

　相手の思いを受け止めて聞いたり，相手の立場や考え方を理解したりして，多様な意見のよさを積極的に生かして合意形成を図り，実践すること。高い目標をもって粘り強く努力し，自他のよさを伸ばし合うようにすること。

⑵　2の⑶の指導に当たっては，学校，家庭及び地域における学習や生活の見通しを立て，学んだことを振り返りながら，新たな学習や生活への意欲につなげたり，将来の生き方を考えたりする活動を行うこと。その際，児童が活動を記録し蓄積する教材等を活用すること。

〔児童会活動〕

1　目標

　異年齢の児童同士で協力し，学校生活の充実と向上を図るための諸問題の解決に向けて，計画を立て役割を分担し，協力して運営することに自主的，実践的に取り組むことを通して，第1の目標に掲げる資質・能力を育成することを目指す。

2　内容

　1の資質・能力を育成するため，学校の全児童をもって組織する児童会において，次の各活動を通して，それぞれの活動の意義及び活動を行う上で必要となることについて理解し，主体

的に考えて実践できるよう指導する。

⑴　児童会の組織づくりと児童会活動の計画や運営

　児童が主体的に組織をつくり，役割を分担し，計画を立て，学校生活の課題を見いだし解決するために話し合い，合意形成を図り実践すること。

⑵　異年齢集団による交流

　児童会が計画や運営を行う集会等の活動において，学年や学級が異なる児童と共に楽しく触れ合い，交流を図ること。

⑶　学校行事への協力

学校行事の特質に応じて，児童会の組織を活用して，計画の一部を担当したり，運営に協力したりすること。

3　内容の取扱い

⑴　児童会の計画や運営は，主として高学年の児童が行うこと。その際，学校の全児童が主体的に活動に参加できるものとなるよう配慮すること。

〔クラブ活動〕

1　目標

　異年齢の児童同士で協力し，共通の興味・関心を追求する集団活動の計画を立てて運営することに自主的，実践的に取り組むことを通して，個性の伸長を図りながら，第1の目標に掲げる資質・能力を育成することを目指す。

2　内容

　1の資質・能力を育成するため，主として第4学年以上の同好の児童をもって組織するクラブにおいて，次の各活動を通して，それぞれの活動の意義及び活動を行う上で必要となることについて理解し，主体的に考えて実践できるよう指導する。

⑴　クラブの組織づくりとクラブ活動の計画や運営

　児童が活動計画を立て，役割を分担し，協力して運営に当たること。

⑵　クラブを楽しむ活動

　異なる学年の児童と協力し，創意工夫を生かしながら共通の興味・関心を追求すること。

⑶　クラブの成果の発表

　活動の成果について，クラブの成員の発意・発想を生かし，協力して全校の児童や地域の人々に発表すること。

〔学校行事〕

1　目標

　全校又は学年の児童で協力し，よりよい学校

生活を築くための体験的な活動を通して，集団への所属感や連帯感を深め，公共の精神を養いながら，第1の目標に掲げる資質・能力を育成することを目指す。

2　内容

1の資質・能力を育成するため，全ての学年において，全校又は学年を単位として，次の各行事において，学校生活に秩序と変化を与え，学校生活の充実と発展に資する体験的な活動を行うことを通して，それぞれの学校行事の意義及び活動を行う上で必要となることについて理解し，主体的に考えて実践できるよう指導する。

(1)　儀式的行事

学校生活に有意義な変化や折り目を付け，厳粛で清新な気分を味わい，新しい生活の展開への動機付けとなるようにすること。

(2)　文化的行事

平素の学習活動の成果を発表し，自己の向上の意欲を一層高めたり，文化や芸術に親しんだりするようにすること。

(3)　健康安全・体育的行事

心身の健全な発達や健康の保持増進，事件や事故，災害等から身を守る安全な行動や規律ある集団行動の体得，運動に親しむ態度の育成，責任感や連帯感の涵養，体力の向上などに資するようにすること。

(4)　遠足・集団宿泊的行事

自然の中での集団宿泊活動などの平素と異なる生活環境にあって，見聞を広め，自然や文化などに親しむとともに，よりよい人間関係を築くなどの集団生活の在り方や公衆道徳などについての体験を積むことができるようにすること。

(5)　勤労生産・奉仕的行事

勤労の尊さや生産の喜びを体得するとともに，ボランティア活動などの社会奉仕の精神を養う体験が得られるようにすること。

3　内容の取扱い

(1)　児童や学校，地域の実態に応じて，2に示す行事の種類ごとに，行事及びその内容を重点化するとともに，各行事の趣旨を生かした上で，行事間の関連や統合を図るなど精選して実施すること。また，実施に当たっては，自然体験や社会体験などの体験活動を充実するとともに，体験活動を通して気付いたことなどを振り返り，まとめたり，発表し合ったりするなどの事後の活動を充実すること。

第3　指導計画の作成と内容の取扱い

1　指導計画の作成に当たっては，次の事項に配慮するものとする。

(1)　特別活動の各活動及び学校行事を見通して，その中で育む資質・能力の育成に向けて，児童の主体的・対話的で深い学びの実現を図るようにすること。その際，よりよい人間関係の形成，よりよい集団生活の構築や社会への参画及び自己実現に資するよう，児童が集団や社会の形成者としての見方・考え方を働かせ，様々な集団活動に自主的，実践的に取り組む中で，互いのよさや個性，多様な考えを認め合い，等しく合意形成に関わり役割を担うようにすることを重視すること。

(2)　各学校においては特別活動の全体計画や各活動及び学校行事の年間指導計画を作成すること。その際，学校の創意工夫を生かし，学級や学校，地域の実態，児童の発達の段階などを考慮するとともに，第2に示す内容相互及び各教科，道徳科，外国語活動，総合的な学習の時間などの指導との関連を図り，児童による自主的，実践的な活動が助長されるようにすること。また，家庭や地域の人々との連携，社会教育施設等の活用などを工夫すること。

(3)　学級活動における児童の自発的，自治的な活動を中心として，各活動と学校行事を相互に関連付けながら，個々の児童についての理解を深め，教師と児童，児童相互の信頼関係を育み，学級経営の充実を図ること。その際，特に，いじめの未然防止等を含めた生徒指導との関連を図るようにすること。

(4)　低学年においては，第1章総則の第2の4の(1)を踏まえ，他教科等との関連を積極的に図り，指導の効果を高めるようにするとともに，幼稚園教育要領等に示す幼児期の終わりまでに育ってほしい姿との関連を考慮すること。特に，小学校入学当初においては，生活科を中心とした関連的な指導や，弾力的な時間割の設定を行うなどの工夫をすること。

(5)　障害のある児童などについては，学習活動を行う場合に生じる困難さに応じた指導内容や指導方法の工夫を計画的，組織的に行うこと。

(6)　第1章総則の第1の2の(2)に示す道徳教育の目標に基づき，道徳科などとの関連を考慮しながら，第3章特別の教科道徳の第2に示す内容について，特別活動の特質に応じて適切な指導をすること。

2　第2の内容の取扱いについては，次の事項に配慮するものとする。

(1)　学級活動，児童会活動及びクラブ活動の指

導については，指導内容の特質に応じて，教師
の適切な指導の下に，児童の自発的，自治的な
活動が効果的に展開されるようにすること。そ
の際，よりよい生活を築くために自分たちでき
まりをつくって守る活動などを充実するよう工
夫すること。

(2)　児童及び学校の実態並びに第1章総則の第
6の2に示す道徳教育の重点などを踏まえ，各
学年において取り上げる指導内容の重点化を図
るとともに，必要に応じて，内容間の関連や統
合を図ったり，他の内容を加えたりすることが
できること。

(3)　学校生活への適応や人間関係の形成などに
ついては，主に集団の場面で必要な指導や援助
を行うガイダンスと，個々の児童の多様な実態
を踏まえ，一人一人が抱える課題に個別に対応
した指導を行うカウンセリング（教育相談を含
む。）の双方の趣旨を踏まえて指導を行うこと。
特に入学当初や各学年のはじめにおいては，
個々の児童が学校生活に適応するとともに，希
望や目標をもって生活できるよう工夫すること。
あわせて，児童の家庭との連絡を密にすること。

(4)　異年齢集団による交流を重視するとともに，
幼児，高齢者，障害のある人々などとの交流や
対話，障害のある幼児児童生徒との交流及び共
同学習の機会を通して，協働することや，他者
の役に立ったり社会に貢献したりすることの喜
びを得られる活動を充実すること。

3　入学式や卒業式などにおいては，その意義
を踏まえ，国旗を掲揚するとともに，国歌を斉
唱するよう指導するものとする。

索引 (＊は人名)

A-Z
ADHD　110
ASD　110
EBPM　64
ICT　14, 57, 145
LD　110

ア行
旭川学力テスト事件　53, 54, 92
＊安倍晋三　38
いじめ　151, 152
「いじめ防止基本方針」　153, 161
「いじめ防止等のための基本方針」　153, 155
1条学校（1条校）　67
一般財源化　57
一般法　5
委任　6, 92
医療的ケア看護職員　132
インクルーシブ教育（inclusive education）
　　57, 108
インクルージョン（inclusion）　108, 109, 113
インターネット　152, 155
インテグレーション（integration）　109, 113
栄養教諭　132
エホバの証人剣道拒否事件　63
＊小川正人　21

カ行
外局　43
戒告　142
開申制　100
閣議　40
学芸員　163
学習指導要領　84, 86, 92-97
学習指導要領データベース　93
各種学校　68, 77
学年主任　133
学問の自由　46, 47, 52
学齢児童　13, 14, 73, 115, 120

学齢生徒　13, 14, 73, 115, 120
学齢簿　115
学期　120
学校医　132
学校いじめ防止基本方針　153
学校運営協議会　126-129
学校管理規則　34
学校歯科医　132
学校設置基準　69, 123
学校選択制　117, 118
学校統廃合　125
学校におけるいじめの防止等の対策のための組
　　織　154
学校の（一部）休業　122
学校評議員　126
学校法人　29, 69
学校薬剤師　132
学校用務員　132
家庭教育　162
慣習法　4, 5
完全学校週5日制　94
監督　29
監督命令主義　16
官房　43
管理　29
議決機関　6
寄宿舎　111
規制作用　8, 9
規則　4, 5
基礎自治体　30
＊木田宏　94, 101
義務教育　48, 58, 78, 80
義務教育学校　67, 78
義務教育諸学校教科用図書検定基準　103
義務教育諸学校における教科書の無償措置に関
　　する法律　50
義務教育諸学校における教科書の無償に関する
　　法律　50
義務教育費国庫負担金　70

212

義務教育費国庫負担法　31
義務性　13,18
休業日　120,121
休職　142
旧制　101
教育委員　21
教育委員会　19-20,24
教育委員会規則　26,34
教育委員会制度の原則　18
教育委員会法　18
教育課程　52,81,86,89,112,113,127
教育機関　23,33,34,37
教育行政調査　24
教育公務員　59
教育再生実行会議　42
教育振興基本計画　38,63
教育長　21,24,25,26
教育の機会均等　50,55-56,65,71
教育法規　2
教育未来創造会議　42
教育を受ける権利　48
教員業務支援員　132,133
教員研修計画　144
教員免許更新講習　145
教員免許状　133,134
教科書（教科用図書）　49,98-107
教科書（の）採択　98,104,107
教科書検定　101
教科書調査官　101-103
教科書センター　106
教科書の発行に関する臨時措置法　99
教科用図書検定　98,101,102,103,104,107
教科用図書検定調査審議会　101,102
教科用図書選定審議会　105
行政委員会　17
行政実例法　4,5
行政大臣　40
行政手続法　8
行政立法　6
教頭　131,132
教務主任　133
教諭　131,132

区域外就学等　119
訓告　73,74
形式的効力　5
欠格事由（欠格条項）　71,77,135
減給　142
研修　59,142-150
研修実施者　144,146,148,149
研修主事　133
研修等に関する記録　145,146
兼職　140,141
検定制　101
県費負担教職員　21,31,32,33
憲法　2-4,46
＊小泉純一郎　22
広域自治体　30
合議制　17
降給　142
公共財理論　10,11
拘禁刑　26,71
講師　131,132
公職選挙法　60,61
公選制　18,20
構造改革特別区域　69
校長　131,132
校長及び教員としての資質の向上に関する指標
　　144
校長及び教員としての資質の向上に関する指標
　　の策定に関する指針　143
高等学校等就学支援金の支給に関する法律　71
「高等学校等における政治的教養の教育と高等
　　学校等の生徒による政治的活動等について」
　　61
高等教育機関　30,67
高等専門学校　30,67
降任　141
公布　66
公民館　163,168,169
（公民館）主事　163
公民館運営審議会　21
校務　131
「公立の小学校等の校長及び教員としての資質
　　の向上に関する指標の策定に関する指針」

145

国定教科書　101

国務大臣　40,41

国立教育政策研究所　9,43,93

国立大学法人　29

国会　40

国会議員　40

国歌斉唱　51

国家行政組織法　39

国旗掲揚　51

こども家庭庁　160,161

個別の教育支援計画　111

コミュニティ・スクール　127-129

サ行

財政権　30

採択地区　106

サラマンカ宣言　108

35人学級　124

三位一体の改革　22

視覚障害者　85,110,111,112

施行　66

司書　163

司書教諭　133

思想・良心の自由　51

肢体不自由者　85,110,111,112

市町村立学校職員給与負担法　31

執行機関　6,38

実施作用　8,9

指導改善研修　149,150

児童虐待　151,156-158,161

指導教諭　131,132

指導助言者　145-148

指導助言主義　15,18,35,37

児童相談所　158,159

児童の権利に関する条約　156,157,160

児童福祉　151,159

児童福祉施設　159,161

指導要録　74,115,116,117,129

事務次官　43

事務主任　133

事務職員　132

事務長　133

諮問機関　41,42,45

社会教育　162-164

社会教育委員　167-169

社会教育関係団体　83,167

社会教育行政　162,165

社会教育施設　163

社会教育主事　166,169

就学援助　56,57

就学義務の猶予・免除　78,79

宗教教育　52,62,88

宗教的活動　52,62

宗教的中立　62

宗教的中立性　14

重大事態　154,155

充当職（充て職）　133

住民基本台帳　115

住民自治　16

主幹教諭　131,132

授業料　49,71

首相官邸ホームページ　39

主体的・対話的で深い学び　96

出席停止　74,77,122

準用規定　66

生涯学習　162,163

障害を理由とする差別の解消の推進に関する法
　律　57,58

情報通信技術支援員　132

条約　3,156

条理法　4,5

条例　3,4,23,24,34

助教諭　131,132

職員会議　125,126

職業教育　49

職務専念義務　138

助成作用　8,9

初等教育　49

初任者研修　147,148,150

自立活動　88,113

素人統制（レイマン・コントロール）主義
　17,18

人格の完成　54,55,65

信教の自由　51
人事院規則14-7　政治的行為　61
心身の発達　82,83,84,86,87
新制　101
新放課後子ども総合プラン　160
信用失墜行為の禁止　138
進路指導主事　133
崇高な使命　59,142,151
スクール・サポート・スタッフ　133
スクールカウンセラー　132
スクールソーシャルワーカー　132
スポーツ庁　43
生活保護　57
請願　48
政教分離原則　51,52,65
政治教育　60,65
政治的活動　60,65,140
政治的教養　60
政治的行為　61,139,140
政治的中立性　14
政治任用職　43
青少年教育　162,167,168
正当防衛　76,77
生徒指導　145
生徒指導主事　133
「生徒指導提要」　73
成文法　2
政令指定都市　32
是正の要求　36
設置者負担主義　70,71
専修学校　67,68,77
専修免許状　134,143
全体の奉仕者　137
専門教育　49,83
専門職大学　67
総合教育会議　24,26,27,28
備付表簿　116,117

タ行
体育・健康に関する指導　96
退学　73,74
大学院修学休業　143

体験活動　83
大綱　24,26,27
大臣政務官　43
体罰　72,73,75,76,77
「体罰の禁止及び児童生徒理解に基づく指導の
　徹底について」　75
団体自治　16
地域学校協働活動推進員　127,169
知的障害者　85,110,111,112
地方いじめ防止基本方針　153
地方公共団体　19
地方公共団体の組合　24
地方交付税　22,57
地方財政法施行令　49
地方自治の本旨　16
地方分権一括法　20-21
地方分権改革　20-21
地方分権主義　16,18
中核市　32
中学校卒業程度認定試験　79
中堅教諭等資質向上研修　149,150
中等教育　49
中立主義　16,18,60
中立性　13,18
懲戒　72,73,141
聴覚障害者　85,110,111,112
調査　35,36
長の被選挙権　25
勅令主義　15
陳情　48
通級指導教室　110
通級による指導　109,110,113
通級による指導実施状況調査　110
通告　158,159,161
停学　73,74,77
停職　142
天皇　40
党員　26
統治機構　10,52
道徳教育　96
道徳の時間　94
特殊学級　109

特殊教育　108
独任制　17
特別支援学級　109
特別支援学校　30, 67
特別支援教育　108
特別支援教育支援員　132
特別の教科である道徳　52, 87, 88, 89
特別非常勤講師制度　136
特別法　5
特別免許状　134
独立行政法人教職員支援機構（NITS）　147
独立行政法人国立高等専門学校機構　29
独立行政法人日本学生支援機構　56
図書館　163, 168, 169
都道府県知事　29
届出制　100

ナ行
内閣　38, 45
内閣総理大臣　40
＊西尾勝　10
認可制　100
認定特別支援学校就学者　118
任免権　41
任命権者　32

ハ行
博物館　163, 168, 169
破産　25
発達障害　110
発達障害者支援法　110
＊原田尚彦　6
判例法　4, 5
批准　156
秘密を守る義務　138
病弱（身体虚弱）者　85, 110, 111, 112
標準授業時数　89
部活動　95
部活動指導員　132
副校長　131, 132
福祉事務所　158
副大臣　43

服務（規律）　130, 136, 137, 141, 150
普通教育　47, 48, 52, 59
普通免許状　134
不登校　14
不当な支配　16
不文法　2
フリースクール　14
府令・省令　3, 4
文化庁　43
分限　72, 141
保育所　29
放課後子ども教室　160
放課後子ども総合プラン　160
放課後児童クラブ　160
放課後児童健全育成事業　160
法規　1, 2
法人　2
法の下の平等　50
法律　3, 4
法律主義　15, 18
法令　3, 4
保健主事　134
保護者　23, 25, 26, 75, 111, 118
補助教材　106, 107
補助金　22

マ行
無償性　13, 18
無認可校　68
免許外担任　136
免許状取上げ　72
免職　141, 142
盲学校・聾学校・養護学校　84, 109
文部科学省　43, 99
文部科学省設置法　43
文部科学大臣　43, 45, 99
文部科学大臣の指示　35, 36
文部大臣　21

ヤ行
有権者　60
ユネスコ（国連教育科学文化機関）　108

養護教諭　132
養護助教諭　132
幼児　74, 80
要支援児童　160
幼稚園　29, 80-82
要望　48
要保護児童　160

幼保連携型認定こども園　28, 29

ラ行
立法機関　6
臨時休業　122
臨時免許状　134, 135
労働三権　139

〈著者紹介〉

井上伸良（いのうえ　のぶよし）

　1975年東京生まれ。東京大学大学院教育学研究科総合教育科学科博士課程単位取得満期退学（修士〔教育学〕）。2009年ノースアジア大学教養部講師，同大学法学部講師，准教授を経て，2015年より創価大学教育学部准教授。
　専門は教育法制度，社会教育。これまで東京理科大学，明治学院大学，武蔵大学，目白大学の非常勤講師，広島大学客員准教授等を歴任。

はじめて学ぶ教育法規

2023年2月20日　初版第1刷発行　　　　　　　〈検印省略〉

定価はカバーに
表示しています

著　　者	井　上　伸　良
発 行 者	杉　田　啓　三
印 刷 者	坂　本　喜　杏

発行所　株式会社　ミネルヴァ書房
607-8494　京都市山科区日ノ岡堤谷町1
電話代表（075）581-5191
振替口座01020-0-8076

© 井上伸良，2023　　冨山房インターナショナル・新生製本

ISBN 978-4-623-09539-1
Printed in Japan

小学校教育用語辞典

——————細尾萌子・柏木智子 編集代表
四六判　408頁　本体2400円

●小学校教育に関わる人名・事項1179項目を19の分野に分けて収録。初学者にもわかりやすい解説の「読む」辞典。小学校教員として知っておくべき幼稚園教育や校種間の連携・接続に関する事項もカバーした。教師を目指す学生，現役の教師の座右の書となる一冊。

カリキュラム研究事典

————C・クライデル編　西岡加名恵・藤本和久・石井英真・田中耕治 監訳
B5判函入り　834頁　本体20000円

●カリキュラム論の発祥地・アメリカ編まれた事典。基本的なキーワードの解説に加えて周辺にあるコンセプトや研究機関の解説まで，全505項目を収録。簡潔で明快な解説で「読む事典」として活用できる。

大学1年生の君が，はじめてレポートを書くまで。

——————川崎昌平　著
A5判　168頁　本体1400円

●大学受験もやっと終わり，晴れて新入生となったキミ。さて，これからどう勉強していけばいいのかな？　大学では高校と違って自分が好きなことについて自由に考え，書いて，伝えることができるというけれど……でも，それってどうやるの？　そんなキミにおくる，大学1年生の「マナブー」と「カコ」が自分でテーマを決め，資料を調べて，はじめてレポートを書くまでの成長物語。

猫と東大。
──猫を愛し，猫に学ぶ

——————東京大学広報室編
A5判　168頁　本体2200円

●猫も杓子も東大も。大学は大学らしく猫の世界を掘り下げます。
世はまぎれもない猫ブーム。一方で，ハチ公との結びつきが深い東大ですが，学内を見回してみると，実は猫との縁もたくさんあります。そこで，猫に関する研究・教育，猫を愛する構成員，猫にまつわる学内の美術品まで取り揃えて紹介します。

────── ミネルヴァ書房 ──────

https://www.minervashobo.co.jp/